विष्णुशर्मा
की
अंग्रेजी पढ़ाई

17

घने नीम तरु तले

वैशाख के महीने में चर जगत् में ही नहीं अचर जगत् में भी केवल कुछ ही लोग आनन्दोत्सव मना पाते हैं, क्योंकि धूप तेज़ होते-होते महुआ अपना समस्त रस टपका के पात-पात रह जाता है, कोयल की कूक के मन्द पड़ते ही आप अपनी मंजरी डालता है और बसन्त के स्वागत में उमगने वाले फूल अपना रस मधुछत्तों में समर्पित कर मुरझा जाते हैं, पर चिलचिलाती धूप और हहकारती लू में नीम झीने फूलों में झूम उठता है। वैसे मैं नीम से युगों-युगों से परिचित हूँ, जब बचपन में बाबा के जगाने पर जगता तो सबसे पहला दर्शन होता तो इस नीम का और पहला रसास्वाद विवश होकर जो करना पड़ता तो इसी नीम की टहनी का। पर मेरा इससे समझौता नहीं हो पाया, आयुर्वेद की सारी शिक्षायें और प्राकृति का चिकित्सा के समस्त व्याख्यान असफल रहे हैं। बबूल की दातून मुझे भली लगती है, पर नीम की तिताई अभी तक सहन नहीं हो सकी, शायद मेरे जले स्वभाव का दोष हो।

वैसे आजीवन मेरा प्राप्य है नीम की गिलोय, जिसे मुए संस्कृत वाले अमृता कहते हैं, पर मैं इस प्राप्य के साथ अपना मन न मिला सका। न जाने कितनी बार आँखें करुआ आयी हैं, जीभ लोढ़ा हो गयी है, कान झनझना उठे हैं और मन तिता गया है, पर तब भी इस नीम से भी अधिक तीती दुनियाँ से मैं तीता न हो सका, यह जले स्वभाव का दोष नहीं तो क्या है, नीम तो सुनता हूँ लगता भर तीता है, पर अपने परिणाम में मधुर होता है, पर इसके प्रतिरूप मानव जगत् का सप्ततिक्त तो आदि से अन्त तक एकरस है। वैसे दुःख की स्मृति कभी-कभी बहुत प्यारी होती है, पर तिक्त अनुभवों की स्मृति तो पहले से चौगुनी असह होती है और इसीलिए वह तभी उभरती भी है जब कोई वैसा ही अनुभव सामने आता है। दूसरे दर्द भरे अनुभवों में आदमी अपने को तो कम-से-कम पा जाता है, पर कड़ुवे अनुभवों की एकमात्र उपलिब्ध है खोना, सब कुछ अच्छी चीज खो देना, यहाँ तक कि जो अच्छी चीज विलग न हो , उसे भी अलग कर देना यह कड़वापन का अन्तिम परिणाम है।

पर यह मेरी अपनी बात है, नीम की पत्ती को भाँग की जगह इस्तेमाल करने वाले लोग भी धरतीतल पर विराजमान होंगे, और हैं; नीम के तेल से सिरदर्द दूर कराने वाले धैर्यशाली मुझे दिखे हैं और नीम को ही 'असन वसन डासन' मान कर चलने वाले प्राकृतिक चिकित्सा के आचार्य भी ढूँढ़ने पर मिल सकते हैं, और ऐसे लोगों से विषैले नाग भी पनान माँगते हैं। मैं भी उनकी वन्दना करता हूँ और साथ ही उनसे रश्क भी। एक बार मुझे याद है कि इमली की छाँह में कुछ सहपाठियों के साथ गप्प हँक रही थी, इतने में एक तोंदवाले अध्यापक ने आकर प्रवचन शुरू किया था—'सुनो तुम लोग जो इस विषैली इमली के नीचे छँहा रहे हो, यह ठीक नहीं, एक आदमी ने विलायत में यह प्रयोग किया, लगातार छः महीने पहले वे इमली के पेड़ के नीचे विश्राम करते, इमली खाते, इमली का पना पीते और इमली की लकड़ी से रसोई पकाते यात्रा करते रहे और उन्हें भयंकर राजयक्ष्मा हो गयी, तब उन्होंने छः महीने नीम के साथ यही प्रयोग किया और वे नीरोग हो गये। सो इस कहानी से यह शिक्षा ग्रहण करो कि इमली कितनी हानिकारक होती है।' उस दिन तो हम लोग सहमकर यहाँ से खिसक गये थे परन्तु बाद को जीवन में इसी इमली से मुझे अधिक लगाव हुआ। विशेष करके तानसेन की इमली ने मुझे और ललचाया। मेरे जनपदी गीत की एक कड़ी है 'बलमु रसिया आवैं धीरे-धीरे इमिलि पतिया डोलै धीरे-धीरे' और इस कड़ी पर मैं कुरबान रहा हूँ। मेरे बाबा कहा करते, प्रातः इमली का दर्शन बड़ा अशुभ होता है और जिस घर के आगे इमली का पेड़ लग जाय, वह निर्वंश हो जाता है। शुभ-अशुभ वंश-निर्वंश तो मैं नहीं जानता, इतना जानता हूँ कि इमली का अमलोन पत्तियों की स्मृति अब भी मुँह में पानी भर देती है और अधपकी बलुही इमली की फली मिल जाय तो मैं अब भी गुलाब-जामुन को तलाक दे सकता हूँ, क्योंकि इमली की छाया में आसक्ति का सघन फैलाव मिलता है, उसके हरिताभ किसलयों में पहले प्यार की अतृप्ति मिलती है। और उसकी अधपकी-अधखट्टी फरुही में (फली) मानवी स्नेह का सच्चा सत्कार।

अब सोचिए, नीम में क्या मिलता है, गन्ध असह्य, स्वाद असह्य, यहाँ तक कुसुमित नीम का रूप भी असह्य, चारों ओर सफेद बुन्दियाँ छिटकी हुईं, पत्तियाँ इतनी दूर-दूर कटी-कटी कि पेड़ की जड़ विचारी ओट के लिए

पर प्रीति हो जाती है तो उसे छोड़ने की बात भी सोच नहीं पाता। 'उड़ि न सकत उड़िबे अकुलाते' वाली स्थिति सदा बनी रहती है। एक चिरन्तन आकुलता ही मेरे जीवन का पर्याय बन गयी है। इसीलिए जब-जब कोई तीखी बात कहीं हो जाती है। तो मन में सहज ही विरसता फैलने लगती है पर ज्योंही उसमें कुछ तितास आने लगती है, त्योंही सोचता हूँ कि दु:खों को हँसकर झेलनेवाले मेरे किसी पूर्व साथी ने यह सिद्धान्त स्थापित किया था—'थोड़ा कमाये, उससे वह थोड़ा ही कम खर्च करे, थोड़े से मित्र रखे पर बिना किसी प्रतिदान की शर्त बदे, थोड़े से लोगों में रमे-घूमे और थोड़े समय भी जिसके साथ रहे, उनमें और मौज भर देने की क्षमता रखे, उन थोड़े से लोगों को भी तजने की क्षमता हो, पर बिना मन में तितास लिये हुए; क्या इससे अधिक भी चाहने की मानव जीवन में आवश्यकता है?' वह व्यक्ति मेरा जीवन-गुरु नहीं, मेरे पथ का पूर्वयात्री राबर्ट लई स्टीवेंसन है, जिसने मुझे अक्षर डगर दिखायी है। और तब सोचता हूँ कि मुझे रोग में घुलना बदा ही हो, पर नीम का काढ़ा मुझे नसीब न हो। नीम से मेरा मतलब, उसके समस्त भाई-बन्धुओं से है। मै जैसा कि ऊपर कहा चुका हूँ कि मधुराई की सरसी में 'बेगि ही बूड़ि गयीं पँखियाँ अँखियाँ मधु की मखियाँ भईं मेरी' वाली 'बूड़े तिरे' की स्थिति में कभी नहीं पहुँचा हूँ, साथ ही प्रतिभा के अधकचरे प्रयोगों का अमरस भी मुझमें खटास नहीं भर सका है। हाँ कषाय के प्रति अनुराग औरों की अपेक्षा अधिक रहा है, क्योंकि जानता हूँ किसी फ्रेंच उक्ति के अनुसार जीवन की जो दो धारायें हैं उनमें मेल कराने वाला यह कषाय भाव ही है, जो भारती का चरम रस है, वे धारायें हैं—

जीवन लघु है, लघु प्रेम है, लघु स्वप्न है और अन्त में है दिन सलामत और जीवन व्यर्थ है, लघु आशा है, लघु घृणा है और अन्त में है रात सलामत। कषायरस दिन और रात दोनों की सलामत मनाता है और साहित्य भी। साहित्य जीवन की व्यर्थता और बेइमानी से व्यथित नहीं होना जानता, इसीलिए उसे यह ज्ञान हो पाने पर भी कि जीवन वह छलना है जो अपने प्रियतम को एक दिन तज ही देती है, इतना आश्वासन रहता है कि उस जीवन-छलना को गाली देने का अधिकार तो बच रहा है और यही बहुत है। सो आज के कड़ुवेपन के साथ मेरा जो घोर अन्तर्विरोध है, उसकी उपशान्ति

तरसती रहती है। इसलिए आम में फल न आये, महुए में कूँचे न लगें, गुलाब में कली न आये और मधुमास सूना चला जाय, पर नीम बराबर फूलेगा, मनों फूलेगा, बराबर फरेगा और इतना फरेगा कि अकुला देगा, इतना बेशर्म कि कट जाने पर भी इसकी लकड़ी में घुन न फटकेगा, यदि कहीं नीम की शहतीर लग गयी हो तो वर्षा होते ही जो आकूल दुर्गन्धि व्यापती है तो प्रान औंतियापात हो उठते हैं। पर हाय रे नियति का विधान कि घर-घर बिना जतन-सेवा के नीम धरती की छाती का स्नेह छीनकार खड़ा मिलेगा।

मुझे इतनी विरक्ति इससे आज क्यों है, बताऊँ, इसलिए नहीं कि मैं मधुराई में डूबा रहना चाहता हूँ, बल्कि ठीक उल्टे खिरनी सरीखे मधुर ही मधुर फलों से मुझे और भी अरुचि होती है, इसलिए भी नहीं कि मैं शरीर से स्वास्थ्य को महत्त्व नहीं देता, हाँ शरीर को मैं साध्य न मानने के लिए विवश हूँ क्योंकि शरीर भी भोग के लिए है; इसलिए भी नहीं कि मुझे लुनाई की लालसा है क्योंकि उस क्षेत्र में मैं जानता हूँ कि कुछ कमी खप भी सकती है, पर तनिक भी अधिकता हो जाय तो सब कुछ जहर हो जाता है, इसलिए भी नहीं कि पान और आँवले के कसैलेपन से मुझे एकान्त प्रीति है, सामान्य प्रीति तो मुझे पान से जरूर है, पर केवल अन्य रसों की आसक्ति मिटाने के लिए, और अन्त में इसलिए भी नहीं, कि मैं कच्ची अमिया और बलुही इमली में ही रस की तृप्ति पाने की बात कभी-कभी किया करता हूँ, बल्कि इसलिए कि अन्य रसों का आस्वादन करके भी मैं अपने को अविलग समय-समय पर रख सकता हूँ, पर नीम के तितकड़ु स्वाद को चख कर उससे अविलग बने रहने की कल्पना भी दुस्सह होती है। मेरा तो विश्वास है कि संसार स्वयं एक विशाल नीम का पेड़ है, अन्तर इतना ही है कि उसमें एक-दो ऐसे फल लगने की आशा रहती है जहाँ आदमी रग-रग में भीनी तिक्तता से त्राण पा सकता है पर नीम में वह भी नहीं।

अब जरा सपाट ढंग से बात करूँ। मैं बहुत ही एकाकी व्यक्ति हूँ। मैं जितना ही जनसमुदाय के साथ मिलता-जुलता हूँ, उतना ही और अपने को विजन एकान्त में पाता रहता हूँ। कारण यह है कि जीवन के सभी रसों में रमने की चाह है, पर कहीं भी विलमने की धीरता नहीं है और साथ ही किसी से बिछुड़ने की निठुरता भी नहीं है। चाहता हूँ, किसी से प्रीति न करूँ,

भी मुझे इस कषाय में मिलती है। इस कषाय की यही विशेषता है कि वह तिक्तता का परिशोध तो करती ही है, साथ ही वह ऐसी स्वादभूमि तैयार करती है कि उसके बाद अस्वादु चीज भी ली जाय तो वह मधुर प्रतीत हो। आँवले की यह मधुकारिता साहिव्य की भी विशेषता है। और इस आँवले के छोटे से पेड़ के नीचे मुझे नीम की गन्ध चाहे सताये, पर इसकी तिताई नहीं सताती।

यहाँ बैठे-बैठे मुझे लगता है कि प्रसाद ने जो यह कहीं गाया है कि 'घने प्रेम तरु तले', सो भ्रममात्र है, मुझे तो अधिकतर लोग इस 'घने नीम तरु तले' बैठे अपनी करुआइयों की करेला-बेल चढ़ाते दिखते हैं, कुछ लोग निबौरी से झोली भरते दिखते हैं और कुछ लोग नीम की फूलभरी डौंगी से वैशाख की महिमाशालिनी देवी की वन्दना करते दिखते हैं, पर समस्त जगत् मुझे आज 'घने नीम तरु तले' की नसावनी छाया में मन्त्रमोहित ही मिलता है। जो इससे मुक्ति पाने के लिए कुछ दौड़-धूप करता है, उसे नीम-पत्तियों की धुंकनी बरबस दी जाती है और वह फिर बेहोश-सा होकर उसी घेरे में गिर पड़ता है। मैं घेरे से बाहर होकर भी इससे घबराता हूँ, क्योंकि जाने कब वह घेरा मुझे भी न घेर ले, कारण राजनीति को पूर्णतया ग्रस करके यह साहित्य के चारों ओर भी पड़ चुका है, एक-दो साहित्यकार छटपटा रहे हैं पर बहुतेरे समर्पण करते चले जा रहे हैं। समर्पण न करने का अर्थ आज विनाश या लोप है। पर उन्मादी जीवन में छितवन की गन्ध इतनी छायी हुई है कि लोप हो जाय चिन्ता नहीं, परन्तु नीम के नीचे न जाने का दुर्निवार संकल्प है। इतना जानता हूँ कि इस संकल्प के साथ मेरे जीवन का नदी और धारा का सम्बन्ध है। जब तक नदी है, तब तक धारा उसकी यही रहेगी और वेग में, हो सकती है, कमोबेशी होती रहे, पर धारा का अस्तित्व जिस दिन नहीं रहेगा, उस दिन नदी महासागर में विलीन हो जायगी। इसलिए मृत्यु के स्पर्श से डरने वाले नीम की पत्ती चबाते हैं, चबाते रहेंगे, इस नश्वर शरीर से मोह करने वाले नीम के नीचे छँहाते हैं, छँहाते रहेंगे, और शीतला के उपासक नीम की डाली चढ़ाते हैं, चढ़ाते रहेंगे, पर मैंने कसम खायी है जिन्दगी की, और जिन्दगी में नीम को घुसने न देना मेरी एकमेव कामना है। —वैशाख 2010, रीवा

■ ■

विष्णुशर्मा की अंग्रेजी पढ़ाई

लेखक

विश्वनाथ सत्यनारायण

अनुवादक

डॉ. सी.एच. रामुलु

वाणी प्रकाशन

वाणी प्रकाशन का 'लोगो'
विख्यात चित्रकार मक़बूल फ़िदा हुसेन की
कूची से

ISBN : 81-7055-215-X

वाणी प्रकाशन

21-ए, दरियागंज, नयी दिल्ली-110002
द्वारा प्रकाशित

फोन : 0091#11#23273167, 23275710
फैक्स : 0091#11#23275710
ई-मेलः vaniprakashan@gmail.com
vani_prakashan@yahoo.com
वेबसाइट : www.vaniprakashan.com

प्रथम संस्करण : 1990
आवृत्ति : 2009

मूल्य : 175.00
आवरण : नरेन्द्र श्रीवास्तव
मंगलम ऑफसेट, शाहदरा, दिल्ली-110032
द्वारा मुद्रित

VISHNUSHARMA KI ANGREJI
PADHAI

Novel by : Vishwanath Satyanarayan

निवेदन

हास्य-व्यंग्य उपन्यास 'विष्णुशर्मा की अंग्रेजी पढ़ाई' को प्रस्तुत करते हुए अतीव आनंद का अनुभव कर रहा हूँ। स्व० कवि-सम्राट विश्वनाथ सत्य-नारायणजी 1974 में संक्रांति पर्वोत्सव में वरंगल आये थे। मैंने जब इस बहुचर्चित उपन्यास के हिंदी अनुवाद का प्रस्ताव रखा तो आपने सहर्ष स्वीकार किया और शुभाशीष दी। अनुवाद किये वर्षों बीत गये, प्रकाशित करने का सुअवसर नहीं मिला, और अर्थव्यवस्था भी नहीं हो पायी। आंध्र प्रदेश साहित्य अकादमी ने 1990 में रु० 2000/- का अनुदान देकर प्रोत्साहित किया, जिसके प्रति आभारी हूँ। श्रद्धेय गुरुवर डॉ० भीमसेन 'निर्मल' जी ने इस कार्य की प्रेरणा दी और प्रोत्साहित किया। आपको कृतज्ञता पूर्वक अभिवादन करता हूँ।

इस उपन्यास की शुद्धप्रति तथा टंकित प्रति तैयार करने में मेरे सुपुत्र चिरंजीव डॉ० रमेश तथा सुपुत्री आयुष्मती कुमारी अनुराधा का योग रहा, जिनको शुभाशीष देता हूँ। प्रकाशन-कार्य को वाणी प्रकाशन के श्री अशोक महेश्वरी ने स्वीकार किया, और सुचारु रूप से इसे सफल बनाया, उनका आभार मानता हूँ।

वस्तु कवि-सम्राट की है, और अनुवाद इस अकिंचन का। उस महान व्यक्तित्व के सम्मुख मैं छोटा पड़ जाता हूँ। त्रुटियाँ मेरी हैं, जिनके लिए क्षमा चाहता हूँ। सुझावों के लिए अग्रिम कृतज्ञता ज्ञापित करता हूँ।

कृति विश्वनाथ सत्यनारायणजी की है, उन्हें श्रद्धा-भक्ति सहित समर्पण करता हूँ।

—सी० एच० रामुलु

राखी पूर्णिमा
6-8-1990
हैदराबाद

विष्णुशर्मा
की
अंग्रेजी पढ़ाई

पहला अध्याय

"यार, फिर कोई नया उपन्यास लिख रहे हो, सुना है ! पूरा हुआ है क्या ?"

"अभी तक नहीं हुआ। उपन्यास लिखना क्या आसान समझते हो !"

"तेरे लिए आसान है। सुना है, कोई लिखता रहता है और तू कहता जाता है !"

"ऐसे ही कहता जाता हूँ ! इसमें जो कठिनाई है, वह मुझे मालूम है।"

"सुनाओगे क्या ? इच्छुक हूँ।"

"पूरा हुआ ही नहीं, बीच में ही सुनोगे तो क्या रस पाओगे !"

"उस नॉवेल का नाम क्या है ? तुम तो बड़े मजेदार नाम रखते हो !"

" 'विष्णुशर्मा की अंग्रेजी पढ़ाई' इस नॉवेल का नाम है।"

" यह क्या नाम है ! विष्णुशर्मा कौन है ?"

"विष्णुशर्मा—वही, जिसने 'नीतिचंद्रिका' की रचना की थी।"

"उस विष्णुशर्मा को अंग्रेजी की पढ़ाई से क्या संबंध ! वह जब जीवित था, तब अंग्रेजी नहीं थी। तुम्हारी रचनाएँ ऐसे ही होती हैं। यह तो पुराणों का पंथ है। अपने पुराणों में देखो। श्री कैलास पर पार्वती और परमेश्वर विराजमान थे। तब परमेश्वर को पसीना आ गया। पार्वती क्रोधित हुईं। हाय ! हाय ! पति को पसीना आ गया तो पत्नी को रूमाल से पोंछना चाहिए था। उलटा सवाल करती है, 'तुम्हें पसीना क्यों आया ?'

पसीना क्यों आता है, यह भी कोई प्रश्न है ! पसीना नहीं आता क्या ? भूख नहीं लगती क्या ? सिर मैला नहीं होता क्या ? सिर मैला हो गया तब हज्जाम को बुलाते हैं। एक अठन्नी देते हैं, साफ करवाते हैं। अरे ! बाल क्यों बढ़ाते हो ? उनको दंड देते क्या ? ऐसे ही पसीना आ गया। उनको

गुस्सा हो आया। गुस्से का कारण क्या है, पता है ? वह अपने में किसी अन्य स्त्री की भावना कर रहे हैं। वह सात्त्विक स्वेद है। इसलिए गुस्सा है।

बेचारे शिवजी क्या करेंगे ! वह तो पुराने ढंग का है, भोला है। सिर-पैर एक कर समझाया —'राम ! राम ! मैंने तुझे छोड़कर दूसरी की भावना नहीं की। मां की कसम !'

वह कोई सामान्य स्त्री है—'मान जाने के लिए माँ-बाप तुम्हारे नहीं हैं ! झूठी कसम मत लो। तुमने अपने मन में जरूर किसी की भावना की है।' कमर में हाथ डालकर पार्वती ने पूछा।

तब क्या करता शंकर ! उसने कहा—'ऐसी बात नहीं है। कांचीनगर में चिरूतोंड़ा नामक वैश्य है। उसके घर पर एक शिवयोगी भीख के लिए आ गया। शिवयोगी को गन्ने का रस पिलाना चाहा। बाजार गया। कुछ गन्ने खरीदे। कोई कुली न मिला, तो सर पर रखकर खुद ढोना चाहा। गठरी उठती नहीं थी। मैंने सहायता की। इसलिए पसीना आ गया।'

यह क्या तर्क है। नारियल के पेड़ क्यों चढ़ा रे ? तो बछड़े की घास के लिए ! इसके लिए सबूत क्या है ? पुराणों की कथाएँ ऐसे ही होती हैं। तुम्हारे नॉवेल लिखने का ढंग भी ऐसे ही निराला होता है।"

"ठीक है, मत सुन ! तुझे सुनने के लिए किसने जबर्दस्ती की ! तू ही तो आया है। सुनने का आग्रह किया है। नॉवेल का नाम बताया। विष्णुशर्मा आज का नहीं है तो क्या हुआ ! मरने के बाद लोग फिर पैदा होते हैं। इस जमाने में पैदा होता तो अंग्रेजी पढ़ना पड़ता। किस गाँव में पैदा हुआ, उसकी आयु क्या है, उसके माता-पिता के नाम क्या हैं, किस जाति में पैदा हुआ, अब तक कहाँ पढ़ा—ये सब सवाल हैं।

इसलिए नॉवेल लिखना है तो ढेर सारी समस्याएँ हैं, तभी तो नॉवेल लिखना पड़ा। वह तो पैदा हुआ नहीं, मुझे सपने में दिखायी दिया। यह सब मेरा सपना है। विष्णुशर्मा ही नहीं, महाभारत के रचयिता तिक्कना हैं न, आप भी सपने में दिखायी पड़े और अपने लिए एक नौकरी दिलाने की प्रार्थना की। अपने लिए 'बेल' नहीं है ? गले में ढोलक लटकाना चाहना कैसा ! मैंने एम० ए० पास की। तेलुगु, संस्कृत आदि ठीक पढ़ लिया, कह

सकते हैं। हिंदी भी थोड़ी-सी पढ़ ली है। मुझे नौकरी नहीं मिली। किंतु आप तो तिक्कना हैं न ! मेरी बात रहने दो। उनके लिए नौकरी की कोशिश की। उनको नौकरी दिलाने का प्रयत्न, विष्णुशर्मा को अंग्रेजी पढ़ाने का प्रयत्न—इनसे मेरी जान निकल गयी। खाना-पीना छूट गया समझो। किसी को नींद आती है तो बड़ी किस्मत वाले समझे जाते हैं। रोज-रोज मेरी स्थिति बिगड़ती जा रही थी। बाप रे बाप ! नींद आती। डर होता है। नींद आती तो सही। पर इन दिनों में नींद आना ही बस सपना पकड़ लेता। उससे परेशान हो जाता। कब जग जाऊँ, इसके लिए उतावला हो जाता।"

"यह क्या है जी ! इस कहानी का न सिर है न दुम। नींद में या सपने में—मैं कब जग जाऊँ—ऐसा सोचना साध्य नहीं होता। तुम तो ऐसी चीजों की कल्पना करते हो, इसलिए तुम्हारी रचनाओं से हम जैसों को गुस्सा आता है। ये कैसी पागल-सी रचनाएँ हैं !"

"बाबू ! तेरे जैसे लोग मेरी रचनाओं पर गुस्सा करते हैं। मुझे मालूम है। उस क्रोध के बारे में कुछ बताना चाहता हूँ, सुनोगे ? या उसके लिए भी गुस्सा करोगे ? सुनाऊँ ?"

"क्या निवेदन करना चाहते हो, करो।"

"मेरी रचना देखकर तुझे क्यों क्रोध आता है, मैंने सोचा। अंत में इस निर्णय पर पहुँचा कि तुझे जो रुचिकर नहीं, वही मैं लिख रहा हूँ। तुम जैसे समझते हो, वैसे ही मैं पुराने ढंग से लिखता हूँ। तेरे लिए नये ढंग से लिखना चाहिए। पुराने ढंग से लिखनेवालों पर तुझे क्रोध आता है। एक बात सुनो, पुराने ढंग से लिखने पर खुश होनेवाले कई लोग हैं। ऐसे ही नये ढंग से लिखने पर खुश होनेवाले भी हैं। पुराने ढंग को चाहनेवाले नये ढंग से लिखनेवालों पर गुस्सा नहीं करते। उनका कर्म ही ऐसा है। भगवान ने उनकी सृष्टि ही ऐसी की है, कहते हुए दया दिखाते। फिर भी पुराने ढंग से लिखनेवालों पर नये ढंग के लोग गुस्सा करते रहते हैं। इन दोनों के बारे में किंचित् विचार करेंगे। पहलेवालों का दया दिखाना क्यों और दूसरे लोगों को क्रोध आना क्यों। वह उनके लिए अनुकूल रचना नहीं है तो यह इनके लिए अनुकूल रचना नहीं है। उनका दया दिखाना और इनका गुस्सा

करना क्यों ? इसके पीछे रहस्य यह है कि इन दोनों के जीव-लक्षण में अंतर है। पहले के लोग यह मानकर चलते हैं—'अपना क्या है ! परमेश्वर इस जगत को चला रहा है ! उसकी इच्छा जैसी है, वैसा ही सब चलता है। वह एक को अमीर बना देता है तो दूसरे को दबा देता है। अपना है क्या ! किंतु धर्म भी कोई चीज है। उस धर्म की रक्षा होनी चाहिए। अन्य वस्तुओं से हमारा क्या संबंध !'—ऐसा मानकर चलते हैं। इसीलिए उनको गुस्सा नहीं आता। जाने दो भाई। हमें क्या है ! उपेक्षा है। दूसरे प्रकार के लोगों को क्रोध आता है। क्रोध किसे आता है ? 'मैं इतना बड़ा हो गया, फिर भी यह मुझसे ऐसा व्यवहार करता है। देखो, इसे क्या करता हूँ। इसको मेरा तड़ाखा दिखा देता।' आदि-आदि जो सोचता है, उसे गुस्सा आता है। तात्पर्य यह है कि उसे भगवान पर विश्वास कम है। आप बड़े हैं। आप जो करेंगे, वही सही। दूसरा, विश्वास किसी पर रखना नहीं चाहिए। हमें पता नहीं लगता कि वह अपने आप पर कितना विश्वास रखता है। उसके मत में रचना जैसा कार्य करना नहीं चाहिए। इस प्रकार के लोगों को ही गुस्सा आता है।"

"मैं ऐसे ढंग का हूँ क्या ? तुम्हारी रचना अच्छी है, किंतु मुझे क्रोध आना गलत है क्या ? ऊपर से उसके समर्थन में सिद्धांत बघारते हो। वास्तव में तुम्हारे सिद्धांतों के कारण ही मेरे शरीर में आग लग जाती है। तुम ऐसी रचनाएँ करना जब बंद करोगे तब कहीं बड़े बन जाओगे।"

"अब क्या बड़ा बनना है ! श्मशान की यात्रा की तैयारी कर रहा हूँ। जिंदा हूँ, इसलिए कुछ लिख रहा हूँ। मेरे लिए लिखना एक रोग बन गया है। इसे कुछ लोग प्रतिष्ठा कहते हैं। यह कोई आब नहीं है। मुझे मालूम है कि मैं दलदल में फँस गया हूँ।"

"तुम कहते हो, मैं श्मशान की तैयारी में हूँ। लेकिन तुम्हें तो और जीना है और आंध्र भाषा की सेवा करनी है। लिखने में असमर्थ हो, ऐसी बात मुँह से निकालना नहीं। जमाने के अनुकूल लिखो।"

"जमाना मेरा अनुसरण क्यों नहीं करता ? अपने अनुसरण करने के लिए मुझे क्यों आग्रह करता है ? उस जमाने का बड़प्पन क्या है ! वह हो या मैं—किसी को भी चिंतन के आधार पर ही चलना चाहिए न ! 'मैं

जमाना हूँ। इसलिए सोच नहीं सकता,' आदि वह कह देता तो मैं क्या करूं? 'तुम जमाना हो तो क्या हुआ! सोच-विचार कर नहीं चलते। मैं तुम्हारा अनुसरण कैसे करूँ?' बस, जवाब में कह देता।"

"सत्य है। इसमें एक अड़चन है। काल अधिकारी है और तुम तो तेलुगु पंडित ठहरे। वह तुम्हें दंडित करेगा। दबाकर रखेगा। ऊपर आने नहीं देगा। तुम्हारा पेट फाड़कर ढोल बजा देगा।"

"उससे कह दो कि ऐसा कभी नहीं करे, क्योंकि मेरे चमड़े से बना ढोल मुझ जैसा ही बजेगा। तब उस जमाने को लाभ क्या होगा!"

"यह सब छोड़ दो। तुम्हारे साथ वाद-विवाद करने से कोई निर्णय नहीं निकलता। तुम पैर नहीं तो उँगली, उँगली नहीं तो पैर को लगाते हो। उलझन में डाल देते हो। सदा अंतिम निर्णय तुम्हारा होना चाहिए। इसलिए तुम अपने उपन्यास के बारे में कुछ कहो।"

"सुनाने के लिए कहते हो न, तब सुनो।"

"तुम्हारा ढंग देखकर सिर में दर्द होता है। इसलिए कथा सुनाओ।"

"सिर-दर्द का यह ढंग तुझे क्यों! मेरी बात सुन और घर चल। दोनों का भला होगा। बचपन से हम दोनों ने मिलकर पढ़ा है। मैं तुझे कुछ कह नहीं कह सकता। मैं कुछ नहीं कहता, तब भी तू बुरा मान जाता है। तू मुझे लाख खरीखोटी सुना देता है, लेकिन सुनकर मुझे चुप रहना पड़ता है!"

"चुप क्यों बैठते, किताबें लिखकर हमें गुस्सा करने को बाध्य जो करते हो।"

"अरे! तेरे समान गलियों में गाली देता फिरूँ? तेरे जैसों को गाली देते फिरना फबता है। गाँव में तू बड़ा अधिकारी है। राजनीति में तेरा बड़ा नाम है। सारा जगत तेरी उँगली पर नाचता है। मेरा क्या! बैठकर कुछ घिसते-पिसते रहता हूँ और उसके फल में तुझसे खरीखोटी सुनता हूँ।"

"बाबा! तुम्हें तो सचमुच दूसरे देश में पैदा होना चाहिए था, तो सिर-आँखों पर रख लेते। तुम्हारे जैसे लेखक दूसरों की नहीं मानते इतना ही नहीं, तुम्हारे चित्र घर-घर लटका रखते। तुम ऐसा लिख रहे हो

इसलिए हम तुम्हें ऊपर आने नहीं देते।"

"ऊपर आने के लिए मेरे पास सब्र नहीं है। मैं भारी हूँ। डूबते रहने वाला ही हूँ, ऊपर उठनेवाला कभी नहीं।"

"यही है तुम्हारी चतुराई। शब्दों को तोड़कर चमत्कार समझत हो, यही तुम्हारा रोग है।"

"अरे ! अर्थ शब्दों से ही आता है। शब्दों को छोड़कर अर्थ कैसे निकलेगा ? आज के इतिहासकार अनेक प्रकार से कहते हैं। आँखों से कह सकते हैं। शब्दों से आगे भी भाषा कुछ है। ऐसी बातें आप लोग कहते हैं। फिर भी शब्दों को छोड़कर आपने कुछ कहा नहीं। मेरा कहना यह है कि शब्द जो नहीं कह सकता, ऐसी बात है नहीं। शब्दों से परे एक ही वस्तु है, वह है ब्रह्मपदार्थ। वह अवाड मानस गोचर है। शेष सबको शब्दों में प्रकट कर सकते हैं।"

"ताड़ को उल्टा चढ़ते हो। कैसा कहूँ कि शब्द को शक्ति नहीं है ? सबने इस तत्त्व को स्वीकार किया है। तुम्हारे कहने से सब मिट जायेगा !"

"सबने स्वीकार किया है। वे कौन हैं ? ये आपके नये लोग हैं। हर चीज़ के लिए 'सबने स्वीकार किया' कहते फिरते हैं। ये कहलानेवाले कौन लोग हैं ? इन 'सब' में मैं नहीं हूँ क्या ? मैंने स्वीकार नहीं किया है। तब सब क़ैसे हो गये ? तेरी इच्छा के अनुसार कुछ लोगों को लेकर उन्हीं लोगों को सब कहते हो। तिस पर यह भी सोचो कि मैं एक नहीं है। मेरे जैसे कई अनेक हैं। हम सब तेरे 'सब' में नहीं हैं। शब्द को यह शक्ति नहीं है। इसे सबने स्वीकार किया है, तुमने कहा था न। यह सब कौन है, पता है ? शब्द की शक्ति कितनी है ? इनको ज्ञात नहीं। जितनी शक्ति शब्द को है, उतनी किसी को नहीं। एक शब्द के अनेक अर्थ होते हैं। एक ही शब्द के सौ प्रसंगों में सौ अर्थ होते हैं। एक शब्द ही इतने अर्थ दे सकता, तब दो-तीन शब्द मिलने पर कौन-सा अर्थ निकलता है, कहना असंभव है। अस्तु, शब्द को शक्ति नहीं है, ऐसा मत कहो। वास्तव में शक्ति हममें नहीं है। शब्द अर्थ देता है। अर्थ समझानेवाले हम हैं। अर्थ समझने की शक्ति हममें नहीं है। बजा नहीं सकता और कहता, ढोलक खराब है। पहले बुद्धिचातुर्य का

संपादन करना चाहिए। असली पढ़ाई पढ़ लेनी चाहिए। ऐसी हवाई पढ़ाई से अर्थ समझना संभव नहीं है।"

"वावा, तुम जीत गये। अब नॉवेल सुना दो, नहीं तो जाता हूँ।"

"कहानी सुनाने के लिए कहा न, सिर-दर्द हुआ तो?"

"नहीं होगा, सुनाओ भी।"

"सिर घर पर रख आया है क्या? सदा तू ऐसा ही करता है। वास्तव में तेरा सिर है या नहीं, संदेह में डालता है।"

"कहते हो, सदा मैं ही सुनाता हूँ। तुम गाली नहीं देते। यह गाली नहीं तो और क्या है?"

"परवाह नहीं। बेशक आज साथ लाया है, तो सुनाता हूँ।"

"सुनाते हो, किंतु ये सपने ही हैं न! सपने क्यों आते हैं, मालूम है? अजीर्ण रोग हो तो सपने आते हैं। उसके लिए तुम प्रसिद्ध हो।"

"तुझे सपने क्यों नहीं आते? तू सारे सपनों को लिखने बैठेगा तो आंध्र भाषा भी जान जायेगी।"

"फिर भी सपनों के बारे में किताबें लिखना क्या तमाशा है!"

"ठीक है। मुझे अक्ल नहीं है, तुझे तो है न! सुनने के लिए क्यों आया है? तुझे भी अक्ल नहीं है क्या? हाँ! तुझे तो बिलकुल अक्ल नहीं है, यह मुझे मालूम है।"

"मैं मूर्ख हूँ, तुम्हें मालूम है, तुम मूर्ख है, यह मुझे मालूम है।"

"इसीलिए सुनाता हूँ। सुन! फिर कोई बेकार सवाल मत उठा! इस किताब के प्रारंभ करने से पहले सपनों के बारे में कुछ लिखा है। उसे पीठिका समझ। पहले उसे ही सुनाता हूँ, सुन!"

"मुझे पीठिका नहीं चाहिए। ग्रंथ ही सुनाओ।"

"पीठिका नहीं सुनेगा? तब ग्रंथ सुनाया नहीं जा सकता। जा सकता है।"

"बड़े ही फक्कड़ हो। ठीक है। पीठिका भी सुना दो यार!"

"हाँ! ऐसा। ठीक राह पर चल! किसके लिए सुनेगा नहीं! मेरी रक्षा के लिए सुनेगा क्या? तुझे कोई काम नहीं है। बेकार घूमता-फिरता है। समय गँवाता है। सब अपने-अपने काम में मस्त रहते हैं। तेरे जाने पर

दुतकारते हैं। कहीं सहारा नहीं तो पास आ जाता है। आकर मुझे चिढ़ाता है। कहता है मेरी कविता ठीक नहीं, फिर भी मैं तेरा सहारा। इसीलिए सुन ! मैं सपनों के बारे में लिखना चाहता हूँ, जो एक या दो नहीं। सबको मिलाकर यह किताब लिख रहा हूँ। किंतु संसार के सपनों में और इन सपनों में अंतर है। कोई एक सपना देखता है तो उसका दूसरा सपना उसी प्रसंग को लेकर नहीं आता। मेरे सपने ऐसे नहीं हैं। एक के बाद एक सब एक ही प्रसंग को लेकर चलते हैं। वास्तव में सपने लगातार एक ही प्रसंग को लेकर नहीं चलते। निद्रादरिद्र नामक एक कवि था। जन्म को सार्थक करने के लिए उसने एक ही श्लोक लिखा और वह संस्कृत में लिखा।"

"श्लोक कहते ही विदित होता है कि संस्कृत में लिखा है। इसको अलग कहने की क्या जरूरत है ?"

"वाह ! वाह ! आजकल तेलुगु में श्लोक लिखनेवाले अनेक हुए हैं, प्रायः आपको यह विदित नहीं। तेलुगु में श्लोक लिख रहे हैं और संस्कृत में पद्य लिख रहे हैं। इसे रहने दे। पहले यह सोच कि उसका नाम निद्रा-दरिद्र क्यों पड़ा ? यह उसके श्लोक के आधार पर पड़ा। मुक्कु तिम्मा (नाक तिम्मना—यह कवि श्रीकृष्ण देवराय के अष्ट दिग्गज में एक था।) नाम क्यों पड़ा ? आपने नाक पर पद्य लिखा था और रामराजभूषण को बेच दिया था। पद्य रामराजभूषण का हो गया और आपकी नाक बची। इसी प्रकार एक-एक प्रसिद्ध पद्य लिखने पर उसके आधार पर कवि का नाम पड़ जाता है। बहुत पहले भवभूति का नाम भी एसा ही लग गया था। 'निचुळ' नाम भी ऐसा ही आ गया था। इसी तरह इसका नाम निद्रादरिद्र प्रसिद्ध हुआ। उस श्लोक का अर्थ इस प्रकार है। वह सो गया और नींद में उसने सपना देखा। सपने में एक सुंदरी दीख पड़ी। दोनों में प्रेम भी हो गया। दोनों प्रेम में उन्मत्त थे। इस पर उसको क्रोध आ गया। उसे मनाना चाहा। इतने में जग गया। क्या करता बेचारा ! उसके लिए तपता रह गया। मनाने का मौका ही नहीं मिला, तो उसने सोचा—फिर नींद आ जाये, फिर वही सपना आ जाये, फिर वह सुंदरी दिखायी पड़े, ताकि वह उस सुंदरी को मना सके। इस परम उद्देश्य को लेकर नींद लगने की उसने बड़ी कोशिश की। नींद लगे तब न सपना आ पाता। तब कहीं कारोबार चलता—वह

दूसरी बात है। पहले नींद नहीं लगी। इसलिए उस भाव को लेकर उसने एक पद्य लिखा। उसने कहा कि मैं निद्रादरिद्रीकृत हुआ हूँ। तब उसका नाम पड़ा। समझा ?"

"जरूर यह सपना किसी दूसरे को आया होगा और वह उसका मान दूर किया होगा।"

"यह है रे रसज्ञता। तू तो बड़ा रसज्ञ है। तभी तो मेरे उपन्यास सुनने के लिए दौड़ा आता है ! मुझे मालूम है, काश, मैं क्या करूँ !"

"तुम्हारे उपन्यासों में श्रृंगार कहाँ है ! मज़ा लूटने को कुछ होता ही नहीं। समाज में कितने ढंग की शादियाँ हो नहीं रही हैं। एक को लेकर लिखना चाहिए था। पागल होकर जनता टूट पड़ेगी। तुम्हारे चरणों को स्वर्ण-कंकण पहनायेगी। सचमुच, एक क्षण में नये कवियों की सूची में मैं तुम्हारा नाम लिखवा देता।"

"नहीं लिखाना। हमें ऐसे ही रहने दे। तू सुन रहा है, यह मेरे लिए काफी है।"

"सुनने से फायदा क्या हुआ ! खरीखोटी जो सुना रहा हूँ।"

"तू सुन रहा है, इसका मतलब यह है कि तू मेरा अध्ययन कर रहा है। अध्ययन करना जरूरी हो जाता है। तू अनजाने में मेरी स्तुति कर रहा है। सत्य तो यह है कि गाली देने में और स्तुति में बड़ा अंतर नहीं है। दोनों सिक्के की दो पहलू हैं, एक अक्षरों की तरफ, दूसरी चित्र की तरफ। जिधर भी देखो, रुपया ही कहते हैं। फिर तो मेरे सपने निद्रादरिद्र के समान न होकर लगातार एक प्रसंग को लेकर हैं।"

"तुम्हें सपने ऐसे क्यों आते हैं, मैं बताऊँ ?"

"तू कहना क्या चाहता है, मैं जानता हूँ। मुझे उपन्यास लिखना है, इसलिए मुझे ऐसे आते रहते हैं। कुछ दिन पहले मैं दोपहर में सो गया था। पहला सपना दोपहर में आया था।"

"दोपहर के सपनों का उतना महत्त्व नहीं है।"

"यह तो मैं भी जानता हूँ, इसलिए तो नॉवेल लिखता हूँ। इनका महत्त्व हो तो नॉवेल लिखता ही क्यों ? अमल ही कर देता। अमल करने-वाले राजनीति के नेता और मंत्रिगण हैं। मैं तो बेकार सपने देखता हूँ और

उन सपनों का ग्रंथ बनाता हूँ। तू सुननेवाला मिल गया है न, महत्त्व कुछ नहीं, तब भी सुनाता हूँ :

मैं दोपहर में सो रहा था। नींद में दो सज्जन मेरे पास आये सपने में ही। एक गोरा है, मोटा है, बड़ा पेट है, जनेऊ मैला है। धोती भी मैली है। धोती घुटनों तक है। उसको देखकर, किंचित् विकार पैदा हुआ। दूसरा कुछ लंबा है, काला है, कानों में कुंडल हैं। गोष्पाद के समान जटा है। गंड-भेरुंड (काल्पनिक पक्षी विशेष) कोर की धोती पहना है। हाथों में स्वर्ण-कंकण हैं। उँगली में मोटी अँगूठी है। दो अँगूठियाँ हैं शायद। ऊपर शॉल पहन रखा है। मुख पर छटा छिटक रही है।

दोनों को बैठने के लिए कहा। पहले सज्जन बैठ गये। दूसरे अभी खड़े हैं। बैठते क्यों नहीं, मैं सोच रहा था। तब मुझे लगा कि मैंने उठकर 'आइए, पधारिए' कहा नहीं। मैं सो रहा था। उठूँ कैसे? फिर भी आपको इतना अभिमान क्यों? आप कौन हैं, मुझे तो मालूम ही नहीं है। कोई परिचय होने के बाद आदर करता है। इसलिए अपने लोग आते ही प्रवर कहते हैं। 'अहम् भो अभिवादये।' प्रवर कहने पर 'आप फलाने हैं' का पता चलता है। अंग्रेज तो परिचयकर्ता को साथ लाते हैं। इसी को इंट्रोड्यूस कहा जाता है। आपने प्रवर तो कहा नहीं। मैं आपको नमस्ते भी नहीं कर सकता, क्योंकि आप मेरे पास आये हैं, मैं आपके यहाँ नहीं गया। नमस्ते नहीं किया, कोई बात नहीं। मैं फलाना हूँ, मेरा गाँव फलाना है, मैं अमुक काम से आपके यहाँ आया हूँ यह तो कहना चाहिए था न! कुछ लोग आधी रात गये आ जाते हैं और दरवाजा खटखटाते हैं। 'कौन हैं?' पूछने पर 'मैं' कहते हैं। 'मैं' क्या है? मेरा श्राद्ध है! उसे हम पाँच-छः साल पहले से जानते हैं। इस बीच में हमने देखा तक नहीं। वह आधी रात को खट-खटाता है और कहता है 'मैं', तो उसे ज्ञान है या नहीं, क्या समझना चाहिए। ऐसे महाशयों में आप भी एक हैं। आप अमुक हैं, मालूम होने के बाद मैंने सोचा था कि इतने बड़े सज्जन के बारे में मैंने ऐसा क्यों समझा। तब तो ऐसा समझना समुचित था। क्योंकि आप किसी दूसरे गाँव से आये

और आपको पहले कहीं मैंने देखा है। न जान, न पहचान, आया तेरा मेहमान। आप तो सीधे स्वर्गलोक से आये। कथा कहते ही समझ जाओगे। उनको देखने पर पहले मुझे तो हँसी आ गयी। यह कोई पागल-सा है। हँस दिया तो मैं जग जाऊँगा। इसलिए हँसा नहीं। इसलिए उस बैठे हुए सज्जन से पूछा, शायद इनको मालूम हो कि आप कौन हैं। आसीनस्थ ने कहा कि उन्हें मालूम नहीं है कि 'आप कौन हैं'। फिर आप कहने लगे कि ढंग देखने पर कुछ-कुछ विदित होता है कि आपने यज्ञ किया है। बड़े धनवान लगते हैं। ऊँचे अधिकारी जैसे हैं।

मैंने पूछा - 'आप कौन हैं ? किस काम से आये हैं ?' आपने कहा— 'कह देता हूँ। पहले आप इन सज्जन से बात कर इन्हें भेज दीजिए।'

वह खड़ा है, सोमयाजी ने कहा—'मैं भी काम से आया हूँ। शीघ्र लौटने को आया नहीं। पहले आपका काम कर भेज दीजिए।'

मैं विचार कर रहा था कि इन दोनों के काम कर भेजने से पहले मेरा काम तमाम हो जायेगा। क्या करूँ, उलझन में पड़ गया, फिर सोमयाजी से कहा—'आप बैठिए।' आप अनुग्रह कर बैठ गये।

बैठ गये, अपना काम कोई नहीं बताते। दोपहर की नींद है, अधिक देर तक नहीं रहेगी। अढ़ाई-तीन बजे तक नौकरी पर भी तो जाना है। आप लोगों से कहा—'महाशयजी, कोई स्वल्प कार्य हो तो दोपहर में आना चाहिए। बड़े-बड़े काम लेकर ऐसे टपक पड़े तो कैसा ? अच्छा-खासा समय लेकर रातों में आइए। रात के कोई ग्यारह बजे मैं सोता हूँ। सुबह के छः बजने से पहले नहीं उठता। पूरा सात घंटे का समय मिल जाता है। बीच में एक-आध बार जग भी गया तो आपकी कृपा से नींद लग जाती है। अतः आप दोनों कृपा कर चले जाइए। रात में आइए।' दोनों हिले नहीं। मर गया रे भगवान ! झट कह दिया—'क्या बात है। चलते क्यों नहीं ?'

दोनों ने एकसाथ कहा—'हम चलने को नहीं आये।'

बाप रे बाप ! अब मेरा श्राद्ध ही है। मेरी श्रीमती मायके गयी है। मैं स्वयं पकाकर खा रहा हूँ। इनको भी पकाकर खिलाऊँ ! लगता यह कि ये होटल जानेवाली जाति के लोग नहीं। मेरे सिर पर चढ़नेवाले हैं। ऊपर

से मुट्ठी में कौड़ी भी नहीं है। इस सोमयाजी को देखने पर लगता है, दो या तीन साग, अचार, भक्ष्य आदि के होने पर ही तृप्त होगा। यह दूसरे सज्जन सेर-भर चावल के अधिकारी हैं। क्या करना चाहिए, कुछ समझ में नहीं आया। सहसा सौभाग्यवश एक बात स्मरण में आ गयी। वह इतवार था। नौकरी पर जाने की आवश्यकता नहीं। 'ठीक है बाबा! आप लोग अपना काम बाद में बताइए। पहले यह बताइए कि आप लोग हैं कौन?' मैंने पूछा।

'पहले आप, पहले आप' कहते कोई शुरू नहीं करते। बस में खचाखच भरकर लोग हैं। दो दोस्त जाते हैं। कोई एक को तो पहले चढ़ना चाहिए। 'आप चढ़ो! आप चढ़ो!' कहते हुए दोनों खड़े रह जाते हैं। बस-टिकट बेचनेवाला जल जाता है। ऐसे ही है इन लोगों का ढंग भी। मुझे एक उपाय सूझा। यह मोटा आदमी जो बैठा है, कोई कम नहीं है। यज्ञ नहीं किया लगता है, फिर भी कुंडल, सिंहमुखी—कंकण न होने पर भी निश्चित ही कोई बड़ा पंडित है। पुराने जमाने में अपने देश में पंडित ऐसे ही रहते थे। देखने में साधारण लगते हैं, छूकर देखो, तो छः शास्त्रों का अध्ययन किया होगा, तो दूसरा वेदों के सहित पाठ किया होगा। यह सोमयाजी यज्ञ करने पर भी लौकिक लगते हैं। यह दूसरे सज्जन बिल्कुल वैदिक लगते हैं। अतः आपसे पूछा—'स्वामी! पहले आप कहिए कि आप कौन हैं? किस काम से आये हैं? आप जैसे पंडितों को मेरे जैसे से क्या काम बनता है? मैं तो महाविद्यालय में एक तेलुगु पंडित हूँ। फिर भी यथाशक्ति आपकी सेवा करूँगा। आज तो इतवार है। कोई कोर्ट-कचहरी भी नहीं है।'

तब आपने पूछा—'इतवार को बंद क्यों रखते हैं?'

तब मुझे पता लगा कि यह कोई पुराने पीढ़ी के हैं। इतवार के दिन छुट्टी की बात किसे मालूम नहीं होती! मैंने कहा—'इतवार के दिन यहाँ पर छुट्टी होती है।'

'यही तो मालूम नहीं है, इसलिए पूछ बैठा।' आपने कहा।

मैंने कहा—'इतवारी में महाविद्यालय बंद रखते हैं, पढ़ाते नहीं।'

तब आपने कहा—'ऐसा क्यों? अष्टमी के दिन पढ़ते नहीं। पूर्णिमा के अमावस्या के दिन नहीं पढ़ते। पाड्यमी को नहीं पढ़ते। इन दिनों में पढ़ने

पर विद्या नहीं आती। पाड्यमी के दिन पढ़ाई को विल्कुल बंद रखना चाहिए। इसलिए वाल्मीकि ने लंका में दुःखमती सीता का वर्णन करते हुए लिखा है—प्रतिपत्पाठ शीलस्य विद्येव तनुतांगता।'

मुझे उस श्लोक के अर्थ का बोध नहीं हुआ। मैंने संस्कृत में एम० ए० पास कर ली है, फिर भी समझ में नहीं आया। हम लोगों ने तो संस्कृत को स्मरण करते हुए अंग्रेजी में लिखकर एम० ए० पास की है। हमें संस्कृत के शब्द-पर्याय आदि का ज्ञान अधिक नहीं है। वाक्य-रूप में हो तो झट समझ में नहीं आता। प्रतिपत का बोध नहीं हुआ। फिर भी मैं पंडित हूँ। तभी तो ये मेरे पास आये। यदि मैं कह दूं कि यह बात मेरी समझ में नहीं आयी, तो कोई मर्यादा रहेगी! तब मैं 'पूरा समझ गया हूँ जैसी गंभीर मुद्रा में चुप रह गया।

आपने फिर पूछा—'यह सब कुछ नहीं है तो इतवार को छुट्टी क्यों होती है?'

मैंने समझाने की कोशिश की—'आर्य! भगवान ने जब सृजन प्रारंभ किया था, सोमवार से शुरू कर छः दिनों तक करता रहा। इतने में आप थक गये। इतवार के दिन छुट्टी ले ली। इसलिए उस दिन से इतवार छुट्टी का दिन हो गया।'

आप खिलखिलाकर हँस पड़े। यह सोमयाजी किंचित् संयत हैं। हँसे नहीं, चुप खड़े रहे। मुझे बड़ा गुस्सा आया। पूछ दिया—'क्या बात है? भगवान नहीं है क्या? उसने सृष्टि नहीं की क्या?'

आपने कहा—'मैं यह भी नहीं कहता और न वह भी। प्रश्न है—भगवान को थकान किस प्रकार का?'

सोमयाजी खड़े जो थे, बोलने लगे—'मानव को थकान है, तब भगवान को भी होनी चाहिए। कारण में जो गुण नहीं है, वह कार्य में भी नहीं रहेगा। भगवान कारण है। जगत कार्य है। इसलिए यह कहने में कोई दोष नहीं कि भगवान थक गया है।'

तब मोटे सज्जन ने उठाया—'ठीक है। किंतु इतवार के दिन ही थकान दूर कर ली!'

सोमयाजी चुप हो गये। मुझे लगा, इनका तर्कज्ञान इतना महान है तो

मुझमें भी तर्कज्ञान होना चाहिए।

'कोई एक दिन थकान दूर करनी है। वह दिन इतवार ही क्यों न हो !' दोनों मेरे तर्क के सामने हार गये।

'सत्य है, सत्य है।' कहने लगे—'अत: इतवारों में छुट्टी होगी ही।'

तब भी पेटू चुप नहीं बैठा, कहने लगा—'ठीक है, आप लोगों को यदि इतवारों में छुट्टी देनी हो तो दे लीजिए और अष्टमी, अमावस्या, पाड्यमी को भी दीजिए।'

देनेवाला मैं नहीं हूँ। फिर भी उन दोनों के सामने बड़प्पन जताना चाहिए। नहीं तो ये अकार्य कारण-भाव या सद्-सद्भाव जैसे शास्त्र पर चर्चा कर मेरी जान ले लेते। इसलिए पहले ही इनको दबा देना चाहिए।

'ऐसा देना विल्कुल असंगत है, क्योंकि पाड्यमी के दिन अध्ययन करने पर (अब तो समझ गया, उनकी बातों से कि प्रतिपत का अर्थ पाड्यमी है, चतुर हूँ न, इसलिए) विद्या नहीं आती। यही है न आपके कहने का तात्पर्य !' इस कथन को मैंने ऐसी गंभीरता से कहा कि जैसे मैं ही राज्य कर रहा हूँ।

बैठा हुआ सज्जन जरा नर्म हो गया। आपने कहा—'जो भी हो, वाल्मीकि ने लिखा है, पाड्यमी के दिन अध्ययन करने पर विद्या जिस प्रकार सूख जाती है, उसी प्रकार सीता सूख गयी है।'

अब मेरी समझ में आ गया कि श्लोक का अर्थ यह है। तब मैंने कहा—'इन सबको छोड़ दीजिए। दो-तीन सौ साल से इस देश में लोग पाड्यमी के दिन अध्ययन कर रहे हैं। एम० ए० पास कर रहे हैं। डॉक्टरेट पा रहे हैं। दो हज़ार तक तनखाह ले रहे हैं। आपकी बात में कोई सच्चाई नहीं है।'

वह बैठा हुआ सज्जन नर्म पड़ गया, मैं ऐसा समझ रहा था; किंतु वह तो बड़ा चालाक निकला। झट कह दिया—'प्राय: यह सब पढ़ाई ही नहीं है। इसीलिए आ जाती है।'

मेरे दिल पर पत्थर पड़ गया। पर 'जीभ को दवा करने पर बड़ी जीभ उखड़ गई-सी' स्थिति पैदा हो गयी। क्या करूँ ? मर्यादा को बनाये कैसे रखूँ ? ये मुझे देखने आये, मैं उन्हें देखने तो नहीं गया। अपना हाथ ऊपर होना चाहिए।··· मैं सोच रहा था। सहसा सोमयाजी ने शुरू किया।

आपके कार्य-कारण विवाद पर पेटू चुप हो गया था। इसलिए उनकी नज़र में मोटू कम दिखने लगा। कहा—'उस जमाने के लिए वह विद्या थी और इस जमाने के लिए यह। वह विद्या अष्टमी, अमावस्या, प्रतिपदा के दिनों में नहीं सीखनी चाहिए। आज विद्या को इतवारों में सीखना मना है।'

अपना उपाय चल गया। फिर भी जीत हमारी नहीं हुई। हम भी एक तर्क दे देंगे। तब इज्जत बचेगी। यह सोचकर मैंने कहा—'आपने मेरे मुँह की बात छीन ली है। वाह ! वाह ! आपने बहुत खूब कहा। किंतु एक दूसरी चीज़ भी है। रविवार के दिन पढ़ने पर विद्या नहीं आती, ऐसा कोई निषेध नहीं है। किंचित् विश्रांति चाहिए। इसलिए रविवार को अनध्याय रखते हैं। पुराने जमाने में शनि, रवि—दो दिन अनध्याय रखते थे। उन दिनों में हम लोग कमज़ोर थे। आज हम कुछ बलशाली हुए। इसलिए शनिवारों में विद्यालय चलाते हैं।' फिर मैंने बैठे हुए सज्जन से पूछा—'आपका नाम क्या है ?'

'मेरा नाम विष्णुशर्मा है।' आपने कहा।

मैंने पूछा—'आपके घर का नाम क्या है ?'

आप अवाक् हो गये। 'घर का नाम क्या है ?' आश्चर्यजित हो पूछने लगे।

सोमयाजी ने उत्तर दिया—'यह क्या ? घर का नाम नहीं होता क्या ? हमारे घर का नाम 'दुजू' है। तेलुगु के लोगों के घर का नाम होता है।'

मुझे कुछ बल मिला। बहुत देर से पूछ रहा था, किंतु आपने कुछ कहा नहीं। अब आपने अपना नाम कह दिया। दूसरा तरकीब करेंगे। घर का नाम भी कहलवायेंगे। मैंने कहा—'घर का नाम गुंटूरू है क्या जी ? यह तो गाँव का नाम है न !'

विष्णुशर्मा को पकड़ मिली। कहने लगे—'आप तेलुगुवाले सदा ऐसे नहीं हैं। गाँवों के नाम रखते हैं या कोई पौरुष नाम रख लेते हैं। हम लोगों के तो मात्र गोत्र के नाम होते हैं। मैं भारद्वाज हूँ और मेरा नाम विष्णुशर्मा है।'

इससे सामयाजी के दिल में आदर उत्पन्न हुआ। कहने लगे—'हमारा

भी भारद्वाज गोत्र ही है। मम गोत्रम् वर्द्धताम्। हम लोगों ने वैसे ही पौरुष नाम रख लिया है। किंतु हम दोनों एक हैं।' फिर कथन जारी रखते हुए कहा—'आप तेलुगु नहीं हैं शायद ! आपने संस्कृत में कोई ग्रंथ लिखा है ?'

विष्णुशर्मा ने उत्तर में कहा – 'लिखा तो था, पर लाभ क्या हुआ ! मेरा न कोई नाम है, न प्रतिष्ठा। संस्कृत में 'पंचतंत्र' नामक ग्रंथ की रचना मैंने ही की थी।'

इस वक्तव्य से सोमयाजी की मर्यादा घटी, इसमें कोई संदेह नहीं था। किंतु आपने संस्कृत में लिखा था, इसलिए कुछ गौरव था।

विष्णुशर्मा ने पूछा—'आपने क्या लिखा है ?'

सोमयाजी ने उत्तर दिया—'तेलुगु में भारत की रचना मैंने की थी।'

मैंने पूछा—'आप नन्नया हैं क्या ?'

आपने सिर हिलाकर 'न' कहा।

नहीं हैं तो आपको कहना चाहिए था। तिक्कना, एर्राप्रगड़ा तो बिल्कुल गाँव का करण (महाजन) था। आप जरूर तिक्कना होंगे। विष्णुशर्मा के लिए नन्नया, तिक्कना, एर्रय्या कोई भी हो, निश्चित था। आपको कालिदास, भवभूति ऐसे नाम ज्ञात हैं; किंतु श्रीनाथ, नाचन, सोमय्या जैसे नाम जानते तक नहीं।

मैंने पूछा – 'आप तिक्कना तो नहीं ?'

आपने सिर हिलाकर 'हाँ' कह दिया।

मैंने कहा—'आइए ! पधारिए ! बैठिए ! मेरा उठना ठीक नहीं। मैं उठ गया तो नींद टूट जायेगी। सपना बिखर जायेगा। आपका काम खराब हो जायेगा। इसलिए बैठिए।'

तिक्कनाजी ने सोचा– सत्य है। यह उठ गया तो सपना खराब होगा। अपना काम बिगड़ जायेगा।—विचारकर बैठ गये।

मुझे भय-सा लगा, क्योंकि इन दोनों का गोत्र एक ही है और मैं अलग हो रहा हूँ। इसलिए तिक्कना को अपनी तरफ़ खींच लेना चाहिए। तब विष्णुशर्मा पर अधिकार चल सकेगा। विष्णुशर्मा को कुछ हद तक रुला भी सकते हैं। जी कहना तो बिलकुल छोड़ दिया।

'तिक्कना का नाम नहीं सुना क्या ? कवि ब्रह्मा का नाम सुना नहीं ? चिन्नयसूरि का नाम तो आपने सुना होगा !"

आपने कहा—'सुना है ! मेरी नीतिचंद्रिका का अनुवाद तेलुगु में किया है।'

सत्य तो यह है कि विष्णुशर्मा तिक्कना की नज़र में कम है और मेरी नज़र में भी। इतने प्रसिद्ध ग्रंथ महाभारत की रचना करनेवाले के मन में कोई पंचतंत्र के रचयिता के लिए आदर कैसे बनेगा ! फिर तो मेरे मन में क्या है ? मैंने भी तो पद्य लिखे हैं और सोचूँ तो कालिदास के समान अपने को मानता हूँ। यह बात किसी से कहता तो नहीं। हम दोनों के दिल में अपने प्रति आदर की बात को विष्णुशर्मा ने भाँप लिया। वह असाधारण व्यक्ति हैं। उनकी असाधारणता का बोध मुझे नहीं हुआ। किंतु समस्त राजनीति को छः महीने में पढ़ाया है। पुराने जमाने में गुणाढ्य जितना महान था, सममुच विष्णुशर्मा भी उतने महान हैं। किंतु क्या करेंगे, तिक्कना के भारत को आपने पढ़ा नहीं। महर्षि व्यास के भारत को जानते हैं।

तब विष्णुशर्मा ने कहा—'ओह, आप हैं तिक्कनाजी ! स्वर्ग में मैंने आपका नाम सुना है। आपके तेलुगु कवियों की बस्ती है न वहाँ। हम संस्कृत कवि कभी उस प्रांत में गये नहीं। कभी व्यास महर्षि ने कहा था। कहते थे, आपने उनके दर्शन किये थे।'

वाह रे वाह ! देखी चालाकी। इनकी नीति को देखो। उनके कहने का तात्पर्य यह है कि आप व्यास महर्षि के समान हैं, व्यास और आप स्वयं एक पंक्ति के लोग हैं। तेलुगु भाषा अनेक भाषाओं में एक है और संस्कृत के पंडित इस भाषा की कोई गिनती नहीं करते। अपने पंचतंत्र की नीति का प्रयोग हम दोनों पर प्रयोग किया। वास्तव में हम दोनों ने यह सोचा कि आपसे विवाद क्यों ? पंचतंत्र वास्तव में महान् ग्रंथ है न। यह सच है कि तिक्कना ने भारत का आंध्रीकरण किया। उनसे पंचतंत्र लिखने को कहिए। ऐसे तिक्कना की ही जब कोई गिनती नहीं तो अपना क्या है, जो सपनों को किताबों में भरता हो।

मैंने पूछा—'कहिए ! आप किस काम से आये हैं ?'

तब मेरे स्मरण में एक विचार आया कि यह क्या हुआ, इतने बड़े

सज्जन घर पर आये, मैंने अर्घ्यपाद तक नहीं दिया ! 'आपके आने पर मेरा घर पवित्र हुआ' आदि कहा नहीं। कोई शिष्टता बरती नहीं। ऊपर से कहा—आप फुरसत से आइए। संप्रति मैं आदर-सम्मान कर नहीं सकता। फिर भी—'ठहरिए, चरण धो लीजिए, पानी देता हूँ,' कहता हुआ ज्योंही उठा कि जग गया। वहाँ न विष्णुशर्मा हैं, न तिक्कना। नींद से क्यों उठा रे ! पछताया, फिर ये लोग आयेंगे या नहीं ! मुझसे काम है, इतना ही तो कहा था इन्होंने। आज रात को ये जरूर आयेंगे। अब ऐसा होने नहीं दूंगा। रात में दो लोटे भर पानी खाट के नीचे रखकर ही सोऊँगा। आते ही उनसे चरण धोने के लिए कहूँगा। उनको जलपान भी करवाना चाहिए। मेरी श्रीमती घर पर नहीं हैं। क्या करूँ ! बाज़ार से कुछ खरीदकर भी लाऊँ तो सब डालडे की ही चीज़ें हैं। बेचारे ! उनके पेट में दर्द होगा। कुछ भी हो, शाम हो गयी।

दूसरा अध्याय

रात में नींद लगते ही दोनों सामने बैठे हुए हैं। मुझे आश्चर्य हुआ।

'अभी आ गये !' मैंने पूछा।

'हम गये कहाँ हैं ! हम यहीं तो हैं।'

यहाँ रहना क्या है ? कैसे हैं ? तब तो पलंग के नीचे मेरा पानी रखना वृथा होगा। उनके जलपान के लिए कुछ खरीदकर ले आया। फिर मैंने कहा—'आप दोपहर में आये। भूख लग नहीं रही है क्या ? आप लोगों के लिए फल वगैरह लाये हैं। खा लीजिए। खाट के नीचे रखे हैं।'

विष्णुशर्मा ने कहा—'अभी चार-पाँच दिन तक भूख का प्रसंग नहीं। उसके बाद भूख लगेगी।'

तिक्कनाजी ने आश्चर्य से पूछा—'चार-पाँच दिनों तक भूख की प्रसक्ति है नहीं !'

विष्णुशर्मा ने जवाब दिया—'मैं स्वर्ग से आया हूँ। स्वर्ग में हम लोगों को भूख और प्यास नहीं लगती। मैंने पंचतंत्र की रचना की थी। तब से मेरा यश संसार में व्याप्त हुआ। उसके फलस्वरूप मुझे स्वर्ग मिला। आज तक वहीं रहा। इस बीच में स्वर्ग में कई झगड़े शुरू हुए। भूलोक से कई लोग मरकर स्वर्ग आ रहे हैं। किंतु कोई भी स्वर्ग में हमारे समान कई वर्ष नहीं रहते। वहाँ आकर चार या पाँच रोज मात्र रहते हैं। चार रोज़ का मतलब आप लोगों के लिए चार साल होते हैं। ये लोग थोड़े-से पुण्य का संपादन करते हैं। बस, उनको लाकर स्वर्ग में चार-पाँच दिन रखते हैं और उसके बाद उनको जहाँ भेजना है, वहीं भेज देते हैं। इन चार-पाँच दिनों में ही ये हंगामा मचाते हैं। उनका कोई विधि-विधान नहीं होता। शोर मचाते रहते हैं। उनका मामला, हमें क्या, सोचकर मैं चुप रहता था। एक दिन

एक बुद्धिमान ने मुझ पर ही विवाद खड़ा कर दिया। पंचतंत्र मैंने नहीं लिखा। उनके मत में यह कोई दूसरे की रचना है। उस लेखक ने मेरी कल्पना को 'आदि-आदि' कहकर एक सिद्धांत ही खड़ा कर दिया। मैंने परवाह नहीं की। किंतु ये बहुत लोग हैं। इन सबने एक कागज़ पर अर्जी लिखी। सबने दस्तखत कर इंद्र के पास भेजा।

इंद्र ने हँसकर कहा—ठीक है। जाइए—किंतु ये गये नहीं। सबने मिलकर कहा—इस मामले पर विचारण (Enquiry) करना चाहिए।—इनमें एक-एक को चार-चार दिन ही तो रहना है। इन लोगों ने कोई छोटा-मोटा पुण्य किया है। इसलिए कोई भी दंडित नहीं हो सकता।

इंद्र ने मुझे बुलाकर पूछा—विष्णुशर्माजी ! यह क्या है ? पंचतंत्र के लेखक आप ही हैं ?

मैंने कहा—हाँ।

ये सब इस तथ्य को स्वीकार नहीं करते। इन सबने मुझसे कहा है—आप विष्णुशर्मा हो ही नहीं सकते। विष्णुशर्मा ऐसे नहीं होते। आपने शिक्षाओं (सीख) को सुंदर कथाओं में रचा था। वे ऐसे मोटे-तगड़े नहीं हो सकते। पतला और चुस्त होना चाहिए। आपका मुखमंडल देखने पर ज्ञान टपक पड़ना चाहिए, लेकिन आपकी सूरत में वह कहाँ है। अतः आप विष्णुशर्मा नहीं हैं।

मुझे तो क्रोध आ गया। उन पर नहीं, इंद्र पर। ये कलिकाल के लोग यहाँ आकर उल्टा-सीधा बक रहे हैं, तो इंद्र को क्या रोग हो गया ? वह तो वैदिक है न, इनके जैसा नास्तिक नहीं। मुझे बुलाया क्यों है ? फिर भी इंद्र पर क्रोध करने से क्या लाभ ! मैंने इंद्र की ओर देखा।

इंद्र ने कहा—आजकल जनता का राज्य है। ये सब 'न' कहते हैं तो न और 'हाँ' कहते हैं तो हाँ। मैं क्या कर सकूँगा ! मैं बेसहारा हूँ। भगवान विष्णुमूर्ति ने बुद्ध के रूप में पैदा होकर देश को और खराब कर दिया। इस पर मुसलमान और अंग्रेजों ने और खराब कर दिया। उस अंग्रेज से यह सब प्रपंच चल रहा है। उस अंग्रेजी पढ़ाई से यह सब चक्कर चल गया। आपकी बात तो इनके लिए कुछ नहीं है ! ये तो मेरी गद्दी उलटना चाहते हैं। इस आकाश में स्वर्गलोक एक तेजोलोक नहीं है, ऐसा

कहते हैं। टिबेट नामक देश भूलोक का है न, वही स्वर्गलोक है । त्रिविष्टप शब्द से टिबेट निष्पन्न हुआ । दो अक्षर गये षकार और पकार । 'त्रिविट' यदि हो तो टिबेट हो सकता है । तब षकार, पकार कहाँ गये ! जो भी हो, यह सब एक प्रपंच है । स्वर्ग में उनकी शरारतों का कोई अंत नहीं। पहले रावणासुर, हिरण्यकश्यप, वृत्रासुर, नरकासुर आ गये तो हमने युद्ध किये। वे जीत जाते तो हम कहीं जाकर छिप जाते । जैसा-तैसा जीवन बिताते । इन लोगों से युद्ध नहीं; कुछ नहीं करना है, भाला, तलवार नहीं। इनका एक ही बड़ा शस्त्र है, वह है कुतर्क । हम 'हाँ' कहते हैं, वह 'ना' कहता है । 'गौ' शब्द से गाय शब्द निष्पन्न नहीं होता। वह कहता है, मैं उलझन में पड़ गया हूँ। ये स्वर्ग आते हैं, चार-पाँच दिन रहकर चले जाते हैं । तब ऐसे ही दूसरे लोग आते हैं। ये सब एक ही ढंग के लोग हैं। कुछ भी हो, पंचतंत्र को यदि तुमने लिखा है तो हस्तलिखित प्रति लाकर दिखा दो ।

मैंने जवाब देते हुए कहा—अब वह कहाँ मिलेगी ! कई हज़ारों साल पहले लिखी गयी थी। ऊपर से यह कि मैंने अपने हाथ से लिखा नहीं था । मुझे लिखना नहीं आता । पढ़ाई का मतलब उन दिनों में लिखना नहीं था। मैं बोलता था, कोई लेखक (लिखनेवाला) लिखता था । इसके सबूत कहाँ से लाऊँ ?

तब इंद्र ने कहा—तुमने किन दिनों में लिखा था ? उन दिनों का कोई स्वर्ग में हो तो बुला दूँगा।

मैंने बहुत सोचा, पर तत्क्षण कोई न दिखा । कुछ देर बाद मुझे याद आया, तो बोला—कोई चिन्नयसूरि कहलाने वाले ने 'नीतिचंद्रिका' का अनुवाद तेलुगु में किया था न, और कुछ भाग कंदुकूरि वीरेशलिंगम पंतुलु ने किया था। शायद ये दोनों मेरे पक्ष में बोलेंगे । उन दोनों को बुलाइए ।

इंद्र ने सोचा—चिन्नयसूरि को तो होना चाहिए; किंतु वीरेशलिंगम पंतुलु शायद नहीं है। उनको स्वर्ग पर गुस्सा आ गया था, और वे चले गये ।

तब मैंने पूछा—स्वर्ग पर उनको गुस्सा क्यों आया था ?

इंद्र ने कहा—उस सारे प्रपंच से तुम्हें क्या मतलब ! उनके और हमारे

बीच में कई तकाजे हैं। वास्तव में उन पर विघ्नेश्वर को क्रोध आया था।

विघ्नेश्वर को क्रोध क्यों आया था ?

इंद्र ने कहा—कई बातें हैं जो मुँह से कही नहीं जा सकतीं। आपके विरोध में जिन लोगों ने अर्जी रखी थी, सबने एक होकर कहा कि वीरेशलिंगम पंतुलु यदि स्वीकार करते हैं तो वे भी मान लेंगे कि पंचतंत्र के रचयिता आप ही हैं।

मैंने कहा—मेरी रचना पर दूसरों की स्वीकृति क्यों ? आप लोगों में प्रत्येक व्यक्ति कोई एक ही तो है। 'वह वही है' दूसरे की स्वीकृति से ही वह होता है क्या ? नहीं तो वह वही नहीं रहेगा ?

उनमें से एक ने कहा—ऐसा ही है। सोचो, यह माजरा क्या है, जब बैंक में चेक ले जाते हैं। एक क्या है, हर व्यवहार में कोई एक परिचित व्यक्ति 'यह फलाना व्यक्ति है' कहते हुए ध्रुवीकृत करने पर ही वह व्यवहार आगे बढ़ता है।

तब मैंने कहा—तो कोई एक रहेगा, जो किसी से परिचित नहीं है, तो उसकी गति क्या होगी ?

दूसरे ने कहा—उसकी गति बस यही है।

इस तर्क पर मैं चकित रह गया। मैंने पाँच-छः शास्त्र पढ़े थे। लोकोपकार के लिए पंचतंत्र की रचना की थी। गलती कर दी। किसी का भाष्य लिखता या कोई महाकाव्य लिख देता तो ऐसी बाधाएँ उपस्थित न हो पातीं। सोचते हुए उनसे कहा—तेरा नाम क्या है ?

उसने अपना नाम डेनियल बताया।

यह क्या नाम है ?—मैंने पूछा था। सबको गुस्सा आ गया। इंद्र ने उन सबकी ओर देखा। कुछ व्याकुल हो गया। कहने लगा—जी, कुछ नहीं। वह शब्द-विकृति है। प्रकृति धनिया है (तेलुगु में धनियाल है)।

तब मैंने कहा—धनिया में इतना तीखापन नहीं होता है। आपमें तीखापन ज्यादा है।

इंद्र ने कहा—यह तीखापन नहीं है, कड़वापन है। तुम्हें यह सब मालूम नहीं शायद। एक बार तुम भूलोक जाओगे तो सब मालूम हो जायेगा।

कालीमिर्च कालीमिर्च नहीं है, धनिया धनिया नहीं है। कालीमिर्च में कोई रुद्राक्ष बीज या कोई पारिजात बीज मिले रहते हैं। इसलिए कालीमिर्च में तीखापन नहीं है। कड़वाहट है। धनिया भी ऐसे ही है।

मैंने धनियाल को देखा और कह दिया—तुम धनियाल नहीं हो, यदि यह मैं कह दूँ, तो तुम क्या करोगे ?

धनियाल ने कहा—मैं निस्संदेह धनियाल हूँ। देखो, ये सब साक्षी हैं। और आगे कहने लगा—यह कोई मज़ाक नहीं है। हमारे गाँव में म्यूनिसि-पैलिटी की गणना है। उस गणना में मेरे जन्म के बारे में लिखा हुआ है। हमारे विद्यालय में मेरी जन्मतिथि लिखी गयी है। मेरी एस० एस० एल० सी० सर्टिफिकेट में है। मैं ना नहीं कह सकता। मेरे तिल वगैरह लिख रखे हैं। मैं इतना ऊँचा हूँ और मेरा वज़न इतना है, आदि-आदि। अब तुम कहो; क्या कहोगे ?

सुनते ही मेरे प्राण-पखेरू उड़ने लगे। हतो हतः मेरी जन्मतिथि नहीं है। मैंने किसी विद्यालय में अध्ययन नहीं किया। मेरे तिल के बारे में कहीं लिखा नहीं गया। अब क्या करूँ ? इंद्र से कहा—स्वामी, त्रिलोकाधिनाथ ! आज की तुम्हारी स्थिति से मेरी स्थिति कुछ ठीक है। मैं समझ गया। आपको कहने से फायदा क्या है ? रामचंद्र जैसे महापुरुष ने किसी धोबी के कहने पर अपनी पत्नी को जंगल भेज दिया था। आप तो विष्णु-मूर्ति रहे। स्वर्ग के लिए आप गति-पति हैं। यदि आप मुझे भूलोक जाने के लिए कहेंगे तो मैं सीतादेवी जैसा न होने पर भी जाना ही पड़ेगा। वहाँ जाकर यह तिल आदि की पहचान लेकर आऊँगा।

इसी बीच में कोई चिन्नयसूरि को पकड़ लाया।

—आप ही को चिन्नयसूरि कहते हैं।—सबने कहा।

आदमी साँवला है, कुछ-कुछ दर्प टपक रहा है। गले तक गुंडियों का कोट पहन रखा है। सिर पर पगड़ी बाँधी हैं। ऊपर एक उत्तरीय डाल रखा है।

मैंने आपसे पूछा—जी, आप चिन्नयसूरि हैं, इसका प्रमाण क्या है ?

आपने उत्तर दिया—मैंने ब्रिटिश सरकार के स्कूलों में काम किया था। चार लॉर्ड लोग मेरे साक्षी हैं।

तब मैंने पूछा—आपने पंचतंत्र का मित्रलाभ, मित्रभेद का अनुवाद किया था। उस पंचतंत्र के रचयिता कौन हैं ?

आपने कहा—विष्णुशर्मा।

बच गया रे बाप ! समझा। मन-ही-मन खुश हुआ।

बाकी लोगों ने एक साथ चिल्लाया—हम नहीं मानते। हम नहीं मानते। वीरेशलिंगम आकर कहेंगे, तभी हम मानेंगे।

—क्या करना चाहिए ! उनको ही बुलाइए। आपको स्वर्ग पर गुस्सा आने के कारण चले गये। आपने ही कहा था। मुझ पर कृपा कर बुलवा लीजिए।

बहुत समय के बाद वीरेशलिंगम पंतुलु आया। बूढ़ा है, कटी मूँछें हैं। कोई लाल रंग के कपड़े की पगड़ी बाँधी है। लाल कोट पहन रखा है। आ खड़ा हुआ। चिन्नयसूरि ने आते ही इंद्र को नमस्ते की थी; किंतु आपने नहीं। मेरे दिल पर पत्थर पड़ गया। शीघ्र निर्णय सुनने की उत्सुकता से मैंने पूछा—संस्कृत में पंचतंत्र की रचना करनेवाले कौन हैं ?

आपने कहा—वह कोई है। मुझे पता नहीं। वह ग्रंथ अनादि से चला आ रहा है। प्रायः सब कहानियाँ यूनान देश से आ गयी हों। किसी ने उनको संस्कृत में लिखा। एक ने लिखा है कि भारत की रचना व्यास ने की है, ऐसा कह नहीं सकते। इसकी रचना अनेकों ने की है। अंत में व्यास का नाम रखा गया। इसी प्रकार पंचतंत्र भी बच्चों के लिए लिखा गया। वह भी कोई बड़ा ग्रंथ है क्या ?

तब मैंने कहा—वह बड़ा ग्रंथ नहीं है, तो आप लोगों ने तेलुगु में अनुवाद क्यों किया ?

चिन्नयसूरि चुप न रह सके। कहने लगे—वह तेलुगु नहीं है जी, पाषाण है, पाषाण। मैंने मित्रलाभ को रम्य तथा मधुर बनाकर लिखा है। मित्रलाभ कुछ कठिन हो गया समझिए। फिर भी मैंने तेलुगु गद्य में परम रमणीय शैली में लिखा है। इस जमाने में तेलुगु के गद्यग्रंथों में, सच कहना हो तो मेरी नीति-चंद्रिका पहली और महाभारत की सावित्री दूसरी है। ये दोनों ही हैं।

वहाँ एकम सज्जनों को बेहद गुस्सा आ गया—वाह रे वाह ! क्या कह

रहे हो वीरेशलिंगम पंतुलु जी को ! 'न' कहते हो ? आप तो गद्य-तिक्कना हैं। चिन्नयसूरि, तुमने अपने आपको क्या समझ रखा है ? तुमने जो व्याकरण लिखा है, तुम्हारे व्याकरण को हमने काट-छाँटकर, चीर-फाड़कर फेंक दिया है। एक ने तुम्हारी अंत्यक्रिया कर दी है। वास्तव में तुम जिंदा नहीं हो। यह प्राचीनकाल का स्वर्ग है। तभी तो तुम यहाँ आ गये। कोई जल्दी नहीं है। कल जब सवेरे अपने लोग इस स्वर्ग पर रॉकेट भेजेंगे, इस पर आक्रमण करेंगे, तब तुम्हारा इंद्र, तुम्हारा चिन्नयसूरि, तुम्हारा नन्नयभट्ट आदि क्या हो जायेंगे, इनकी हालत क्या हो जायेगी, देख लेना।

तब वीरेशलिंगम पंतुलु जी 'छीः, छीः, यहाँ आना ही गलत हो गया' कहते हुए चले गये।

मैंने इंद्र से कहा—आप यह वाधा सह नहीं सकते। मैं फिर एक बार धरती पर जाऊँगा। आजकल की पढ़ाई पढ़ लूँगा। कोई एक ग्रंथ फिर बनाऊँगा।

इंद्र क्या कहते ! उन्होंने स्वीकृति दे दी।

मैं जाने को उद्यत हुआ तो इंद्र ने आँख से इशारा कर ठहरने के लिए कहा। सब अपनी-अपनी राह देखने लगे। सबके जाने के बाद इंद्र ने एक रहस्य मुझसे कहा—उन सबसे आपको क्या है ! ये सब यहाँ स्थिर रहने-वाले नहीं हैं। चार दिन रहेंगे। तब तक मैं कुछ कह नहीं सकता। इसलिए चुप रह गया। चार दिनों के बाद इनका तमाशा मैं देखूँगा। अपने घर में विवाह संपन्न हो रहा है, समझो। कोई एक आकर गड़बड़ करता है। विवाह में रसाभास होने की आशंका से हम उसे समझाकर भेज देते हैं। शादी के बाद फिर एक बार उसे बुलाते हैं। पीठ साफ कर देते हैं। इनका काम बाद में देख लेंगे। फिर भी तुम भूलोक जाना चाहते हो और तुम्हारे मन में ऐसा उद्देश्य पैदा हुआ है, तब जाना ही चाहिए। फिर एक माँ की खोह से जन्म लेना। गर्भ; नरक आदि के अनुभव करने की आवश्यकता नहीं। भूलोक में एक व्यक्ति है। उसके पास जाओ। वह तुम्हारा आदर करेगा। वह तुम्हें सिखा देगा।

मैंने पूछा—उसे तेलुगु और संस्कृत आती है क्या ?

इंद्र ने कहा—वह अपने को 'आती है' समझ रहा है। वहाँ के सब लोग

ऐसे ही हैं। उनमें कुछ हद तक यह ठीक है। अंधों में काना राजा ! तुम कोई श्लोक पढ़ोगे तो वह 'समझ गया' जैसा अभिनय करता है। ठीक है न, तुम कोई दूसरों के पास जाओगे तो वे संस्कृत को मृत भाषा कहेंगे। उनके पास संस्कृत बोलोगे तो कैद करेंगे। चार दिन तक भूख-प्यास नहीं लगे, ऐसा मैं कर देता हूँ। भूलोक में भूख नहीं लगना असंभव है। उसके वाद तुम अंग्रेजी पढ़ो। कोई नौकरी करो। अपनी जिंदगी चलाओ। अभी स्पष्ट कहे देता हूँ, वहाँ अच्छा न लगे तब वापस आ जाना। स्वर्ग में तुम्हारा घर खाली ही रख दूँगा। तुम अंग्रेजी सीखकर आना। बाद में मुझे भी पढ़ा देना। ये सब अंग्रेजी बोलते हैं। मेरी समझ में नहीं आता। कम-से-कम रोजमर्रे के शब्द सीखकर आना। हिंदुस्तान में महिलाओं को भी अंग्रेजी के कई शब्द आते हैं। वह तो जादूगर की भाषा है। मुझसे किसी ने कहा कि भगवान और कुत्ता एक ही है। कुत्ते को उल्टा खड़ा कर दिया जाये तो भगवान हो जाता है। इन सबसे हमें क्या ? यह विष्णुमूर्ति का काम है। बेचारा इतने अवतार धारण किया, किंतु कुत्ते का नहीं।

मैंने कहा—उनके बदले में शिव ने धारण किया।

तब इंद्र ने कहा—बेशक ! तुम्हें अंग्रेजी आ जायेगी। तुम सही दिशा में हो। जाओ।

—मैं कैसे जाऊँ? कब जाऊँ ?—मैंने पूछा।

इंद्र ने कहा—वह रोज दोपहर में सोता है, तब जाओ। सपने में प्रकट हो जाओ। शेष सुविधाएँ वह कर देगा।

मैं आ गया। यह मेरी कहानी है। दूध या पानी, जिसमें चाहो, डुबाओ।'

मैंने कहा—'हम लोगों के लिए दूध और पानी अलग नहीं होते। मिलकर ही आता है। घर जितनी दूर होता है, तो पानी उतना ही ज्यादा मिलने लगता है।'

विष्णुशर्मा ने पूछा—'घर दूर होना क्या बात है ?'

मैंने समझाया—'हमें जो दूध लाकर देती है, वह माचवरम से आती है। उसको एक या दो भैंस हैं। भैंस दूध दे या न दे, वह रोज चार लोटे भर दूध लेकर आती है। रास्ते में कोई पच्चीस घरों में दूध डालती हुई आती है।

हमारे घर आये तक चार लोटे भरकर ही रहते हैं। फिर उन लोगों को दूध कैसे डाला होगा ? इसका तात्पर्य यह है कि वह जिन घरों में दूध डालती है, फिर उसके बराबर पानी मिलाती है। अंत तक वह ऐसे ही करती जाती है। अंत में उसके दूध को दूध कैसे कह सकते हैं ! बस, वह सफेद होता है। वह बड़ी पुण्यात्मा है क्योंकि वह यहाँ तक पानी नहीं मिलाती कि दूध फट जाये। इसलिए एक बार दूध में, एक बार पानी में डुबाने का सवाल ही नहीं उठता। दो बार डुबाना होता ही नहीं। मैं एक बार ही डुबाता हूँ। मतलब यह है कि आपको अंग्रेजी और तेलुगु मिलाकर पढ़ा देता हूँ। आपको तेलुगु आती है क्या ?'

पूछने पर आपने कहा—'मैं तेलुगु का ही हूँ।'

मुझे आश्चर्य हुआ—'आप तेलुगु-भाषी हैं ! फिर आपके घर का नाम नहीं है, क्यों ?'

तब आपने कहा—'पुराने जमाने में इस देश में घर के नाम न होते थे। नन्नया के घर का नाम क्या है, श्रीनाथ के घर का नाम क्या है ?'

'हमारे शोधार्थी कहते हैं कि उनके भी घर के नाम हैं। जो भी हो, आज यदि मैं कहीं भाषण देता तो कह देता कि पंचतंत्र के रचयिता विष्णु-शर्मा तेलुगु का ही था।'

आपने पूछा—'भाषण देना क्या है ? वह कोई शास्त्र-चर्चा है क्या ? स्वमत की स्थापना कर परमत का खंडन करते हैं क्या ? शास्त्रीय विषयों पर विचार-विमर्श करते हैं क्या ? भाषण का तात्पर्य क्या है ?'

मुझे हँसी आ गयी। हँस दिया। पर मैं जग न पाया। अब मैं समझ गया, क्योंकि विष्णुशर्मा को इंद्र ने भेजा है न ! सपने में दिखायी पड़ने को कहा है न ! इसलिए इंद्र मेरा सपना खराब नहीं करेगा। फिर मैंने इन्हें समझाया—'भाषण क्या होता है, आपको मालूम नहीं ? शास्त्रादि चर्चाएँ, पूर्वपक्ष, परपक्ष--ये सब बी० सी० की बातें हैं।'

आपने झट पूछ लिया--'यह बी० सी० क्या होता है ?'

मैंने बी० सी० का मतलब बिफोर क्राइस्ट कहा। अभी पढ़ाई शुरू हुई समझो। क्राइस्ट नामक कोई एक व्यक्ति था। उसके जन्म से वर्षों की गणना शुरू हुई। आज तक 1989 सालों में जो घटा, वही सत्य है। उसके

पहले का सब अविश्वसनीय है। ऐसे ही कोई अविश्वसनीय बातें कह देता हैं, तो हम कह देते हैं कि यह सब बी० सी० की बातें कर रहा है। विश्वास करने योग्य बातें होने पर भी 'अब दाल नहीं गलती'— इस अर्थ में कह देते हैं। यह एक नयी बात है, लिख लीजिए।'

आपने कहा—'मुझे लिखना नहीं आता।'

तब मैंने कहा—'बाबा ! तब तो आप शीघ्र स्वर्ग चले जाइए। इंद्र ने आपको वापस आने को तो कहा था न ? यहाँ जिनको लिखना नहीं आता, वे सब बेकार हैं, बेवकूफ हैं।'

तब आपने कहा—'यह कैसी बात है ! मुझे लिखना नहीं आता तो क्या होगा ? मैं तो पंडित हूँ। देखकर तो पढ़ सकता हूँ। हाँ ! लिखने की आदत नहीं है। यह कोई लेखकों (लिखनेवालों) का काम होता है ! पंडित अलग होते हैं, लिखनेवाले अलग होते हैं।'

मैंने कहा— 'हम सब लेखक हैं। पंडित भी कुछ होते हैं। नहीं तो पंडित होना कोई जरूरी नहीं है। पंडित भी हैं; किंतु लेखक अलग नहीं होते। टाइप राइटर हैं। बड़े-बड़े अधिकारी कहते जाते हैं, तो इस यंत्र पर टंकन करते हैं। बड़े पांडित्य का लक्षण बस समझ लीजिए यही है। पांडित्य के लक्षण की अपेक्षा यह अधिकारी का लक्षण है। ठीक है ! आपको पढ़ना आता है, अक्षर जल्दी सीख सकते हैं।'

तब आपने पूछा—'अपनी भाषाओं के बारे में आपने कुछ नहीं बताया।'

तब मैंने कहना शुरू किया—'मैं इस देश के महान् वक्ताओं में एक हूँ। मेरे पास कुछ विषय व शीर्षक हैं। लोग मुझे भाषण करने बुलाते हैं।'

आपने पूछा—'क्यों ?'

'क्यों क्या है ? भाषण में हम कोई काम नहीं करते। हमारे भाषणों के लिए कई हाईस्कूल हैं, कॉलेज हैं, ग्रंथालय हैं। आंध्र सप्ताह मनाते हैं। स्कूलों में इनागुरल अड्रेस या वालिडिक्टरी अड्रेस अर्थात् उद्घाटन भाषण या समापन भाषण आदि करवाते हैं। हर महाविद्यालय में तेलुगु भाषा समितियाँ होती हैं। उनके लिए हमें बुलाते हैं और हम जाते रहते हैं। भाषण देते रहते हैं।'

आपने पूछा—'आप क्या कहते हैं ?'

'हम लोगों के कुछ रुचिकर विषय होते हैं। मुझे चार-पाँच विषय रुचिकर हैं। एक अपनी आंध्र जाति का बड़प्पन; दूसरा वेमना की कविता; तीसरा, तेलुगु साहित्य पर अंग्रेजी का प्रभाव—ये तीन ही हैं, जिन पर मैं अधिकतर भाषण करता रहता हूँ।'

तब विष्णुशर्मा ने पूछा—'सदा यही बोलते रहते हैं? सदा एक ही विषय सुनते हुए लोग ऊब नहीं जाते?'

मैंने हँसकर कहा—'वे सुनते कब हैं! सभा में बैठकर सब लोग आपस में हँसते रहते हैं। बातचीत करते रहते हैं। वे कभी सुनते ही नहीं। उनकी राह उनकी ही है, मेरी राह मेरी है। वे एक प्रसंग को बड़ी रुचि से सुनते हैं। उनके लिए हम बीच-बीच में श्रृंगार-रसात्मक बातें कुछ असभ्य ढंग से कहते हैं। वे उन बातों को मात्र सुनते हैं। तब वे गड़बड़ ज्यादा करते हैं। ठहाका मारकर हँसते रहते हैं। इसलिए हमें कोई फिक्र नहीं कि वे हमारे भाषण सुनते हैं या नहीं। एक ही विषय पर कितने भाषण करने पर भी कुछ नहीं होता। इन तीन विषयों को लेकर मैंने तीस साल बिता दिये। दस साल आगे बिता नहीं सकूँगा क्या?'

आपने कहा—'तब ठीक है। कल से मुझे पढ़ाइए।'

मुझे फिक्र लग गई कि तीन दिन तक कोई बात नहीं। उसके बाद आप हमारे घर में ही डेरा डालनेवाले हैं।

तीसरा अध्याय

अब तक खड़े-खड़े चुपचाप सुनते रहे, तिक्कनाजी ने एकदम कहा—'वेमना भी कोई कवि है !'

मुझे आश्चर्य हुआ। सहज ही है, एक महाकवि को देखकर दूसरा कवि ईर्ष्या करता है। मैंने कहा—'कवि क्यों है, महाकवि है। वह इतना महान् कवि है कि हम सब आपके बराबर का कवि समझते हैं।'

आपके मुख में विकार पैदा हुआ।

'क्यों जी, नाक-भौंह क्यों सिकुड़ते हैं ? क्या बात है ?' मैंने पूछा।

आपने कहा—'कुछ समझ नहीं पा रहा हूँ। आप सबके मुँह से 'वेमना मेरे समान कवि सुनकर है' सुनकर भ्रम हो रहा है। हमने उसे कवि कभी नहीं माना है। वह तो योगी है। कुछ कविता की है। ऐसे पद्य कोई भी लिख सकता है…'

बीच में मैंने रोककर कहा—'हाँ ! आजकल अनेक कवि वेमना जैसे हमारे देश में लिख रहे हैं। उनसे अच्छा भी लिख रहे हैं। वास्तव में आज के कई कवियों की प्रतिष्ठा ऐसा लिखने पर ही है।'

तब आपने कहा—'यह कोई काव्य है या इसमें कोई रस है !'

वैदिक संप्रदाय के कुछ रीति-रिवाजों का खंडन आपने किया है। उन लोगों को हमारा अपना संघ, समाज समझ में नहीं आया।

'जो नहीं समझते, वे ऐसे ही लिख डालते हैं। तब भी यह कोई रचना हो सकती है ? ऐसा हो तो बचन-गद्य भी कविता क्यों नहीं हो सकती ?'

मुझे पकड़ मिली। मैंने कहना शुरू किया—'कविता पद्य के आधार नहीं रहती है। वास्तव में कविता नामक वस्तु दूसरी है। वह कभी पद्य के रूप में तो कभी गद्य के रूप में होती है। फिर कभी पद्य-गद्य के रूप में

होती है।'

तब आपने आपत्ति उठायी—'इतना ही है और किसी रूप में भी होती है।'

मुझे गुस्सा आया। तिक्कना हैं न ! इसीलिए मैं चुप हो गया।

फिर भी मैंने कहा—'वेमना कवि हैं न ! उनको किन लोगों ने कवि कहा, मालूम है ? जिन लोगों ने आपको महाकवि कहा, उन्हीं लोगों ने वेमना को भी महाकवि कहा। समझे ?'

तब तिक्कना ने कहा—'यह कोई बात नहीं है। गलती भी हो सकती है।'

मैंने कहा—'आप गलती कर रहे हैं। लेकिन वह रचयिता गलती करने वाला नहीं। इतनी मोटी पुस्तक लिखी है। हमारे विश्वविद्यालयों में उसे पाठ्यग्रंथ के रूप में रखकर हम सबने पढ़ा है। रचना में जितनी जागरूकता बतरनी चाहिए, चतुराई तथा मोड़ होना चाहिए, सब लक्षण उनके पास हैं। क्लिष्ट भावना को भी सरल ढंग से कहते हैं। समाज की आलोचना करते हैं। बुरी रीति-रिवाजों का खंडन करते हैं। उपमालंकारों को बहाते हैं। तेलुगु की पकड़ उनके स्वाधीन है। आटवेलादि (छंद विशेष) उनके हाथ में प्रतिष्ठित हैं।'

तब तिक्कना ने कहा—'हाँ-हाँ, इसीलिए आप योगी हुए। तुम भी एक आटवेलादि को पकड़ो। तुम भी योगी बन जाओगे।'

तब मैंने कहा—'हमारे देश से आटवेलादियों (नाचने योग्य वेश्या) को हटाकर उनके बदले में पाटवेलादियों (गाने योग्य नर्तकी) को प्रतिष्ठित किये हो।'

तिक्कना ने कहा—'अब आप लोग झख मारने पर भी योगी नहीं बन सकते।'

मुझे क्रोध आ गया। योगी कौन होता है ? सुना है, हमारे लोग क्या कहते हैं ? योगी बड़ा स्वार्थी होता है। अपने स्वयं की मुक्ति चाहता है। ऐसे मोक्ष को चाहना नहीं चाहिए। यह सरासर गलत है। आप पूर्वजों के लक्ष्य सब ऐसे ही हैं। उन सबके हम उलट पड़े हैं। इसे ऐसा ही रहने दें। वेमना को आपके समान कवि कहने पर आप इतने बिगक गये। आप दोनों

के समान कोई तीसरा भी है, यदि मैं उनका नाम कह दूँ, तो आप भूलोक की तरफ नहीं देखेंगे। भाग खड़े होंगे। क्योंकि वेमना ने कम-से-कम पद्य तो लिखे थे —आटवेलादि, तेटगीति, कंद पद्य ही सही। यह तीसरे सज्जन पद्य के नाम तक नहीं जानते। यदि आपने पद्य लिखा भी हो तो उन पद्यों के बल पर हम उनको कवि नहीं कह सकते। मुझसे कोई पूछे तो मैं यही कहूँगा कि वेमना आपके समान हैं; किंतु यह रचयिता आप दोनों से महान् हैं। वह कितना महान हैं, कह नहीं सकता। इसी बीच अपने किसी पंडित ने लिखा है—आपसे पहले जो कुछ भी है, वह तेलुगु भाषा नहीं है। तेलुगु कविता आपसे ही शुरू हुई। आपके समान कोई नहीं। फिर आपके बारे में क्या कह सकेंगे !' इतना कहकर चुप हो गया।

चुप इसलिए हो गया कि मैंने सोचा था—तिक्कना पूछेंगे। मैं फिरंगी-गर्जन के समान उनका नाम कह दूंगा। इससे मंत्रोच्चारण पूरा हो जायेगा। आप भी मेरे सिर पर बैठ जायें तो मैं क्या करूँ ? ये विष्णुशर्मा कुछ साधु स्वभाव के लगते हैं। इनसे किसी तरह निभ सकती है, लेकिन आप तो मुझ पर अधिकार चलाना चाहते हैं। आप घर में बैठकर, यहाँ जाकर एक काम और वहाँ जाकर वह काम कर कहा करते हैं, चप्पल का अँगूठा टूट गया, बाज़ार जाकर कीला लगाकर लाओ। मेरी दाढ़ी बढ़ गयी है, हज्जाम को बुला लाओ। इस प्रकार मुझ पर दादागीरी दिखातें हैं। इनके पास एक कौड़ी भी नहीं है, और खर्व पूरा है। पैसा गया और शनि लग गया। मैं अपने पैसे से ही इनको घर में बिठाकर ये सब सेवाएँ कैसे करूँ ? इसलिए उनसे भी नहीं लिया। पूछने पर बड़े स्वर में फाड़कर कह देते हैं—समझा !

मेरी सारी योजना उलटी हो गयी। यह तिक्कना ने उनका नाम तक पूछा नहीं और कहने लगे—'मैं और वेमना एक स्तर के कवि हैं। उस तीसरे को लाकर मेरे सिर पर क्यों बिठाते हो ?'

मैंने समझा, यह बचकर निकले जा रहे हैं। मैं क्यों चुप बैठता ? कह दिया—'मैंने चढ़ाया नहीं, इससे पहले ही आप चढ़कर बैठ गये। प्रतिष्ठित हुए।'

मेरे विचार में यह जरूर सिर खुजलाएँगे, किंतु इसको न कोई डर है, न कोई फिकर। कह दिया—'जा ! जा ! मेरे सिर पर कौन चढ़ता है रे !

रेमेयहाँ तक आयेगा, तो जरूर देखूँगा। मेरे सिर पर चढ़ना, नहीं चढ़ना दूसरी बात है। दूर से ही एक नज़र फेंकूँगा। उसके होश-हवास उड़ जायेंगे। दुम दबाकर भाग निकलेगा।'

यह क्या मज़ाक है ! मैंने देखा, यह विष्णुशर्मा तो बीच-बीच में मुझे 'जी-जी' कहते हैं, आपने तो मुझे 'क्यों रे !' कहना शुरू कर दिया ! इनको घर में रखने से जान निकल जायेगी। उनका नाम नहीं पूछा। बड़ी गिनती के हैं न, बाप रे बाप ! इनको इतना अहंकार ! फिर एक बार कोशिश करेंगे कि पूछते हैं या नहीं। तब स्वयं कह देंगे। तब भी व्याकुल नहीं होंगे क्या ? देखें !

'उस तीसरे का नाम आपने सुना नहीं। इसलिए आप इतना ढीठ होकर बात करते हैं। सुनेंगे तो अब तक दिल पर पत्थर पड़ गया होता।'

आपने कहा —'तुम्हारा कहना क्यों ? मेरे दिल पर पत्थर पड़ना क्यों ? अंत में तुम्हारा कहने पर भी मेरे दिल में पत्थर नहीं पड़ता। वह पत्थर तुम्हारे दिल पर अवश्य पड़ेगा, यह मैं नहीं चाहता। मैं तुम्हारे यहाँ काम से आया हूँ। मेरा काम पूरा होने के बाद उस पत्थर को तुम अपने दिल पर डाल, या जो चाहे कर लो।'

अब मैं अपनी स्थिति क्या बताऊँ। मुझे डर लगने लगा कि यह भी एक कहानी शुरू करेंगे विष्णुशर्मा के समान। विष्णुशर्मा ने स्वर्ग के एक छोटी-सी क्रांति के बारे में सुनाया था। आप क्या कहते हैं, देखें। शायद आप वहाँ की कोई अप्सराओं की बस्ती में विलास-लीलाओं की घटनाओं का वर्णन करेंगे। इसलिए और देर करेंगे।

विचारकर मैंने कहा—'आर्य ! उस पत्थर को मेरे दिल पर ही पड़ने दीजिए। मैं तो सच ही कहता हूँ।'

तब आपने बेपरवाही से कहा—'कहा लो ! क्यों डराते हो। लालायित करते हो। तुम्हारा यह ढंग मुझे अच्छा नहीं लगता।' तो मैंने कहा—'उनको 'उभयकविमित्र' जैसा कोई विरुद नहीं है। किसी ने उनको 'कविब्रह्मा' नहीं कहा। आपने कोई यज्ञ नहीं किया। सत्य ही, कवि कहलाने के लिए इन सबकी कोई जरूरत नहीं है।'

तब तिक्कना ने कहा—'कवि कहलाने के लिए जरूरत नहीं है रे !

भारत की रचना के लिए चाहिए। तुम कोई लल्लाई पद-लोरी गीत लिख लो। गाँव-गाँव में कितने नहीं हैं। इमली के पेड़ पर चढ़नेवालों पर भी कई गीत लिखे गये हैं। वटवृक्ष पर चढ़नेवालों पर भी गीत रचे गये हैं। उनके लिए यज्ञ करने की जरूरत नहीं है। भगवान व्यास विरचित भारत को तेलुगु करना चाहें तो यज्ञ करना जरूरी हो जाता है।'

मैंने हँसकर कहा—'स्वामी ! यह दबा-दबाना छोड़ दीजिए, हम पर नहीं चलेगा। भारत की रचना आप एक ने ही नहीं की है। नन्नया ने भी की है, एर्रया ने भी की है। उन दोनों ने कोई यज्ञ नहीं किया। आज हमारे देश में कई प्रकार के भारत लिखे जा रहे हैं। उनमें किसी ने भी यज्ञ नहीं किया। इसलिए सब बातें गठरी बाँध रख लीजिए। वह महाकार्य है न, उनको कोई विरुदावली नहीं है। वह श्रेष्ठ कवि हैं। आपका नाम कह रहा हूँ। कह देता हूँ। अब कह दिया। पहली बार दूसरी बार। अब कहा।'

'क्या कहोगे !' तिक्कना ने जोर से हँस दिया।

मैंने सोचा—यह तो बड़ा नटखट है। बाप रे बाप ! दूसरा कोई हो तो अब तक शरीर के सब अंग सिकुड़ गये होते। होंठ सूख जाते। आँखें निकल आतीं। दिल का दौरा बढ़ जाता। मार गया रे ! 'किसका नाम लेता है' यह सोचकर काँटों में फँसे कौवे की भाँति व्याकुल हो जाता, लेकिन आप तो गुड़ तोड़नेवाले पत्थर के समान निश्चल हैं। चीं-चा भी नहीं करते। चींटी काटे जैसा भी नहीं हुआ। इतनी दूर लाकर बीच में छोड़नेवाला भी मैं नहीं। ढंग बदलकर मैंने कहा—'आर्य तिक्कनाजी ! आप निर्भय हैं। कवि ब्रह्मा हैं। उभयकविमित्र हैं। एर्राप्रगडा आपके शिष्य हैं ! नाचन सोमनाथ ने आपका अनुसरण किया। आपके समान कोई दूसरी रचना कर ही नहीं सकता। हम 'दीगरेनेस्त' समझते भी हों, फिर भी वास्तव में आधुनिक आलोचना-सिद्धांतों के अनुसार आज भी भाषा-परिवर्तनों की दृष्टि में, आज अंखड रूप में प्रज्वलित महाविज्ञान की ज्योति के प्रभाव में, पुराने चिट्ठे सब फट गये। हिसाब उल्टे-सीधे हो गये। आप तीनों एक ही प्रकार के कवि हैं। हमने एक मत से निर्णय लिया है कि पहले आप, दूसरे वेमना, तीसरे गुरजाडा अप्पाराव पंतुलुजी हैं। कालक्रम में पहले आपका नाम कहना पड़ा। नहीं तो पहले उनका नाम कह देता।'

तब तिक्कना ने पूछा—'वह कौन है ? आपका नाम मैंने कभी नहीं सुना ! आप जीवित हैं या मर गये ?'

मैंने कहा—'भूलोक के हिसाब से तो मर गये।'

तिक्कना ने कहा—'आप स्वर्ग में नहीं आये न !'

तब मैंने कहा—'स्वर्ग सिधारने (सुधारने) की उनको कोई दुर्गति नहीं लगी है। हाँ, वीरेशलिंगम पंतुलुजी कुछ अच्छे थे। शादी-वादी करने-कराने का ठेका जो ले रखा था। इसलिए कह दिया था—छीः, ऐसे खराब स्वर्ग में मैं नहीं आता।—हमारे अप्पाराव पंतुलुजी स्वर्ग का प्रसंग भी नहीं छेड़ते। स्वर्ग का नाम जुबान तक भी नहीं लाते। आपके स्वर्ग में वे आयेंगे ही क्यों ? इसलिए मैं कहता हूँ—महाशयजी, वह तो स्वर्ग आनेवाला समाज ही नहीं है। आप सर्व-स्वतंत्र हैं। स्वर्ग, वैकंठ, कैलास, सत्यलोक आदि ठठ्ठे उनके सामने कहाँ चलते ! तिक्कनाजी, स्वर्ग-वैकुंठ को ढह जाने दीजिए। कैलास कहते हैं न, वह कैलास हिमालय की पहाड़ियों में है। हमारे तेनसिंग वहाँ गये थे। उनके साथ और कई लाट साब भी गये थे। इतना क्यों कहूँ, परसों चीनियों ने कैलास पर्वत पर झंडा गाड़ दिया था। चीनियों से पहले तक कैलास पर्वत पर चढ़ना हमने कठिन समझा था। उन लोगों ने आसानी से एकदम चढ़कर दिखाया। इतना सरल है कैलास को प्राप्त करना। कैलास ही सुलभ हो गया तब स्वर्ग का क्या कहना ! हमारे अप्पारावजी आपके स्वर्ग नहीं आये।

''हमारे अप्पारावजी आपके स्वर्ग नहीं आये' कहते हुए हम पर कोई रुआब दिखाना चाहते हैं। आपके स्वर्ग पर झंडा गाड़ने के लिए अप्पारावजी जैसे कवि क्यों, अभी-अभी पैदा हुए कवि—बच्चे कवि, कच्चे कवि हम लोगों में से कोई भी आयेंगे, तो आपका स्वर्ग 'हरोहरि रामार्पण' हो जायेगा। हमारे लोगों को भेजना चाहा, किंतु हमारे लोग सब विजितेंद्रिय हैं। महान् धर्मात्मा हैं। उस स्वर्ग में वेश्याएँ हैं। इसीलिए हमारे लोगों को स्वर्ग पर घृणा पैदा हो गयी। छीः-छीः, स्वर्ग में वेश्याओं की वस्ती है—रंभा, तिलोत्तमा, उर्वशी, घृताचि—ये सब स्त्रियाँ देवताएँ हैं। ये सब वेश्याएँ हैं। इनको नीति-जाति नहीं है। ऐसे अपवित्र स्थान पर हम नहीं जायेंगे। हमारे सब लोग कंकणबद्ध हैं। उस स्वर्ग के बारे में, उन देव-

वेश्याओं के बारे में जुगुप्सा की भावना से हमारे कई कवियों ने लिखा है। इसलिए तिक्कनाजी, सुनिए, याद रखिए, अप्पारावजी आपके स्वर्ग आयेंगे ऐसा कभी मत सोचिए।' एक ही साँस में मैंने लंबा भाषण दे डाला। मैंने अप्पारावजी के यहाँ सीखी जो विद्या है। मतलब यह है कि उनकी किताबें पढ़-पढ़कर सीखी है।

वह गिरीश, शायद पूना जाकर, वहाँ ऐसे ही एक ही दम में उसके भाषण करने पर वहाँ के प्रोफेसर सब दंग रह गये थे। (अप्पारावजी के नाटक 'कन्याशुल्कमु' में गिरीश एक पात्र है।) ऐसा ही प्रयोग तिक्कना पर करूँ तो इनका रोग सुधर जायेगा। ऐसा विचारकर मैंने ऐसा किया था। कुछ हद तक रोग सुधर गया लगता है।

पहले यह देखिए, एक ही साँस में घंटे-भर भाषण करने पर, वहाँ के प्रोफेसर सब दंग हो गये। इस वाक्य में प्रयुक्त जो तेलुगु का सौंदर्य है, तेलुगु की वाक्य-पद्धति, नवीन भाषा के, संप्रदाय के, प्रयोग के, तेलुगुवालों के हृदय छूनेवाले सब लक्षण मौजूद हैं। तिक्कना के सारे भारत में ढूँढ़ो, कहीं भी दिखाओ, ऐसे वाक्यों का निर्माण करना—ऐसी उक्ति तिक्कना के वश की ही बात नहीं है; भले ही कितने ही जन्म ले ले, सामर्थ्य के बाहर है। अपने साथ वेमना को जो स्वीकार नहीं करता, वह अप्पारावजी को कहीं मानेगा ! फिर यदि अपने देश में आकर पढ़ने पर अंग्रेजी में जो शान है, पहचानने पर, तेलुगु और अंग्रेजी को मिलाकर बड़े ही तरकीब से हम कैसे इस्तेमाल करते हैं, उसके प्रयोग के ढंग को सीख जायेगा, तब कहीं तिक्कना को मालूम होगा। तब तिक्कना समझेंगे और कहेंगे—'अरे ! हमने महाभारत को बेकार ही रच दिया। इसके अलावा दूसरी चीज़ का भी उनको पता होना चाहिए। हम लोग कैसे शान और शौकत से बातें करते हैं ! कैसे बदल गये ! हम एक-दूसरे पर कैसे आक्षेप कर लेते हैं। कोई दुर्भावना, कोई बुरी धारणा न रखते हुए चमत्कार के लिए चमत्कार का प्रयोग करते हैं। जैसाकि भीम ने गदा को घुमाया था (दुर्योधन के वध के समय में नहीं) अखाड़े में अभ्यास करते समय या सौरंध्री का अपहरण के लिए जाने से पहले, द्रौपदी के साथ जंगल में सैर करते समय, तब उस गदा को हाथ की लकड़ी के समान घुमाया था। जैसाकि पुराने जमाने के जिला-

बोर्ड के मुनसब (महाजन) एक लंबी-सी पैंट पहनकर, एक छोटे हाथोंवाला कोट पहनकर सायं समय में गाँव के बाहर दो मील चलते जाते हैं। उनके हाथों में होता है छोटा-सा झंडा। वे जैसे घुमाते हैं, हाँ! ठीक वैसे ही! इस प्रकार तेलुगु का इस्तेमाल करना यदि तिक्कना को समझ में आता, तब कहीं पता चलता—हमारे अप्पारावजी का रचना-कौशल कैसा है। 'हमने महाभारत लिखा है। हम स्वर्ग में हैं।' कहने मात्र से क्या होगा? इनको किसने देखा है? विश्वविद्यालयों में हमने उनकी पुस्तकों में यहाँ-वहाँ से पद्य चयन कर बच्चों से पढ़वाते हैं। ये बच्चे बड़े होकर इन्हीं पद्यों को सभाओं में दोहराते हैं। इसलिए आप अपने-आपको महाकवि समझ बैठे हों, तो गलती कर रहे हैं। वे दिन चले गये, तिक्कनाजी! आपसे पहले वेमना महाकवि हुए। आज न वेमना महाकवि हैं, न आप। आपके बारे में ऐसा कहना मुझे अनुचित लगा। फिर क्या करूँ! ये हमारे घर में ही तंबू ताननेवाले हैं। यही डर है। इनको किसी भी तरह से घर से बाहर करना चाहिए। महीने में कुछ तो चावल बचेगा। ऐसा विचारकर इन पर कई तरह के आक्षेप मैंने किये। अंत में मेरी समझ में आयी है कि मैं शतहठी हूँ तो आप सहस्रहठी निकले।

आपने कहा—'अरे लल्लू! तुम्हारा पांडित्य मुझे मालूम है। तुम्हारा भाषा-परिवर्तन भी जानता हूँ, फिर भी मैं यहाँ क्यों आया हूँ? एक उदाहरण सुनाता हूँ: प्राचीनकाल में अपने देश में गुरुजन के रूप में वैष्णव और शैव दोनों प्रतिष्ठित हुए थे। उनकी शिष्य-परंपरा भी होती थी। उनके शिष्य जिन-जिन गाँवों में होते थे, वे वहाँ-वहाँ जाया करते थे। अपने संप्रदाय की कुछ श्रेष्ठ बातों का प्रवचन कर तीर्थ-प्रसाद देते और शिष्य कोई दक्षिणा देते तो स्वीकार करते चलते थे। आजकल यह सब चलता नहीं। क्योंकि ये लोग संचार के लिए निकलते भी हैं तो शिष्य लोग इनको गुरु स्वीकार नहीं करते। उनके खेत फल रहे हैं। अंग्रेजी आ गयी है। सब नौकरियाँ कर ले रहे हैं। अतः आप लोगों ने शिष्य-संचार छोड़ दिया। फिर भी यदा-कदा कोई शिष्य-संचार के लिए निकलता है। सच तो यह है कि बहुत सारे गुरु भी अंग्रेजी पढ़कर नौकरियाँ कर ले रहे हैं। फिर भी कोई अभागा संचार को निकल रहा है। मैं ऐसे ही

निकला हूँ। मैंने स्वर्ग में बैठकर सोचा—हम भूलोक जायेंगे और अंग्रेजी पढ़कर महाभारत को अंग्रेजी में लिखेंगे। सुना है किसी ने? रामायण का अंग्रेजी में अनुवाद किया है। भारत का भी अनुवाद हुआ। किंतु सुना है, रामायण को जो आदर मिला है, उतना भारत को नहीं। उस रामायण का आदर सुनकर वाल्मीकि, तुलसीदास, भास्कर, रंगनाथ आदि सब स्वर्ग में गुमसुम हो गये।

'मैं चुप न रह सका। वास्तव में व्यास के समान मैं भी चुप बैठ जाता, तो कुछ भी न होता। नन्नय्या बैठ गये, मैं भी चुप बैठ गया होता। किंतु इस तेलुगु प्रांत में मुझे महाकवि समझनेवाले कुछ लोग हैं। उनको देखकर उनसे बात कर मैं अपनी प्रतिष्ठा को सुस्थिर कर लेने आया हूँ। मुझे महाकवि माननेवालों को मेरे पद्यों के कुछ रहस्य अब तक अविदित ही हैं। उन रहस्यों को समझाने आया हूँ। यहाँ अपनी कीर्ति जितनी उज्ज्वल होगी, स्वर्ग में अपना स्थान उतना स्थिर बनेगा। इसी उद्देश्य से आया हूँ। और एक समस्या भी उपस्थित हुई है। स्वर्ग में इंद्र ने मुझे और नन्नय्या को एक-एक महल दिया है। नन्नय्या का महल मेरे महल से वास्तव में बड़ा सुंदर है। यहाँ तक तो ठीक है। इस बीच में किसी ने 'नन्नय्या की कविता में ये रहस्य हैं—वे रहस्य हैं' आदि-आदि कहते हुए लिखा है। इससे इंद्र के मन में नन्नय्या के प्रति आदर बढ़ गया और उनके महल में नये-नये शिल्प-मूर्ति बनवाये, फूल शिल्पायित करवाये। आँगन में बढ़िया दीपक लगवाया। यदा-कदा पारिजात पुष्पों को उनके घर भिजवाते रहते हैं। मुझे अनादि से आनेवाले बहुमानों (पुरस्कारों) को छोड़कर नये कुछ मिल नहीं रहे हैं। इसलिए इस लोक में मेरे जो शिष्य हैं न, उन लोगों से मिलकर अपनी कविता में स्थित नये शिल्प आदि पर लिखवाने आया हूँ। वापस जाने के बाद इंद्र मेरे महत्त्व को जानकर मेरे महल को भी नये फूलों से सजाकर रखेंगे, इसी उद्देश्य को लेकर मैं यहाँ आया हूँ।'

ये सब बातें सुनकर मेरे होश-हवास उड़ गये। आप हमें छोड़कर जाने वाले नहीं, क्या करें! अंत्य निष्ठुरता की अपेक्षा आदि निष्ठुरता भली है। अब साफ-साफ पूछ लेना चाहिए। ठीक है जी। यहाँ कितने दिन रहोगे? खाना-पीना कहाँ करोगे? कोई घर किराये पर ले लेना। इंद्र से पूछकर रकम

ले आये हो या योंही खाली हाथ चले आये हो ? इन सबका निर्णय हो जाना चाहिए । चुपके-चुपके मन-ही-मन घुल जाने से क्या लाभ है ! फिर भी इतने बड़े आदमी से पूछना मर्यादा नहीं ।

मैंने मन-ही-मन इस प्रकार कहा—तब आपको विष्णुशर्मा के समान कोई समस्या नहीं है । अपने-आप चले आये या इंद्र से पूछकर आये । उनसे कहकर या बिना कहे चले आये । बेचारे ! वे आपके लिए स्वर्ग भर में खोज करेंगे कि क्या हुआ तिक्कनाजी को ! गंगा में डूब मरे तो नहीं ! कोई तैतानवाले वृक्ष के नीचे लू लगकर बेहोश तो हुए नहीं ! कोई अप्सरा स्त्री ने इनको अपने आँचल में गाँठ बाँधकर रख तो नहीं लिया ! इस प्रकार इंद्र बेचारा परेशान हो जायेगा । बृहस्पति, मातलि, जयंती को इधर-उधर दौड़ायेगा । कह आये हों या नहीं, तिक्कनाजी तो सोलह आने तेलुगु के साबित हुए । मैं कितने परेशान हो बोल रहा हूँ । वह सब अपनी राह चला । हाँफते-हाँफते बस को पकड़ लिया । कोई अप्सरा स्त्री ने अपने आँचल की गाँठ में बाँध रखा है ।

कहने लगे—'क्यों जी ! क्या समझते हो ? हमें क्या आवारा समझ रखा है ? तुम्हारे घर आया हूँ, इसलिए क्या कम समझने लगे हो ? वास्तव में मैं तुम्हारे घर ऐसे नहीं आया हूँ, तुम पर अनुग्रह करने आया हूँ । मेरे जैसा तुम्हारे जैसे के घर क्यों आता है रे ? तुम एम० ए० पास हो । अंग्रेजी आती है । किसी महाविद्यालय में मास्टर हो । मैं कोई विष्णुशर्मा नहीं हूँ । ताड़-पत्तों की आहट से खरगोश डरते नहीं । तुम्हें जो भाषा आती है, क्या मुझे नहीं आती समझा ? अभी मैंने जो शब्द कहे हैं, इन सबको भारत में मैंने लिखा नहीं । इसका तात्पर्य यह नहीं है कि ये सब मुझे आते ही नहीं । कौन है रे वह तुम्हें पढ़ाया सो ? लतखोर बातें सीखीं और उसी को पंडिताई भाषा समझकर सब ग्रंथों में भर दी । वह भाषा तुम्हें आती है, इसलिए तुम मुझसे बड़े हो गये । क्यों रे, कोई सुनानेवाला नहीं है ? इसलिए तुम लोग खराब होते जा रहे हो । मैंने काव्य लिखा है तो अप्सराओं के आलिंगन हेतु समझ रहे हो ? यज्ञ किया है । तुम्हारी सूरत को क्या मालूम होता है रे ? तेलुगु में महाभारत रचने के लिए जिह्वा को पवित्र करना चाहिए । इसलिए मैंने यज्ञ किया है । पुरोडाश के भोजन करने पर जिह्वा

पवित्र हो जाती है। अरे ! मेरी जिह्वा इतनी पवित्र हो गयी है समझो ! नन्नय्या जैसे लोग वहाँ हैं। मेरी प्रतिष्ठा उनसे बढ़कर है रे ! मेरे यज्ञ का फल यही है रे ! कवि के रूप में मैं आपसे बढ़कर नहीं हूँ। आप नित्य सत्यवान् स्वरूप हैं। आप मेरे आराधित आचार्य हैं। फिर भी यज्ञ करने के कारण मुझे इतनी दीप्ति-कीर्ति प्राप्त हुई। अप्सराएँ, उनके आँचल और गाँठ आदि की बातें करते हो। मुझे पता होता कि तुम ऐसे बुद्धू हो तो मैं यहाँ बिलकुल नहीं आया होता।'

अब मैं क्या करूँ ! उनकी स्थिति ऐसी है जैसे कि कृष्ण ने कहा था—'सर्वधर्मान् परित्यज्य मोमेंक शरणम् ब्रज।' तब मेरा करने का कुछ शेष न रहा। किंतु अर्जुन चुप थोड़े बाँधकर बैठ गया था। उसने युद्ध तो कुछ किया था। बस, यही मेरे लिए धैर्य का सहारा है। मेरा पाँच भौतिक शरीर है और आपका तेजोमय शरीर है। उफ् कहने पर आप उड़ जाते। इसलिए मैंने कहा—'अजी गुस्सा मत कीजिए। अप्सरा स्त्रियों का संगम हमारे लोगों के समान ही आपको भी भाता नहीं, इसका ज्ञान मुझे नहीं था। उसे कोई दिव्यानुभूतियों में एक समझा था। क्षमा कीजिए।'

तिक्कना ने हँस दिया। मेरे प्राण ठिकाने लगे।

आपने कहा—'सच है ! तुमने ठीक ही कहा। वह एक दिव्यानुभूति तो है। किंतु वहाँ न अप्सराएँ हैं, न यज्ञ और कहना चाहें तो स्वर्ग भी नहीं है। तुम्हारे मुख से बहुत रम्य वचन निकले हैं। तुम कुछ हद तक बुद्धिमान हो। इसलिए इंद्र ने मुझे तुम्हारे यहाँ भेजा है।'

तब मैंने कहा—'स्वामी ! सच बताइए, स्वर्ग में क्या गुज़रा ? क्या आपने पूछा था या इंद्र ने मेरे यहाँ आने को कहा ? क्या मेरा नाम भी स्वर्ग में लिया गया है ? तब आप लोग भी मुझे बुद्धिशाली समझ रहे होंगे !'

आप बड़े चालाक हैं, क्योंकि मेरी मूर्खता पर हँसे नहीं। असाध्य है। थोड़ा-सा सिर हिलाया और मैं क्या से क्या हो गया ! आपका दासानुदास बन गया। तब आप चुरुट सुलगाने के लिए 'अंगार लाओ रे' कहेंगे, तो लानेवाला बन गया। आज्ञाकारी सेवक बन गया। नहीं, नहीं, अप्सरा स्त्रियों का नाम लेते ही चिढ़नेवाला चुरुट पियेंगे क्या ? मैंने यों ही कह दिया, फिर भी यों ही पूछ लिया—'आप कितने दिन रहना चाहते हैं ?

कहाँ रहेंगे ? भोजन आदि का प्रबंध क्या किया है ?'

तब आपने पूछा—'क्या विष्णुशर्मा को भोजन करानेवाले तुम मुझे खिला न सकोगे ? अरे कायर नहीं का ! मुझे भोजन करवाने के लिए रोता है क्यों रे ! तू कोई आजकल के चालाक जैसे बातें कर रहा है। तेरी बुद्धि मारी गयी रे ! तू जहाँ चाहता है, वहाँ मुझे ले चल। ऐलान करो कि स्वर्ग से तिक्कनाजी उतरकर आये हैं। अपने महाभारत पर आज आप स्वयं भाषण करेंगे। एक रुपया टिकट रख दो रे। तू जितना चाहेगा उतना पैसा मिलेगा। पहले कुछ दिन तक ऐसा चलेगा इस बीच में मैं कहीं नौकरी कर लूँगा।'

बेचारा ! विष्णुशर्मा यह सब दुनियादारी नहीं जानता। उनका पोषण हम लोग करेंगे। अब मुझे धैर्य बँध गया। अरे ! बाप रे ! ये लोग स्वर्ग सिधार गये। अच्छा हुआ। नहीं तो हम सब बच नहीं सकते। यदि ये जीवित रहते तो जमीन पर फसल और आसमान पर वर्षा होती नहीं। सत्य है। काकतीय चक्रवर्ती गणपति देव के दरबार में जाकर मुनुमसिद्धि को राज्य दिलाने की अपेक्षा चार रुपये कमाना इनके लिए कोई बड़ा कार्य न होगा। मन में विचारकर फिर मैंने पूछा—'आप कौन-सी नौकरी करेंगे ?'

तब आपने कहा—'चुप रह ! इसमें कौन-सी बड़ी बात है ? विश्वविद्यालयों में आज के सब प्रोफेसर मेरे शिष्य हैं। मैं यदि जाकर कह देता—अरे बाबा, सो जा रे। चार दिन ! बहुत समय तक नहीं। ज्यादा से ज्यादा एक साल। गर्मी की छुट्टियों का वेतन तुम्हीं ले लो। कौन नहीं मानता !'

मैं मन-ही-मन हँस लिया और मन-ही-मन कहा—अरे ! पागल ब्राह्मण ! फिर भी रहस्य मैंने बताया नहीं। कहने पर नुकसान उठाना पड़ता। टिकटों का पैसा जायेगा न। इसलिए मैंने कहा—'अवश्य ! आपकी बात मानेगा कौन नहीं !'

आप महाशय अभी मुनुमसिद्धि का गजपति चक्रवर्ती का जमाना समझ रहे हैं। आपके ऐसा समझने में ही हमारा भला है। और दस दिन तक ऐसा ही समझते रहो बाबा।

चौथा अध्याय

इन दोनों के काम शीघ्र करना संभव नहीं होता। इनको अपने लोक में आना चाहिए। तब कहीं बनेगा। मेरा इनको पढ़ाना और इनको कहीं ले जाना संभव कैसे होगा ? यदि कोई सभा का आयोजन करवाकर कह दूँ कि—ये ही तिक्कना हैं—ये तो किसी को दिखायी नहीं पड़ते। कोई पुरानी कहानी—देववस्त्रों की कहानी बन जायेगी। सब मेरी हँसी उड़ायेंगे। क्या करूँ ? समझ में नहीं आता।

आपसे कहा—'महाशय ! एक बाधा है। आप लोग मुझे सपने में दिखायी पड़ते हैं, किंतु जगने में नहीं। मेरे जागने पर भी यदि आप मुझे दिखायी दें, तब कहीं मैं दूसरों को दिखा सकूँगा।'

यह विष्णुशर्मा की बात ऐसी ही है। उनको नौकरी की कोई समस्या नहीं है। मैं सोते-सोते यदि इनको पढ़ाता रहा, तो मुझे संधि रोग हो गया समझेंगे। मेरा मरने का डर होगा। जादू-टोना भी कर सकते हैं। मेरी श्रीमती मायके गयी हुई है। दो-तीन दिन में आ जायेगी। वह तो बिल्कुल गाँव की है। कोई एक सपने में आकर पढ़ाने को कहा और मैं पढ़ा दे रहा हूँ, बात सुनकर वह क्या समझेगी ? 'बावला हो गया' समझेगी। उसके दो भाई हैं। बड़े सज्जन हैं। एक मारीच है और दूसरा सुबाहु। मुझे ले जाकर पागल-खाने में भरती करवायेंगे। आप राजा लोग हैं। स्वर्ग वापस जायेंगे। मैं पागलखाना जाऊँगा, तो मेरे बाल-बच्चों की देखभाल कौन करेगा ? उस पर मेरे घर में ही भोजन करना चाहते हैं। आप दोनों अदृश्य रूप में रहेंगे। पतरोली में भोजन परोसेंगे और आप खाते रहेंगे। साग चाहिए, दाल चाहिए। मट्ठा चाहिए। पता कैसे चलेगा ! आप आधा पेट खाये ही उठ जायेंगे। उसका पाप मुझे लगेगा। इसको छोड़ दीजिए। गाँववाले सब यही कहेंगे—अरे ! उनके घर में दो भूत हैं। पतरोलियों में खाना परोसते हैं

और वे खाते जाते हैं। वे किसी को दिखायी नहीं पड़ते।—अब जनता हमारे घर आना शुरू करेगी। अब यह घर घर नहीं होगा। कोटप्पाकोण्डा (तीर्थ-स्थान) बन जायेगा। यात्रास्थल हो जायेगा। पच्चीस रुपये किराये में इन दो कमरों में रहते हैं। सामने बरांडा है। जनता इस प्रकार आती रहेगी तो इस घर का क्या होगा !

सब सोच-विचारकर मैंने कहा—'तिक्कन्नाजी ! विष्णुशर्माजी ! इसका कोई उपाय सोचिए। नहीं हो सकता तो अपनी राह देख लीजिए।'

तब विष्णुशर्माजी ने कहा—'तुम तो बड़े चतुर हो। भविष्य की घटनाओं को सोच लिया है।'

मैंने कहा—'मेरा सिर ! पहले इस अड़चन से बाहर निकालें, तब सोचिए।'

तब तिक्कना ने कहा—'हमें कोई डर नहीं है। अपने वायुरूप की अवधि बीत जायेगी। अभी तीन दिन के बाद तुम्हारे जैसे हो जायेंगे। मनुष्य के समान चलते-फिरते नज़र आयेंगे। तब कोई चिंता की बात न रहेगी।'

मैंने कहा—'तब तो कोई समस्या नहीं है। मेरी श्रीमती के आने से पहले ही आप लोग मनुष्य बन जायेंगे न ! उसके आने के बाद हठात् मनुष्य बन जायेंगे तो वह ज़रूर भूत समझेगी। कोई चोर समझेगी। भयभीत होकर चिल्लायेगी। तब दुर्भाग्यवश मैं कहीं स्कूल में रहा तो आस-पास के लोग दौड़े-दौड़े आ जायेंगे। डंडों से पीठ बजायेंगे। तब 'मैं तिक्कना हूँ' कहने पर वे क्या समझेंगे—'तू तिक्कना है तो तेरी तिक्का (पागलपन) ठीक कर देंगे।' कई बच्चे आ गये तो 'मैं विष्णुशर्मा हूँ' कहने पर – अरे अपनी नीतिचंद्रिका के रचयिता यही हैं, समझेंगे। तब नीतिचंद्रिका के लिए दूसरा संकट उपस्थित हो जायेगा। गद्य पाठ पढ़ाने के उद्देश्य से पाठ्य-पुस्तकों में ऐरे-गैरे से लिखित कोई अंश पढ़ा दे रहे है। किंतु नीतिचंद्रिका के अंशों का प्रकाशन नहीं हो रहा है। भूमिका पढ़नेवाला कोई नहीं है। तब 'मैं विष्णुशर्मा हूँ' चीखकर कहने पर भी कोई लाभ न होगा। अरण्य-रोदन हो जायेगा। अतः आप दोनों मेरी श्रीमती के आने से पहले ही मनुष्याकार धारण कर हमारे घर पधारिए। आज इतवार है। मेरी श्रीमती बुध की सुबह आ जायेगी। आप लोगों को मंगल की रात तक मनुष्य बन

जाना चाहिए।'

तब विष्णुशर्मा ने कहा—'हम गुरुवार की सुबह तक मनुष्य बन जायेंगे। आपकी श्रीमती को आने दीजिए। उस रात हम तुमसे बात नहीं करेंगे। तुम्हें संधिरोग लगने या पागल होने की आवश्यकता नहीं पड़ेगी। बृहस्पति की सुबह हम दिखायी देंगे। इस बीच में तुम अपनी श्रीमती से कह रखो कि कल हमारे घर पर दो ब्राह्मण आनेवाले हैं। कुछ दिन अपने घर रहेंगे।'

तब तिक्कना ने कहा—'मैं आठ दिन रहूँगा।'

विष्णुशर्मा चार-पाँच महीने रहेंगे।

विष्णुशर्मा ने कहा—'अंग्रेजी चार-पाँच महीने में आ जायेगी!'

तब मैंने हँसकर कहा –'बड़े होशियार हो! अपने देश में सात-आठ साल की उम्र में अंग्रेजी शुरू करते हैं। पच्चीस वर्ष की उम्र तक पढ़ते रहते हैं। तब भी यह कह नहीं सकते कि हम उसे सीख गये। एक कहावत हम लोगों में प्रचलित है। कोई ए बी से शुरू करता है, तो उसके इस अक्षर को उस अक्षर में गये तक पच्चीस वर्ष लग जाते हैं, तात्पर्य है बी० ए० पास होने तक। अंग्रेजी में बी० ए० की एक परीक्षा है। पहली कक्षा से लेकर पंद्रह वर्ष पढ़ने के बाद कहीं परीक्षा में बैठते हैं। इस प्रक्रिया में बीच ही में कुछ लोग रुक जाते हैं। एक-एक कक्षा में दो-दो साल तक एक-एक कर पढ़ते जाते हैं। तुम्हारे बी० ए० होने तक चालीस वर्ष हो जाते हैं। ऐसी पढ़ाई है वह।'

आपको चार महीने में आ जानी चाहिए! बड़ी आशा करते हो!

तब आपने कहा –'यह किसलिए जी! किसी भी शास्त्र का अध्ययन सात वर्ष में पूरा हो जाता है तो इसके लिए पंद्रह वर्ष क्यों?'

मैंने कहा—'बी० ए० से पूरा नहीं होता। आपने समझा ही क्या है! उसके बाद एम० ए० है और उसके बाद पी-एच० डी० है।'

'यह कोई शास्त्र है क्या? पच्चीस साल का वह छोकरा कहता है, मैं भाष्यांत वैयाकरणी हूँ, मैंने तर्कशास्त्र का परिपूर्ण अध्ययन किया है।'

आप चार शास्त्रों में पारंगत हुए हैं। तर्क, व्याकरण, मीमांसा, वेदांत आदि-आदि कहते जाते हैं। उस लौंडे को पच्चीस साल नहीं रहते और

इधर मेरा दिल जलता रहता है। हमारी सरकार की दया से उनके कई शास्त्र पढ़ने के बावजूद हमें ठीक तरह अंग्रेजी नहीं आने पर भी हम कहते हैं कि हमें अंग्रेजी आती है, और उनके सब शास्त्रों के अध्ययन के बावजूद उसको मान्यता न पाने पर हम बच गये। नहीं तो शायद ये लोग हमें जीने नहीं देते। यह अंग्रेजी इतनी बड़ी विद्या है। इसका आदि मात्र है, अंत नहीं। भाष्यांत का अध्ययन पूरा हुआ। और व्याकरण भी बचा नहीं। तुमने सात-आठ वर्ष में व्याकरण का अध्ययन पूरा कर लिया और उसके बाद पढ़ने को कुछ शेष न रहा। किंतु अंग्रेजी की बात ऐसी नहीं। मरते दम तक पढ़ते रहना चाहिए। हमारी अंग्रेजी में बड़े-बड़े पंडित हैं। कुछ लोग बूढ़े होने के बाद भी बड़े गर्व से कहते रहते हैं कि वे जीवन-पर्यंत स्टूडेंट हैं। स्टूडेंट अर्थात् विद्यार्थी हैं। ऐसी है हमारी अंग्रेजी भाषा। उसको चार महीने में पढ़ डालोगे ! हाँ-हाँ, खैर, तुम तो स्वर्ग से जो उतरकर आये हो न !

मैंने इतना लंबा भाषण क्यों दिया। बस ! विष्णुशर्मा पर रौब जमाना चाहा। कल मुझे पढ़ाना है। वह इतना आसान नहीं है, जैसाकि जमींदार के बेटे को पढ़ाना है। वह अपनी बात सुननेवाला है क्या ? ऊपर से उसे 'जी ! साहब' कहना चाहिए। 'जी ! आपको ऐसा घूमना नहीं, बैठकर पढ़ना चाहिए' आदि-आदि कहना पड़ता है। नहीं तो 'ऐसे क्यों घूम रहे हो' कहने पर 'झिड़की देते हो ? छुट्टी पाओगे। महीने में जो वे चालीस-पचास देते हैं, उससे छूट जाओगे।'

सचमुच जमींदारों के घर में ट्यूशन मिलना सौभाग्य समझना चाहिए। लिखूँ तो उसका एक अध्याय बनेगा। विष्णुशर्मा जैसे पंडित को बिठाकर पढ़ाना बस, मुराड़े से सिर खुजलाना मात्र है। इससे बेहतर जमींदार के बेटे को ट्यूशन पढ़ाना है। हमें कुछ पढ़ाने की आवश्यकता नहीं होती। और महीना होते ही चार पैसे जेब में आ जाते हैं। जमींदार के बेटे का आदर करते रहना – बस ! यहाँ पर विष्णुशर्मा को 'जी !' कहना चाहिए ! तुम्हें कोई अकल नहीं है क्या ? 'पढ़ा रहा हूँ तो समझते क्यों नहीं ?' ऐसा कुछ कहना नहीं चाहिए। और मासांत में कुछ मिलने का नहीं। इतनी कठिनाइयाँ हैं। जो भी हो ! मेरी श्रीमती के आने के बाद दूसरा निर्णय

होना चाहिए। वह इन लोगों को भोजन खिलाना चाहेगी या नहीं। 'ये श्राद्ध मेरे सिर पर ला धरे हो !' क्या कहेगी पता नहीं। 'छोड़ दीजिए इसे।' और एक बात भी है। जब मेरी श्रीमती बाहर जाती है तो मैं खुद हाथ जला लेता हूँ। अब इन दोनों को भी पकाकर खिलाना है। तिक्कना रसोई तो जानते नहीं। पूछ लेने की जरूरत नहीं है। बस ! विष्णुशर्मा कुछ कर सकते हैं। प्राचीनकाल में हमारे पंडित लोग गरीब होकर भी शास्त्रों का अध्ययन करते थे। तर्कशास्त्र में प्रमाणित ग्रंथ 'गदाधरीच' है। उसकी रचना करने वाला 'गदाधर' पंडित था। आप बंगाली थे। किसी शादी में महाराज बन गये। शादी में बंधुवर्ग पंक्ति-भोजन कर रहे थे। अंत में तर्कशास्त्र की चर्चा हो रही थी। वे गलत-सलत वाद-विवाद कर रहे थे। खट्टा परोस रहा था गदाधर ! उसने झट कह दिया— 'यह गलत है।' और विवाद में जीत भी गया था। सब आश्चर्यचकित हुए। आपका नाम पूछा गया। आपने गदाधर कहा। आपका नाम आसेतु हिमाचल पर्यंत विदित था। वह उन दिनों का महापंडित था। किंतु विवाहों में पकाने जाता था। पेट का गुजारा नहीं होता था। उन दिनों की पढ़ाई ऐसी थी। पढ़ाई ज्ञान के लिए होती थी, पदों के लिए नहीं। (नौकरी के लिए तो बिल्कुल नहीं थी।) अतः निस्संदेह कह सकते हैं कि विष्णुशर्मा में पकवान की सामर्थ्य होनी चाहिए।

मैंने विष्णुशर्मा से पूछा – 'आर्य ! कभी मेरी श्रीमती बाहर रहेगी तो आप हाथ जला ले सकते हैं ?'

तब आपने कहा – 'एक हाथ क्यों जी ! पूरा शरीर जला ले सकता हूँ। मेरे रहते तुम्हें कोई डरने की बात नहीं है। मैं तुम्हारे बच्चों को भी पढ़ा दूँगा। उन राजकुमारों को छः महीने में नीतिशास्त्र पूरा सिखा दिया था, तेरे बच्चों को भी जरूरत हो तो ऐसे ही पढ़ा दूँ।'

मुझे डर लग गया। उनके चरणों में गिरकर कहा—'माई-बाप ! ऐसा मत कीजिएगा। मेरे बच्चों को नीतिशास्त्र को विद करना नहीं। आपकी नीति और हमारी नीति में कोई संबंध नहीं है। हमारी पढ़ाई ऐसे ही शुरू करनी है और मृत्युपर्यंत पढ़ना चाहिए। नहीं तो सब मिलकर छः महीने में पढ़ेंगे तो कहना न होगा, यदि पढ़ भी लिया तो राख में पनीर हो जायेगा।

उसके जीवन का कोई आधार नहीं बनेगा। नौकरी वगैरह मिलेगी नहीं। वह बेकार हो जायेगा। हमारे यहाँ पहले मैट्रिक (एस० एम० एल० सी०) पास करना है। उसके बाद बी० ए० पास करना है। किंतु 'पहले ही मैं पंडित हूँ। सब कुछ मुझे आता है' कहने पर कोई नौकरी नहीं देगा। भीख माँगने के सिवा और कोई सहारा न रहेगा। बाबा ! मैं अगले जन्म में आपकी संतान के रूप में पैदा होकर आपकी इच्छा पूरी करूँगा। मेरे बच्चों का अपकार मत करना।'

तब विष्णुशर्मा ने हँसकर कहा—'तब क्या चाहते हो ? मुझे पंद्रह साल पढ़ना है ?'

मैंने कहा—'कुछ कम कर सकते हैं। आपकी रुचि के अनुकूल पाँच कक्षाएँ कम कर सकते हैं। एक उपाय करें तो आठवीं में प्रवेश दिला सकते हैं। हेडमास्टर या प्रिंसिपल यह प्रमाण-पत्र दे दे कि मैंने इसको तैयार किया है। तब सीधे आठवीं में जा सकते हो। शेष आठ साल तो पढ़ना जरूरी हो जाता है।'

तब विष्णुशर्मा ने कहा—'कोई दूसरा उपाय बताओ। यहाँ आठ साल कहाँ मरूँ ?'

मैंने कहा—'इसके लिए भी उपाय है। प्राइवेट पढ़कर बारहवीं कक्षा के समान की परीक्षा 'मैट्रिक्यूलेशन' पास कर लें तो चार साल में बी० ए० पास कर सकते हैं।' तब दूसरे उपाय सोचने के लिए कहा तो मैंने कहा—'आशा की भी कोई सीमा होती है। पंद्रह साल की पढ़ाई को मैंने चार साल कर दिया। कितनी दुराशा है !'

तब आपने कहा—'अब कुछ और कम नहीं होगा ? स्कूलों में प्रवेश कर पढ़ना जरूरी है क्या ?'

तब मैंने कहा—'पुराने जमाने में कुछ सरल था। 'उभयभाषा प्रवीण', 'शिरोमणि', 'विद्वान' आदि परीक्षाएँ होती थीं। इनके लिए स्कूल में जाकर अध्ययन करने की आवश्यकता नहीं थी। प्राइवेट से दो साल पढ़कर परीक्षा पास कर लें तो तेलुगु पंडित की नौकरी मिलती थी। तब नौकरी करते हुए मैट्रिक्यूलेशन, एफ० ए०, बी० ए० आदि कक्षाएँ स्कूल की पढ़ाई के बिना पास करने की सुविधा थी। आजकल की स्थिति ऐसी नहीं है। कड़े

नियम लगा दिये गये हैं। तुम्हें विद्वान्-परीक्षा में बैठना है। कुछ भी हो, छः साल कम-से-कम स्कूलों में पढ़ना जरूरी है।'

तिक्कनाजी ने कहा—'यह क्या प्रपंच है!'

मैंने कहा—'क्योंकि आप दोनों बिल्कुल पंडित हैं। आपकी पढ़ाई में भूगोल, इतिहास, सामान्य विज्ञान, ग्राम शास्त्र, संविधान सभाएँ, आदि का ज्ञान नहीं था। आजकल इनके बिना विद्या पूर्ण नहीं मानी जाती और इन सबको बचपन से सीखना पड़ता है। इसके लिए हमने शिक्षा-योजना को इस प्रकार बनाया है।'

तिक्कना ने पूछा—'क्या कहते हो, मुझे खगोल का ज्ञान नहीं है? इतिहास मुझे मालूम नहीं है क्या? सामान्य विज्ञान की क्या आवश्यकता है? सबको विदित है, इसलिए उसे सामान्य शास्त्र कहा है।'

तब मैंने कहा—'ऐसा मत कहिए। सामान्य विज्ञान इतना आसान नहीं। हवा है, समझिए। उसे हम देख नहीं सकते। पत्ते हिलते हैं। तब हम समझते हैं कि हवा चल रही है। पंखा चलाते हैं। तब हवा चलती है। हवा एक पदार्थ है। पदार्थ के तीन लक्षण होते हैं। पहले, उसकी वज़न होती है। दूसरे, उसका कुछ बल (प्रेशर) होता है। तीसरा, वह कुछ स्थल घेर लेता है। पदार्थ तीन प्रकार के होते हैं। पहला, घन पदार्थ; दूसरा, द्रव पदार्थ और तीसरा, वायु पदार्थ। यह सब आपको मालूम है क्या?'

तिक्कना चुप हो गये। मेरा हाथ ऊपर हो गया।

मैंने कहा—'देखिए! आपको यह सब ज्ञान विदित ही नहीं और ऊपर से कहते हैं कि वह शास्त्र ही नहीं। अब बताइए, इसको पढ़ने की आवश्यकता है या नहीं?'

उनको गुस्सा आ गया और कह दिया—'छी! बुद्धिहीन! मुँह बंद कर लो।'

मैं क्या करूँ? मेरे पास काम से आया है, और मुझे ऐसी बातें सुनाता है! उठकर एक जमा दूँ, मन में सोचा। फिर विचार किया, यह तो अतिथि है। मारना नहीं चाहिए। फिर दूसरा विचार आया, आप तो हवा हैं। मार लगेगी कैसे! मेरा हाथ हवा में योंही निकल जायेगा।

तब मैंने कहा—'तिक्कनाजी! आप मेरे पास काम से आये हैं, इसको

आप स्मरण रखिए। आपने मुझ अकेले को ही नहीं कहा है, आज जो विद्या-पारंगत हैं, बोधक, विद्या-प्रचारक आदि जितने भी सजीव विद्वान हैं, उन सबको कहा है। इसलिए तुरंत आपको क्षमायाचना करनी चाहिए। नहीं तो यहाँ से चले जाना चाहिए।'

आपने कहा—'तुम इस बात को सब पर लादकर क्षमायाचना करवा लेना चाहता हो !'

मैंने कहा—'नहीं, नहीं ! इन सब पंडितों ने विचार-विमर्श कर इस विद्या-विधान का निर्माण किया है।' तुम्हारी गाली लगती है तो उनको, मेरा क्या बिगड़ता है, मैंने मन में सोचा।

तब आपने कहा—'तब मुझे कोई क्षमा-प्रार्थना करने की जरूरत नहीं है। वे सब जब आकर पूछेंगे, तब मैं कह दूँगा।'

मैं क्या करूँ ! समझ रहा था, हाथ लग गया रे ! लेकिन यह तो यों फिसल गया ! चालाक है, नहीं तो भारत कैसे लिख पाता ? राजा मुनुमसिसि को राज्य कैसे दिला पाता ! मैं स्कूल में केवल तेलुगु का पंडित हूँ, भला आप मुझसे अधिक चतुर क्यों नहीं होंगे ? अब क्या करूँ ! उनसे क्षमा माँगने का दम भी नहीं रहा। मेरी वह परवाह भी तो नहीं करते। इसलिए किंचित् क्रोध करते जैसा मुख के तेवर बदलकर विष्णुशर्मा की ओर पलटकर कहा—'तब कोई परवाह की बात नहीं है। तीन दिन तक पकाकर देंगे न !'

आपने कहा – 'तीन दिन क्या बात है जी, बारह तीन यानी छत्तीस दिन पकाकर दूँगा। कम-से-कम बी० ए० हुए तक पाँच साल लगेंगे। कुल मिलाकर एक सौ अस्सी दिन अर्थात् छः महीने खाना पकाकर देना है।'

तब मैंने कहा—'शायद इतनी जरूरत नहीं पड़ेगी। मेरी श्रीमती हर दो साल में गर्भवती होती रहती है। इससे कुछ दिन मिल जायेंगे।'

आपने कहा—'बड़ा खुश कर दिया। मुझे इससे फायदा न होगा। इससे तुम्हें ही फायदा होगा। उसको सातवाँ महीना आये तक वह न बैठ सकेगी और न उठ सकेगी। उसके बाद बच्चे को तीन महीने हुए तक पका नहीं सकती। इस प्रकार एक साल और मिलाकर रखा है तुमने।'

बाबा ! कुछ हद तक ठीक है, क्योंकि मेरी श्रीमती दो साल में एक

बार गर्भवती होती है।

'मैं जब जीवित था, मेरी श्रीमती की गोद में बच्चा रहता ही था कि पेट में भी बच्चा हो जाता था। अभी बच्चा दूध छोड़ा भी नहीं कि फिर गर्भवती हो जाती थी। घर भर संतान हो गयी थी। घर-भार जब चल नहीं सका तो राजा के बच्चों को नीतिशास्त्र पढ़ाने लग पड़ा।'

मैंने पूछा—'वह कुछ देता था कि नहीं ?'

विष्णुशर्मा ने कहा—'अवश्य देता था। पाँच-छ गाँव अग्रहार के रूप में दिया था। पुत्र-पौत्र की पीढ़ियों के लिए आचंद्र तारार्क अनुभव करने के लिए दिया था। हमारे सब संबंधी आज भी इसका अनुभव कर रहे होंगे। अभी जाकर अपना अग्रहार देख आता हूँ। मुझे तुम्हें फोकट में खाना खिलाने की आवश्यकता नहीं। अपने लोगों से पूछकर कुछ पैसे लाकर दे दूँगा।'

मुझे उन लोगों पर बड़ी दया आयी। वेचारे इतने बड़े पंडित हैं, इतने चतुर हैं फिर भी इनको इतना ज्ञान नहीं कि जमाना बदल गया है। उनको जिस राजा ने अग्रहार दिया है, आचंद्र तारार्क दिया है, यह भला क्या बात हुई ! बाद के राजाओं के लिए उन अग्रहारों को देना, उन आज्ञाओं का निभाना क्या जरूरी है? वास्तव में अग्रहार लेनेवाले पंडित की संतान है, तो वह बचाकर रखती। यदि बच भी गया तो क्या राजा लोग चुप बैठे रहेंगे? पुराने जमाने के राजे जैसा कोई मूर्ख नहीं। ताम्र पत्र में बस लिख दिये—आचंद्र तारार्क तथा पुत्र-पौत्र पारंपर्य आदि-आदि। शिला-लेख बना दिये ! इस प्रकार मैं सोचता रहा तो ये दोनों भाँप गये। अभी इनका मानव शरीर नहीं है न, इसलिए इन्हें सामने वाले के मन के विचारों का ज्ञान हो जाता है।

तिक्कनाजी ने कहा—'तुम्हारे ऊहा-पोह सब मुझे विदित हैं। पुराने जमाने के राजा मूर्ख नहीं थे। उन्हें काल के स्वरूप का ज्ञान नहीं था, ऐसी बात नहीं। उनको धर्म के स्वरूप का ज्ञान था। वह धर्म है, इसलिए कोई हटकर नहीं चलता। इतना वे जानते थे कि दूसरे राजा लोग आयेंगे तो वे मनमानी नहीं करेंगे।'

ठीक है; मुझे क्या ! मैं चुप हो गया। असली चीज यह है कि मेरी श्रीमती बुधवार की सुबह आ जायेगी। आप लोग बृहस्पति की सुबह कहीं

मनुष्य बनेंगे। इन दोनों को यह संभव कैसे करूँ ?

मैंने कहा—'आर्य, मुझे एक उपाय सूझा है। आप दोनों बृहस्पति की सुबह नदी पर जाइए। वहाँ मनुष्य हो आइए। वहाँ से हमारे घर आइए, इसलिए कि कोई आपको भूत न समझे।'

'अदृश्य रहना क्या ठीक नहीं ? हमें जिस चीज की जरूरत पड़ेगी, कान में कह दिया करेंगे।'

'माई-बाप ! आप ऐसा मत कीजिए। मेरी श्रीमती को फिट्स है, अर्थात् मूर्छा-रोग है। आपके अदृश्य होने और फिर कान में कह देने मात्र से वह डरके मारे आँगन में भाग जायेगी। घर में पैर न रखेगी। कहेगी, इस घर में भूत हैं। मैं क्या करूँ ! इस गाँव में किराये पर घर नहीं मिलता। इस घर का मालिक महीने में कम-से-कम दो बार तकरार करता है। किराया बढ़ाने को कहता है। बहुत सताता है। मैं बहुत परेशान हूँ। फिर भी इन दो कमरों को पच्चीस रुपये में लिया है। यह गाँव जला जा रहा है। हर गाँव ऐसे ही जलता जा रहा है। अच्छा मकान मिलना दुष्कर हो गया है। इस घर से निकल गया तो फिर मुझे किसी झाड़ के नीचे रहना होगा। इसके बगैर कोई चारा नहीं। ऐसा मत कीजिए।' मैंने प्रार्थना की।

विष्णुशर्मा ने कहा—'तो फिर हम क्या करें ? हम नदी के पास मनुष्य बनने जायें भी तो वहाँ पर धोबी लोग कपड़े धोते मिलेंगे। कोई पानी लेने आयेगा। हम पहले नहीं थे और जब एकदम दिखायी पड़ेंगे, तो वे सब 'भूत-भूत !' कहते हुए इधर-उधर भाग निकलेंगे। हम आपके घर पधारेंगे। हम जब गाँव के बाहर घूमते थे, तब भूत हुआ करते थे और जब घर में आयेंगे तो अचानक देखकर लोग क्या कहेंगे ? भूतों को घर में रखकर संसार कर रहे हो ! गाँव में कोई तुमसे बात न करेगा। समाज से तुम्हें निकाल बाहर करेंगे। तुम उधर से निकलोगे, तो वे इधर की राह लेंगे। तुम्हारे सब मित्र तुमसे छिपकर पूछेंगे—क्या हो गया रे ! घर में भूतों को रखे हो ! तब तुम जाकर कहोगे कि ये दोनों बड़े महान् हैं, एक बड़े पंडित हैं, दूसरे कविब्रह्मा हैं, तो तुम्हारे सब संबंधी तुम्हें पागल मानेंगे। समझेंगे, तुम कोई भूत-विद्या का अभ्यास कर रहे हो। तुम्हारी जिंदगी एकांत हो गयी है और आगे कहना चाहें तो लोग तुम्हें भी भूत कहेंगे। हम तीनों

को पत्थरों से मारेंगे। हम दोनों को तो पत्थरों से कुछ न होने वाला। पत्थरों से डरकर हम स्वर्ग वापस चले जायेंगे। एकदम अदृश्य हो जायेंगे। लेकिन तुम्हारी बात ऐसी नहीं। हमारे ऊपर का क्रोध तुझ पर् निकालेंगे। और तुम मुफ्त में मारे जाओगे !'

सच है। अब मुझे क्या करना चाहिए ! कुछ समझ न सका। कुछ सूझ नहीं रहा। इस समस्या का कोई समाधान ही नहीं मिल रहा है। मैंने जोर से चिल्लाकर कहा--'मुझे क्यों मारे डालते हो ! अपना रास्ता लो और जाओ ! हे विष्णुशर्माजी ! अंग्रेजी नहीं सीखोगे तो क्या हुआ ! इंद्र भी मोहित हुआ है क्या ? तुमसे अंग्रेजी सीखना चाहता है न ! वाह रे वाह, इस अंग्रेजी से देवताओं को भी मोह हो गया क्या ! हो भी सकता है !'

विष्णुशर्मा ने कहा—'ठीक है जी ! अब हमें क्या करने के लिए कहते हो ?'

तिक्कना ने कहा—'ऐसा करो ।' फिर पूछा—'आपकी ससुराल कितनी दूर है ? पत्र लिखो तो कितने दिनों में पहुँचता है ?'

मैंने कहा—'आज लिखूँ तो कल पहुँच जायेगा।'

तिक्कना ने आदेश दिया—'कल तुम अपनी पत्नी को पत्र लिखो कि वह बुध की सुबह न आये, बृहस्पति की शाम तक आये। बस, काम बन जायेगा। हम बृहस्पति की सुबह तक मनुष्य बन जायेंगे। तुम्हारी पत्नी तो शाम तक आयेगी। हो सके तो लिखो कि तुम्हारे घर में दो ब्राह्मण पधारे हैं। पंडित हैं। घर में कुछ दिन रहेंगे।'

मैंने कहा—'बाबा ! ऐसा कभी नहीं लिखना है। फिर वह आयेगी ही नहीं। सोचेगी—इनको पकाकर खिलाने कौन जाये ! आप लोगों के जाने के बाद ही वह आयेगी।'

विष्णुशर्मा ने कहा—'ऐसे डरने की कोई बात नहीं है। तुम उसे लिखो कि वह आ जाये ! यह भी लिखो कि आज से उसे खाना पकाने की जरूरत नहीं। घर में जो दो व्यक्ति ठहरे हैं, इन दोनों में एक नलभीम पाक करने-वाला है। अब वह अपने बच्चों को नहाने, धुलाने, कंघी आदि करने बैठ सकेगी। जब तक ये ब्राह्मण अपने घर पर रहेंगे, उसे कोई कार्यभार नहीं

होगा। आराम से रह सकेगी, आदि-आदि।'

किंतु मेरे मन में एक शंका है। मेरी श्रीमती शंकालु ज्यादा है। उसकी उपस्थिति या अनुपस्थिति में गाँव के किसी बंधु को मैं अपने घर में रखना चाहूँ तो मैं रख नहीं सकता, वह उसे बिल्कुल पसंद नहीं करती। एक बार बहुत पहले एक देवीजी घर में आकर घी चुरा ले गयी। चावल छिपाकर ले गयी। एक दिन मेरी पत्नी का 'स्नान' था। घर में बड़ियाँ बनी थीं। मेरी श्रीमती को प्यार जताकर वह ठीक पच्चीस बड़े गाँठ में बाँधकर ले गयी। मेरी श्रीमती के स्नान कर घर में प्रवेश होने तक घर खाली था। कोई सामान नहीं बचा था। इसलिए मेरी श्रीमती दूसरे लोगों का अपनी रसोई में घुसना पसंद नहीं करती। यही नहीं, जब वह चार दिन के लिए मायके जाती है, तो घर में पकाकर खाने के लिए मना कर जाती है; क्योंकि मेरे हाथ जलते देख कोई पड़ोसिन आ जायेगी यह कहते हुए कि 'बेचारे पुरुष कैसे पकायेंगे। मैं पका देती हूँ।' घर से सामान गायब होने के साथ-साथ उसे दूसरा डर भी सताता रहता है। इसलिए मैंने कहा—'विष्णुशर्माजी, ऐसा उपाय ठीक नहीं है। कोई दूसरा सोचिए।'

ये दोनों क्या सोचेंगे! कर्ण पर दस बाण छोड़ दिये, दुःशासन पर बीस, और शल्य पर पाँच—एकदम ऐसा लिखना है या संधि-विग्रह करना है। महीने में हजार रुपये तनख्वाह मिलती है। बड़े आराम से चला रहे हैं, शायद ये समझ रहे होंगे···घर में कोई कमी नहीं है! घर में जो चाहे सो कर सकते हैं! बीवी, चार बच्चे और आनेवाले-जानेवाले के चलते किस तरह गुजारा होता है, यह मैं ही जानता हूँ। पहले कुछ ठीक था। भूलोक से लोग आते थे। आजकल स्वर्गलोक से भी लोग आने लगे हैं। आने दो, मज़ा चखेंगे। शास्त्र पढ़-पढ़कर बड़े-बड़े ग्रंथ लिखने से क्या हुआ! संसार चलाना तो आज का है। गृहस्थी सँभालना कैसा! मेरी श्रीमती बुधवार को जरूर आ जायेगी। ये बृहस्पति को कहीं मनुष्य बनेंगे। घर में होना ठीक नहीं। नदी के तट पर होना भी जँचता नहीं। ऐसी समस्या कोई महाभारत में है क्या? पंचतंत्र में है क्या?

पाँचवाँ अध्याय

एक भी समस्या आ जाती है तो ऐसा लगता है कि हमारा काम तमाम हो गया। किंतु भगवान जब हमें बचाकर रखना चाहता है तो कोई परम सरल परिष्कार कर देता है। हम लोग पहले की आप-बीती बातों की चर्चा करते रहे और इतवार की सुबह के चार बज गये। शायद वे बात करते रहे और मुझे नींद लग गयी। आप क्या करते ! हम निद्रा दरिद्र जो हैं। प्रातः हुआ और नौ बज गये, तब कहीं मैं जग पाया। आप वैसे ही बैठे-के-बैठे रहे। उनको देखकर मेरे मन में बड़ी दया आयी। जीवित व्यक्ति चाहे कितना भी बड़ा क्यों न हो, मरने के बाद हवा की जिंदगी (बेकार) हो जाती है। ये दोनों कुछ ठीक हैं। कम-से-कम कुछ महीनों के लिए ही सही, हम जैसे जियेंगे। क्या करते बेचारे ! मैं उठा। आदत के अनुसार नीम के पेड़ पर चढ़ा। टहनी तोड़ी। यह सब कार्य पूरा होने तक दस बज गये। आज स्कूल है, चलना चाहिए। कॉफी का क्या हुआ ? भोजन कैसा, मैं सोचता रहा, शुभ दिन होना चाहिए। जब शुभ दिन हो, तो सब कुछ अपने-आप बन जाता है।

मेरे घर के सामने एक लड़का रहता है। वह ऐसे दौड़ता हुआ आया, जैसे किसी का घर डूब गया हो। कहने लगा—'मास्टर जी ! मास्टर जी ! आज हमारे स्कूल की छुट्टी है।'

'छुट्टी ! काहे की छुट्टी ?' मैंने उत्सुकता से पूछा।

'जी ! एक छोकरा जो अपने स्कूल में पढ़ता था, लारी के नीचे आ गया और मर गया।'

'बेचारा ! बेचारा !' मैंने कहा और वह दौड़ निकला।

शायद ये सब बातें विष्णुशर्मा और तिक्कना भी सुन रहे थे। पूछा—

'यह लारी क्या होता है जी ?'

मैंने कहा – 'यह भी अंग्रेजी पढ़ाने में शामिल है। लारी का मतलब एक प्रकार का मोटरकार है। उसमें मनुष्यों को चढ़ाते नहीं, उसमें सामान ढोया जाता है।' आदि-आदि सारी बातें समझायीं और यह भी बताया कि आज स्कूल जाने की जरूरत नहीं है। आप सौभाग्यशाली हैं, वहाँ एक लड़का मर गया, नहीं तो यहाँ खाना-वाना कुछ भी नहीं। मैं क्या सोचूँ ! तिक्कना को मेरी परवाह नहीं है। अब इनकी नजर में भी गिर गया, कुछ न रहा। वास्तव में इनको मैं क्यों पढ़ाऊँ ? इनकी सहायता क्यों करनी है ? इन सब बातों को जाने दीजिए। मैं अपने प्रातःकाल का कार्यक्रम पूरा कर रहा था। यह विष्णुशर्मा अपने को पाकशास्त्र में प्रवीण कहता है ! जब मैं कार्यक्रम कर रहा था तो यह चुपचाप क्यों बैठ गया ? हल के डंडे के समान जो बड़ा तगड़ा है, कॉफी पिलाने का कोई प्रयत्न तो करना चाहिए था। ऐसे लोग सेर भर कॉफी पियेंगे। मुझे एक उपाय सूझा। इनको कॉफी की आदत नहीं डालनी चाहिए। जैसे-तैसे छिपकर घर में घुस जाना चाहिए और दो घूँट कॉफी पीकर गुपचुप बाहर आ जाना चाहिए। नहीं तो, इनको मालूम हो गया तो पूछेंगे, क्या पी रहे हो ! इस कंबख्त कॉफी के लिए झूठ बोलना पड़ेगा। कॉफी कहना ही पड़ेगा। इसके लिए स्पेलिंग कहना आसान है, लेकिन दो जून कॉफी पिलाना मुश्किल होगा। एक पौंड कॉफी पाउडर खर्च हुआ तो दूसरा लाना पड़ेगा। कोई मामूली किस्म का लायें तो वह काम नहीं आता। मेरी श्रीमती को इंडियन कॉफी पाउडर ही चाहिए। स्वराज्य-प्राप्ति से पहले इंडियन कॉफी अच्छी होती थी। आजकल वह खराब हो गयी है। वह तो ना सुनना ही नहीं चाहती। इंडियन कॉफी की आदत कैसे पड़ गयी है, यह एक लंबी कथा है। उसके बचपन में ही मुझसे शादी हुई, किंतु वह घर बसाने नहीं आयी। उसका भाई बंबई में चालीस रुपये की नौकरी करता था। मेरी जान के लिए वह एक बड़ा ओहदेदार था। वह रेलवे में था, इसलिए दमड़ी खर्च किये बिना वह इसको बंबई ले गया। यह और वह दिखाते हुए वह इंडियन कॉफी हाउस ले गया और इसे एक प्याली कॉफी पिला दी। सचमुच उन दिनों में यदि कोई वहाँ एक कप कॉफी पी लेता तो उसके बाद उसके नाम पर

गरम पानी भी दिया जाता तो वह पी लेता। कॉफी-पाउडर की बात छोड़ो। दूध चाहिए न ! दूध की कथा मैंने पहले ही कह दी है। अब चीनी की बात सोचो। वह अलग है। अपने देश में उत्पादित और वितरित होनेवाली प्रत्येक चीज पर मुझे एक-एक पुस्तक लिखनी है। उसका उत्पादन कैसे होता है, बाज़ार में कैसे आता है, कितना उत्पन्न होता है और हमें कैसे प्राप्त होता है – यह एक बड़ा ग्रंथ बन जायेगा।

सरकारी बजट में लाभ-ही-लाभ दिखायी देकर जनोपयोग में मुश्किल से सिफारिशों पर मिलनेवाली चीजों में चीनी एक है। कॉफी-पाउडर, दूध, चीनी – इन तीनों चीज़ों से कॉफी बनती है। वह, जो मेरे वेतन का आधा हिस्सा हर महीना खा जाती है। इसकी आदत का शिकार होनेवाला कोई बुद्धिहीन ही हो सकता है। मेरी घरवाली के आने के वाद इस कॉफी-तंत्र को रहस्य ही रखने में भला है। आज जैसा भी हो, दिन चढ़ आया, लेकिन मैंने कॉफी नहीं पी। भोजन कर उठा ही था कि डाकिये ने एक पत्र सामने ला धरा। वह मेरी पत्नी का पत्र है। उसके चार बच्चे हज़ार साल जियें। लिखती क्या है कि उसकी फूफी की पोतरी हुई है। उसे मैं नहीं जानता, उसकी फूफियों को भी नहीं। बुधवार को भोज है। इसलिए बुधवार को वह नहीं आयेगी। गुरुवार को खाना होकर शुक्रवार को यहाँ पहुँचेगी।

पत्र ले जाकर उन दोनों महानुभावों को सुनाया। सुनकर दोनों खुश हो उठे। मैंने कहा—'आप लोग स्वर्ग में भी इतनी खुशी कभी न पाते। आप दोनों बच गये।'

दोनों के बजाय तीनों भी बच गये, बेकार कहते हो ! मुझे मालूम है। आप लोगों के जैसे अर्थ न माननेवालों के बारे में हम रेडियोवार्ता देते रहते हैं। उसे छोड़ दो। अब समस्या का परिष्कार हो गया। अब क्या करना चाहिए ? पढ़ाई शुरू कर दूँ ? या इनको ले जाऊँ ?—मैं ऐसे विचारों में मग्न था।

इसी बीच उन दोनों ने कहा—'हमें मनुष्याकार प्राप्त होने पर हम कुछ नहीं कर सकेंगे। इंसानों के जैसे होने के बाद जिनको हम जानते हैं, वे सब बातें विस्मृत हो जायेंगी। हमारी बुद्धि मंद पड़ जायेगी। तब तक हमें मौन

बने रहना है।'

मैंने मन में विचार किया – ओह, ऐसी बात है ! कल से आप लोगों का अंकुश मुझ पर नहीं रहेगा। परसों से इनकी बुद्धि-चतुरता भी अपनी जैसी हो जायेगी !

इतने में विष्णुशर्मा ने कहा—'इतना धैर्य बाँधने की जरूरत नहीं है। हम लोग मनुष्याकार में रहने पर भी आप लोगों से बुद्धि-विवेक में अधिक ही रहेंगे।'

यह क्या हुआ ! श्राद्ध घर बैठ गया। अपने मन में ही सही, हमें कुछ सोच-विचार करने की सुविधा नहीं है। काल अपने अनुकूल नहीं है तो चुप रहने में ही भलाई है। जाने दो ! कहने भर के लिए कह तो दिया : किंतु सोम, मंगल, बुध, गुरु—चार दिन बिताने हैं। इन लोगों से बचना मुश्किल है। आप सज्जन तो तब से किसी तरह पढ़ लेना चाहते हैं। उनको दिखाकर 'यह देखो तिक्कना हैं' कह दूँ, तो हवा में देखकर सब हँस पड़ेंगे। इन दोनों से कैसे निपटूँ ?

मैंने इस प्रकार कहा—'महाशय ! आप लोग चार दिन बेकार यहाँ क्यों रहते हैं ? विष्णुशर्माजी अपने अग्रहार जाकर देख सकते हैं। तिक्कनाजी, आप भी नेल्लूर की तरफ जायेंगे तो उन प्रांतों को एक बार देख ले सकते हैं। आपका विचार क्या है ? बेचारे विष्णुशर्मा निकल ही रहे हैं।'

तिक्कनाजी हैं नटखट। आपने कहा—'विष्णुशर्माजी से मैं आठ सौ साल पहले का हूँ। तुम मुझसे दो या तीन हजार साल पहले के हो। नेल्लूर उन दिनों का नेल्लूर नहीं है। मैं उस तरफ से होते हुए आया हूँ। उस पेन्ना नदी को ही पहचान न सका। उसको कोई कमरबंध पहना गया है। कुछ और आभूषण भी पहनाये गये हैं। वह कुछ ऐसा है कि पानी को न छूते हुए इस पार से उस पार तक फैला हुआ है। उस पर कई पेटियाँ दौड़ रही हैं। कुछ भी हो, हमें क्या ! मैं आ गया। अब तुम अपने अग्रहार जाओगे तो अच्छी तरह सुन लो, तुम वहाँ कुछ पहचान न सकोगे और तुम्हें कुछ मालूम भी न होगा।'

'निवेश श्शैलानम् तदिदमिति बुद्धि द्रढ़यति'—रामचंद्र ने कहा था, ऐसा भवभूति ने लिखा है। तुम्हें और मुझे उतनी पहचान भी नहीं है। यदि

आपके गाँव के आसपास कोई पहाड़ हो और उसको याद कर गाँव को पहचानना चाहोगे तो जाओ। उस पहाड़ को खोदकर लोगों ने कई सड़कें बनायी हैं। सड़कों पर इकट्ठे किये हुए पत्थरों को देखकर पहाड़ को पहचान सकोगे तो जाओ। खड़े-खड़े पहचानना चाहिए कि यह वही है या नहीं। जमीन पर परीक्षा करने बैठोगे तो फिर वापस न आओगे। अंग्रेजी की पढ़ाई भी नहीं, राख भी नहीं।

तब विष्णुशर्मा ने कहा—'मुझे नहीं जाने का।'

दोनों बैठ गये। अब क्या करूँ? कल दिन भर मुझे नींद में ही दिखायी पड़े। आज तो सचमुच दिखायी दे रहे हैं। वहाँ हैं या नहीं, कैसे समझूँ? उनसे कहा—'महाशय! आप बड़े हैं। आगे चार दिनों तक आपको कोई बाधा नहीं। मुझे तो काम करते रहना चाहिए। आप यदि आज्ञा दें तो मुझे अपने काम पर घूमना है।'

विष्णुशर्मा ने कहा—'चार दिन क्यों, तीन ही दिन जो हैं। आपकी श्रीमती शुक्रवार को आयेंगी और हम लोग गुरुवार ही तैयार हो जायेंगे। इन तीन दिनों में अपने लिए खाने-पीने की समस्या नहीं है। निश्चित रहो, हम कभी यह नहीं कहेंगे कि तुमने हमारा ध्यान नहीं रखा।'

आपने कह दिया, किंतु मैं कैसे समझूँ? उनके बैठे देखते हुए, 'नहीं हैं' कैसे समझूँ? कैसी विडंबना है! तीन दिन की छुट्टियाँ लेकर ससुराल जाऊँ? आगे सोचा - छुट्टी लेना एक प्राणांतक समस्या है। काम नहीं हो पायेगा। घर पर ही रह गया। मैंने एम० ए० पास की। इस देश में बड़ा वक्ता बन गया। बड़े पंडित के नाम से प्रतिष्ठित हुआ। आप लोगों के हठात् कोई प्रश्न पूछने पर मैं जवाब नहीं दे सकता, यही एक डर है। ये खिल्ली उड़ायेंगे। मुझे स्कूल में प्राचीन कवियों के ग्रंथ का कोई सबक पढ़ाना है। फिर अपने स्कूल में ही एक शास्त्रीजी हैं, पंडित हैं, उनके पास जाना है। टीका, तात्पर्य आदि उनसे जानकर तब कहीं कक्षा में जाकर पढ़ाना है।

'तुम पंडित हो न, मेरे संबंध में भी कई जगह भाषण कर चुके होगे। मेरे इस पद्य का तात्पर्य समझा दो'—कहते हुए तिक्कना ने यदि कोई पद्य पढ़ दिया, तब मैं क्या करूँगा? सुना है, तिक्कना के काव्य में अनेक पेचीदे पद्य हैं। किसी एक पद्य का भावार्थ पूछने पर मेरी इज्जत मिट्टी में मिल

जायेगी। विष्णुशर्मा अपने पंचतंत्र से एक श्लोक पढ़ेंगे। भावार्थ पूछेंगे। मैं कहाँ मरूँ? मेरे पास तो एक शस्त्र है। नहीं, नहीं! मेरे हाथ में दो शस्त्र हैं –एक ही क्यों! साहित्य का, इतिहास का! एक और दूसरा फिलासफी! इसमें एक पाशुपतास्त्र है, तो दूसरा ब्रह्मशिरो नामकास्त्र। इनका प्रयोग करने पर इन पंडितों को 'कोपम् प्रभो! संहार! संहार!' कहना पड़ेगा। फिर भी ये दोनों महान् अस्त्र हैं। हर बार इनका प्रयोग नहीं करना चाहिए। अव लाभ नहीं है। कोई दूसरा सहारा न रहा, सब शस्त्र बेकार हुए, तब एटम बम के समान इनका प्रयोग करना चाहिए। इससे जापान झुककर आ जायेगा। झुककर ही नहीं, कमर के बल ऐसे खड़ा रहेगा। ऐसे मौके पर इनका प्रयोग करूँगा। कोई जल्दी नहीं है। धीरज वाँधकर बैठ गया। तिक्कना की अपेक्षा विष्णुशर्मा पुराना भूत है। मैं अपने मन में जो सोचता हूँ, झट आप समझ जाते हैं।

आपने कहा—'अरे बावा! उन दोनों महान् अस्त्रों की बात हम नहीं जानते किंतु याद रखो, उन अस्त्रों का प्रयोग हम पर करने की स्थिति में नहीं आना। तिक्कनाजी, सुनिए, अपने दोस्त को अपने पद्यों का अर्थ पूछकर संकट में मत डालो। पूछने से क्या लाभ होगा? कहिए! बेचारा तात्पर्य नहीं वता सकता। फिर भी उसके एम० ए० पास करने की बात झूठ है, कहने की शक्ति हममें नहीं है। हम कुछ भी नहीं कर सकते। ऊपर से हम लोग इसके आश्रय में आये हुए हैं। हम अपने कार्य पूर्ण करने आये हैं। उसको डरा-धमकाने से क्या फायदा होगा!'

कहने पर तिक्कना ने सिर हिलाया। उनको अपने मंत्रित्व का दर्प है न, उसी ढंग में।

किंतु मैं जो बैठा सो बैठा ही रहा। मेरा दीवालिया उठ गया। विष्णुशर्मा ने देखा। मेरी रोती सूरत को देख आपने कुछ समझा और इस प्रकार कहा—'बावा! डरो मत! मैंने योंही मज़ाक में कहा था। तुम साधारण व्यक्ति हो तो एम० ए० कैसे पास कर लिये हो! केवल पद्यों का तात्पर्य समझाना पांडित्य है क्या? तुम जो मन में सोच रहे हो, उसका नाम फैलालजी है क्या? उसका तात्पर्य क्या है?'

मैं इन लोगों से यदि कह दिया, अस्त्र का रहस्य खुल जायेगा न!

यह विष्णुशर्मा का उपाय देखो ! बुद्धमूर्ति के समान बिना हिले-डुले बैठा हुआ है। अरे, कैसी नीति है इनकी ! जँभाई लेने पर अंतड़ियाँ गिनने में समर्थ हैं। आप 'फैलालजी क्या है' पूछते हैं। समझाऊँ या नहीं ? बता दिया तो क्या होगा ? अस्त्र के बारे में खाली वर्णन करने में कोई हानि नहीं है। प्रयोग करते समय उसमें प्रवीणता दिखानी चाहिए, बस ! विचारकर 'फैलालजी क्या है', समझा दिया। जर्मनी, इंग्लैंड आदि देशों में संस्कृत के पंडितों ने संस्कृत, अरबी, फारसी, लाटिन आदि भाषाओं के शब्दों में समानताएँ देखकर उनकी उत्पत्ति के संबंध में विचार-विमर्श करते हुए बड़े-बड़े ग्रंथ लिख डाले कि वास्तव में वेदों का जन्म कब हुआ, वेदों में प्रत्येक शब्द कितनी बार प्रयुक्त हुआ।

'ओह ! आप लोगों ने बहुत काम किये।' विष्णुशर्मा आश्चर्य प्रकट करने की अपेक्षा हँसने लगे। पूछा—'वेदों का जन्म कब हुआ है ?'

मैंने 'शतशः ई० पू० दो हजार साल पहले हो सकता है' कहा।

'मतलब आज तक कितने हजार साल हुए ?'

'चार हजार साल हुए।' मैंने कहा।

आपने तिक्कना की ओर देखा। तिक्कना ने आकाश की ओर देखा। इन दोनों की सूरतें देखने पर स्पष्ट झलक रहा था कि ये क्या सोच रहे हैं। छीः, हम इनके पास क्यों आये ? इनके यहाँ से निकल जाना मेरा अभिमत है, यह उनको मालूम है। दोनों हठी निकले। मुझे छोड़कर जायेंगे क्यों ? सँभलकर बैठ गये। मैंने उनको रुलाना चाहा। कहा—'बोलते क्यों नहीं ! वेदों के उत्पन्न हुए चार हजार साल बीत गये न !'

तिक्कना ने कहा—'निस्संदेह चार हज़ार साल पहले पैदा हुए।'

विष्णुशर्मा ने इसी को स्वीकार करते हुए कहा—'चार हज़ार साल पहले पैदा हुए। यही सच हो सकता है।'

भूतकाल में कितने साल पहले हुआ, इससे हमें क्या ! राम ने रावण को मारा, कल सुबह मारा या कोई लाख साल पहले मारा—हमें क्या वास्ता है ! 'मारा' भूतकालिक क्रिया है। हमारे भाग्य में यह सब नहीं है, कह दिया। मैं क्या करूँ ! आप लोग वादविवाद करेंगे। तब अंतःसाक्ष्य दिखा देता। इस ग्रंथ की रचना कब हुई, इसके लिए कितना तंत्र है, यह

एक ब्रह्मांड-शोधकार्य है। अनेक लोगों के काल-निर्णय कर इनसे पहले और इनसे आगे विचार करते हुए और इनसे पहले का है, ऐसा निर्णय कर लेने की आवश्यकता है। यदि शब्द रूप हो तो पुराने कौन से हैं या नये कौन से हैं ? इनके आधार पर काल का निर्णय करना पड़ता है। इस प्रकार भी अगर सही निर्णय पर पहुँचा जाये तो भाग्यशाली बन गये। मैं चिंता में मग्न था।

तिक्कना ने कहा—'अरे भाई ! तुम्हारी कल्पना मुझे मालूम है।'

विष्णुशर्मा के मेरी ओर देखने पर मैंने आकाश की ओर देखा।

'समझा है क्या ? उन हिसाबों को खगोल के आधार पर निर्णय करना है। तुम जो मन में सोच रहे हो, सब मार्ग दोषपूर्ण हैं।'

'वह केवल आपके जमाने को ठीक होगा !' मुझे गुस्सा आ गया, कहा—'उस खगोल के बारे में हम भी जानते हैं जी ! हमारे बाल गंगाधर तिलक, हमारे बसु महोदय आदि ने आकाश में स्थित नक्षत्रों के आधार पर ही नहीं, उत्तरीय ध्रुव पर स्थित शीतोष्ण स्थितियों का निर्णय किया है। बहुत हुआ तो वेदकाल ईसा पूर्व दस हज़ार साल का हो सकता है। उससे बढ़कर आगे नहीं जाता।'

अब तिक्कना क्या करता ! विष्णुशर्मा ने कहा—'आकाश का मतलब कुछ दिखायी दे रहा है न ! अरे बाबा ! काल के संबंध में क्या कहोगे ! तुझे वर्तमान काल की विदित है। अनंत भूतकाल के संबंध में कुछ भी मालूम नहीं।'

अब चुप बैठने से कोई फ़ायदा न जानकर मैंने कहा—'उसके संबंध में आपको भी क्या पता है !'

इससे इनके घुटने टूट गये। अब उठेगा कैसे ? विष्णुशर्मा की सूरत देखी। काली पड़ जानी चाहिए थी, लेकिन कुछ भी काला न हुआ। वायु-रूप है न ! काला कैसे होगा ? जो भी हो, गँवार निकला। ये पंडित सब वितंडवाद ही होते हैं।

आपने कहा—'तुम्हारे दादा होंगे न !'

'वह बचपन में ही गुजर गया। वह बाप के पैदा होने से पहले ही मर गया।'

'इसके बाद तुम्हारा दादा पैदा हुआ होगा, क्या कहोगे ?'

मैंने कहा— 'आपके दादा का दादा हूँ।' बस, मुझे आक्रोश हुआ।

आपने हँसकर कहा – 'सच है। हमारा दादा का दादा ऐसा ही था।'

'आपके दादा का दादा ऐसा ही था ! वे कैसे थे, हमें मालूम नहीं।'

'इस प्रकार थे, हम कुछ कल्पना करते हैं। तुम्हें बेकार में गुस्सा आ गया।'

'भूतकाल के संबंध में आपको जितना मालूम है, हमें भी उतना मालूम है।' मैंने कहा।

'किंतु तुम्हें अपने दादा के बारे में दुरभिमान है, इसीलिए गुस्सा आ गया। हमें भी वेदों के संबंध में दुरभिमान है, हमें क्रोध नहीं आता क्या ? और एक बात सुनो, वेद हमारे लिए जैसे हैं, वैसे तुम्हारे लिए भी आदरणीय हैं। तुम्हें भी गुस्सा आना चाहिए।'

'क्यों नहीं आया, पता नहीं लगता।'

तिक्कना ने पूछा—'तेरा वेतन कितना है ?'

मैंने कहा— 'सब मिलाकर एक सौ पचास आते हैं।'

तिक्कना ने कहा—'तुम एक सौ पचास मात्र लेते हो और मान लेते हो कि वेद चार हज़ार साल पहले लिखित हैं ? तब चार हज़ार रुपये वेतन पानेवाले की बात क्यों नहीं मानते ? 'धनम् मूल मिदम् जगत्' – इन सबको मानते रहोगे, तब ही आपको वेतन मिलता रहेगा। नहीं तो पंडितजी कहेंगे और तीस-चालीस हाथ में धर देंगे। बोलो, क्या कहते हो ?'

अब मैं क्या करूँ ? यह क्या माजरा है ? लगता है, इन दोनों ने मेरी शुद्धीकरण के निमित्त यहाँ प्रस्थान किया है ! ये लोग मेरे यहाँ पढ़ने के लिए या मेरे द्वारा बड़े आदमी बनने के लिए नहीं आये हैं। मैंने अपने मन में दृढ़ निश्चय कर लिया कि ये लोग मुझे परिवर्तित करने के लिए चाहे लाख कोशिश करें, मुझे बदलना नहीं है। मैं हरगिज नहीं बदलूँगा। उनके जैसे मैं भी यदि वेदों को अपौरुषेय कह दूँ, तो इस देश में कोई मेरी सूरत भी देखेगा ? कोई मुझे भाषण के लिए बुलायेगा ? निमंत्रित करेगा ? सब पत्र-पत्रिकाओं में मुझे बदनाम करेंगे। इसलिए बिल्कुल बदलना नहीं है। जमाने को देखते हुए जहाँ जो समुचित हो, वही कहते हुए जीना है। अतः

इन लोगों से 'आज की स्थिति खराब है' कहते रहूँगा। बाहर यथा प्रकार, 'अंग्रेज जो लिखता है, वही सब प्रमाणित है' रहूँगा; क्योंकि सुना है, एक बार एक व्यक्ति सपने में पाया हुआ धन जगने के बाद नहीं मिलने पर रो पड़ा। ऐसे ही इन लोगों की बातों में आकर मैं नौकरी से छूट जाऊँ क्या ? कल डॉक्टरेट के लिए कोशिश करना चाहता हूँ। आकाश की ओर देखने से क्या होगा ? बाहर प्रकट करने जाना पड़ेगा कि ऐसी बात नहीं है, मैं आपकी तरफ का ही हूँ, किंतु इस लोक में ऐसा ही चलना पड़ता है।

इतने में स्मरण हो आया कि मेरे मन की सब भावनाएँ इनको बोलने से पहले ही मालूम हो जाती हैं। इसे जूठन भी क्यों कहूँ ? चुप रह गया। यह सब ऐसा ही है, जैसाकि एक अंग्रेजी उपन्यास में लिखा है। उसका नाम है कानफोर्ड। उसमें सब महिलाएँ हैं और सब-के-सब गरीब। एक दिन एक महिला ने सबको भोजन के लिए बुलाया। सब आ गये। उनके घर में भोजन करने के लिए एक बड़ा तख्ता है। आपने व्यंजन सब बनाकर थालियों में रखकर उस तख्ते के नीचे रख दिया था, लेकिन सारे लोग उस तख्ते पर ही बैठ गये थे। उनको उठाना है और थालियाँ निकालनी हैं। यदि उनको उठा दें, तो मर्यादा भंग होगा। 'परोसती क्यों नहीं' पूछने पर कहती हैं, नौकरानी नहीं आयी। समस्या का समाधान होगा कैसे ? खाने की थालियाँ तख्त के नीचे हैं और उनके उठने पर ही थालियों को निकाला जा सकता है। बावर्ची नहीं है, यह सब उनको मालूम है। उन सबको मालूम है, ऐसा वह जानती है। इस प्रकार जितनी दूर चाहें, उतनी दूर इसे खींच सकते हैं। किंतु वाक्य को कहीं समाप्त भी तो करना है। इसलिए रुक गया। ऐसी ही हमारी स्थिति है। इस स्थिति में क्या करना है ?

ईश्वर ने कितना अन्याय किया है ! ऐसे लोगों को मेरे पास भेजने से पहले मेरे मन को स्थिर रखने की विद्या सिखाकर इनको भेजते, तो इनके नाटक नहीं चलते। क्या कहते हो, मन को स्थिर रखना योगियों के वश की बात है ? यदि कोई पूछ लेता तो मैं यह नहीं कहता कि मुझे योगी बना दो और न मुझे इसकी जरूरत है। योगी हो जाने में क्या रखा है ? राख ! नौकरी करनी है। डॉक्टरेट पाना है। अपने विश्वविद्यालय में अपने विभाग का अध्यक्ष बनना है। तब मजा आ जायेगा। 'तेलुगु प्रांत में

कौन बड़ा है ?'—कोई अमेरिकावासी पूछता, तब मैं झट कह देता। अमेरिका में उसका ऐलान करेंगे। यहाँ के कितने ही बड़े-बड़े लोग ऊपर-नीचे हो जायें, तो कुछ न होगा। यह लाट साहब का सिक्का है। योगी होने की कोई जरूरत नहीं है। योगी बनूँगा कैसे? योगी-चरित्र नामक पुस्तक लिख दूँगा। उस पुस्तक में जितना योगियों के बारे में लिखूँगा, उतना ही मैं सबसे बड़ा माना जाऊँगा। कोई नकार न सकेगा। वास्तव में योगियों के संबंध में किसी को विचार करना है तो किसके पास जायेगा ? मेरे पास अवश्य आयेगा। ऐसी महान् स्थिति को त्यागकर योगी कौन बनने जायेगा ? सुना है, वह कोई नीच जाति का व्यक्ति योगी बन गया है या कोई पुजारी बन गया, और यह कहूँ कि रमण महर्षि के समान बचपन में ही घर से भाग निकलकर योगी बनना है, तो फिर एम० ए० पास क्यों किया ? योगी बनने के लिए ? वाह रे वाह ! बस, इन दोनों से छुटकारा पाने के लिए। वह भी कितने दिनों के लिए ? गुरुवार की सुबह तक मेरा मन स्थिर रहे, बस, काम बन जायेगा। इस काम में भी किंचित् लाभ ही है। कल के लोग मेरे जैसे इंसान बनेंगे। तब ये सब बातें इनको याद कहाँ रह जायेंगी !—सोचता रहा।

विष्णुशर्मा ने कहा—'बाबा ! तुम भी कम चतुर नहीं हो। तुम्हारी कल्पना भी सच है। गुरुवार की सुबह के बाद तुम्हारे मन की बातों को जानने का ज्ञान हमारे पास नहीं रहेगा। उसका कारण पाँच भौतिक शरीर है। पाँच भौतिक शरीर के साथ अज्ञान सहज ही आ जायेगा।'

मैंने उठकर कहा—'इस बात को मैं नहीं मानता। इंसानों में भी कितने ही बुद्धिमान लोग हैं। माक्समूलर है, बेरिढील कीथ है, हाक्सली है और कितने ही लोग हैं। पाँच भौतिक शरीर के साथ अविवेक का रहना स्वाभाविक है। इस सिद्धांत के संबंध में वेद और शास्त्रों के अध्येता लोगों के अतिरिक्त दूसरे लोग कैसे कह सकते हैं ? बाप रे बाप ! बीसवीं शती में ज्ञान का विकास होता जा रहा है। आप लोग स्वर्ग में देख चुके हैं, ज्ञान का कितना विकास हुआ है ! यह विष्णुशर्मा नीतिचंद्रिका के रचयिता नहीं हैं, ऐसा आक्षेप करते हुए सब लोगों ने शिकायत की है। कितने युग बीत गये ! स्वर्ग में ऐसी ही घटना हुई है न ! आप ही कहिए,

स्वर्ग में नये लोग आये हैं न ! कौन हैं वे ? यहीं के लोग वहाँ जा रहे हैं। ऐसे लोग पहले कभी स्वर्ग में नहीं आये। इसका अर्थ क्या निकला ? मतलब है, भूलोक में ज्ञान की दिन-ब-दिन वृद्धि हो रही है।'

पहले हर एक बात के लिए विष्णुशर्मा कोई-न-कोई उत्तर देता रहा; किंतु अब उसे बात करने का मौका नहीं रहा। मान लेना जरूरी हो गया। दोनों ने मान लिया, तो मैं एकदम उठकर छलाँग भर दिया। 'बीसवीं शती की जय हो !' मैंने नारा लगाया—'बीसवीं शती अमर हो ! बीसवीं शती जिंदाबाद !' दोनों के मुख पीले पड़ गये।

आप लोगों ने हैदराबाद का नाम सुना ही होगा। जिंदाबाद को हैदराबाद जैसा समझकर कहा—'बाबा ! हम लोग हैदराबाद जाना पसंद न कर यहाँ आ गये। हमें जिंदाबाद मत भेजो।'

मैं हँस दिया। वाह ! वाह ! कितनी देर के बाद मेरे हाथों में फँस गये ! दो दिनों से ये मुझे तंग करते रहे हैं। बुरा कैसे न मानूँ ? मेरी घरवाली मायके में है। उसकी चिंता में, शरीर-धर्म के नाते कोई श्रृंगार रस की कल्पना करना चाहूँ तो ये दोनों अँगीठी के समान सामने ही बैठे दिखायी देते हैं। 'अरे तू अपनी पत्नी को याद कर रहा है'—कह दें, तो मैं मर जाऊँ। फिर क्या बचेगा ? 'मेरी पत्नी से मजाक के लिए आपने ऐसा कहा'—ऐसी बात मैं यदि चलाऊँ, तब देखो तमाशा ! उनको घर में रहने देगी क्या ? मुझे खाना देगी क्या ?

छठा अध्याय

मेरी घरवाली आ गयी। उन दोनों का मेरे घर में रहने का निर्णय हो गया। विष्णुशर्मा के कारण सब कुछ ठीक चल रहा है। विष्णुशर्माजी मेरी पत्नी के पिता बन गये। उसके लिए घर का काम आधा हो गया। मेरे बच्चे पहले अपनी माँ के प्राण खा जाते थे।

विष्णुशर्मा की चतुरता का पता नहीं, चमत्कार कुछ भी हो। उन्हें अपने पास बिठा लेते, और कोई-न-कोई कहानी सुनाते। बच्चे भी दादा-दादा कहते उनके पीछे फिरते रहते। मेरी पत्नी के आने के बाद दूसरे दिन ही वर्षा हुई। लकड़ियों के भीगने की वजह से चूल्हा जला नहीं। वह पुराने ढंग की स्त्री है। उधर वर्षा हो रही है और इधर यह भीगे कपड़ों से गाँव भर में फिर रही है। भीगे कपड़ों को देखकर जब सूखी लकड़ी जलती नहीं है, तो अब गीली लकड़ी कैसे जले? शादी में दूल्हा जैसे रूसकर बैठ जाता है, वैसे वह बैठी रही। साइकिल खरीदकर देंगे। कोई कोई फायदा न हुआ। घड़ी खरीदकर देंगे, कोई लाभ न हुआ। दूसरी तरफ के लोगों के कहने पर एक सौ सोलह देने पर भी वह मानने को तैयार नहीं।

विष्णुशर्मा भीतर गये। एक बार धमकाया—'तेरी सूरत को अभी सूर्योदय हुआ है क्या? तेरे बिना देशभर में कोई दूसरा दूल्हा नहीं है क्या? छः हजार रुपये देने पर कोई आसमान का बंदर भी उतर आयेगा। बस करो! अब उठो!'

आपने भात, दाल, साग, खट्टा, सब पका दिया। बाहर आकर बैठ गये।

मेरी श्रीमती को रहस्य मालूम हो गया। जब कभी चूल्हा जलता

नहीं है तो वह कह देती है—'देखिए तात ! यह चूल्हा फिर जिद कर रहा है। अब समझो !' पाँच मिनट में खाना पक जाता है। घर ठीक चल रहा है।

दस-पंद्रह दिन बीत गये। यह तिक्कना ने कहीं मीटिंग नहीं रखी, और न मैंने विष्णुशर्मा की अंग्रेजी की पढ़ाई ही शुरू की। इसी बीच मेरी पत्नी भी बाहर रहने लगी है। अब उसे घर में क्या काम है ! विष्णुशर्मा जो खाना बना दिया करते हैं ! मेरी श्रीमती के घर में रहते, दोपहर, एक बजे तक काम पूरा नहीं होता था। विष्णुशर्मा एक घंटे में सब कुछ कर देते हैं।

उस दिन इतवार था। इससे पहले बच्चों को पढ़ने के लिए कहता तो कोई नहीं सुनता था। अब एक पुस्तक मेरे बच्चों के हाथ में देकर विष्णुशर्मा के पढ़ने के लिए कहने पर बुद्धिमानों की तरह पढ़ रहे हैं। मेरे बच्चे अगर इसी प्रकार पढ़ते रहे स्कूल फाइनल तक तो छोटी उमर का झूठा सर्टिफिकट लाना पड़ेगा।

भोजन करने के बाद विष्णुशर्मा आ गये। कहा—'अपने घर में सेवा तो करवा ले रहे हो, किंतु ए बी सी डी अभी तक शुरू नहीं की है।'

इन पंद्रह दिनों में तिक्कना लाट साहब की तरह समय पर आता है, भोजन करता है, कोई एक जगह ढूँढ़कर सो जाता है। हमसे बातें तक नहीं करता। ठीक है, मुझे क्या वास्ता !

अब विष्णुशर्मा को पढ़ाना जरूरी हो गया। बिठा दिया। मेरे बच्चे की अंग्रेजी की पुस्तक है। बच्ची का तख्ता है।

अंग्रेजी पुस्तक में मोटे अक्षर दिखाये, आप पहचानने लगे। उनको देखकर लिखना चाहा। मैंने कहा—'ये लिखने के नहीं हैं, केवल स्मरण रखने के हैं।'

आपने पूछा—'यह भाषा केवल पढ़ने की है, लिखने की नहीं है क्या ?'

मैंने समझाया—'लिखने की भी है, लेकिन लिखने के अक्षर अलग हैं। ऐसा लिखना नहीं, उन अक्षरों का लिखने का ढंग अलग है। ये अक्षर केवल मुद्रण के हैं। लिखने के अक्षर अलग ही होते हैं।'

आपने पूछा—'छपाई और लिखाई के अलग-अलग अक्षर कैसे होते हैं ?'

लिखने के अक्षरों को छपाना मुश्किल है। छपाई के अक्षर रेखाओं जैसे होते हैं। लिखने के अक्षर गोल-गोल होते हैं। वास्तव में कुछ लोगों के लिखने पर कोई एक अक्षर भी दिखायी नहीं पड़ता। उस कष्ट से बचकर सरल रीति से पढ़ने के लिए ये अक्षर बनाये गये हैं।'

आपने कहा—'इन अक्षरों को लिखते हैं तो उल्टे लगते हैं, किंतु सीधे हैं। अब दूसरे ढंग के अक्षर क्यों ? अलग ढंग से मोड़-तोड़ क्यों ?'

मैंने कहा—'बाबा ! पहले ही अपशकुन कर दिया। पहले से ऐसी बात है, तो यह पढ़ाई नहीं होने की। 'पहले इन अक्षरों को पूरी तरह सीखे तक मुँह नहीं खोलूँगा।' ऐसा वचनबद्ध कर आगे बढ़ा। आपने मान लिया।

अक्षरों को पहचानने के लिए कहकर मैं कहीं चला गया। शाम को लौट आया।

आपने मुझे देखते ही कहा—'यह क्या ! कहाँ चले गये थे ? इन अक्षरों को पहचानने में इतना समय लगता है क्या ? मुझे शीघ्र कोई पुस्तक लाओ। शुरू करेंगे।'

मैंने कहा—'अरे बाबा ! अभी नहीं। ये छब्बीस अक्षर हैं। अभी छब्बीस और बाकी हैं। उनको भी पहचान सकोगे, तब पुस्तक ले लेंगे।'

आपने कहा—'छब्बीस और छब्बीस कुल मिलाकर बावन अक्षर हुए न ! इस भाषा का वर्ण समझना बड़ा ही कठिन है।'

मैंने कहा—'ये छब्बीस अक्षर अलग नहीं हैं। अब तक तुमने जो याद किये हैं, वे बड़े अक्षर हैं। अंग्रेजी में उनको 'कैपिटल लेटर्स' कहते हैं। अब जो तुम पहचान रहे हो, ये छोटे अक्षर हैं। इन्हें अंग्रेजी में 'स्मौल लेटर्स' कहते हैं। ये और वे सब एक ही हैं।'

आपने पूछा—'एक ही हैं, तो दो किस्म क्यों ? इनको और उनको अलग-अलग स्मरण रखना क्यों ?'

'यह देखो, यह कुर्ता जो पहन रखा है, वह मामा है। वह देखो, जिसने

कुर्ता नहीं पहना है, वह भी मामा है। दोनों मामा एक ही हैं न !'

मैंने कहा—'अरे बाबा ! ऐसी बात नहीं। इन बड़े अक्षरों का प्रयोजन अलग है। हर एक वाक्य की आदि में इनको लिखना चाहिए।'

तब आपने कहा—'कहावत है न महाजनों की पंक्ति ! पहले-पहले वह स्वयं परोस लेता है और बड़े लोग उसकी देखादेखी परोस लेते हैं। क्योंकि बड़े लोगों को कुछ चाहिए। माँगने पर मर्यादा भंग होगी। यह रही महाजनों की पंक्ति का भोजन। इसी प्रकार हर वाक्य के पहले बड़ा अक्षर लिखना चाहिए। अब समझ गया। उसका नाम कैपिटल लेटर्स है न ! अब तक जो मैंने सीखे हैं, सब कैपिटल लेटर्स हैं। और मतलब यह है कि मैंने एक मिनट में सबको पहचान लिया। ठीक है। उनको ऐसे रहने दो ये छोटे अक्षर कौन-से हैं ?'

आपने सिखाने को कहा, लेकिन सिखाना क्या है ! पुस्तक निकालकर छोटे अक्षरों को दिखाया। ए बी सी डी कहा।

'इन्हीं अक्षरों को दूसरे ढंग से लिखते हैं।'

मेरे कहने पर आपने सवाल उठाया—'इनको भी छपाई अक्षर कहते हो और लिखने पर श्राद्ध अलग कहते हो ! लिखने में भी दो प्रकार के अक्षर हैं क्या ? एक ही पद्धति में लिखने पर ठीक नहीं क्या ?'

मैंने कहा—'इसमें दो प्रकार के हैं। पहले छपाई के ये छोटे अक्षर हैं, स्मरण रखिए।'

कितना भी बड़ा पंडित क्यों न हो, किसी-न-किसी बात में अवश्य चक्कर खाता है। उनको बड़े अक्षर याद रखने के बाद, उन्हीं अक्षरों को और ढंग में लिखे छोटे अक्षरों को याद करना ठीक नहीं लगा। 'जी' (G) है समझो। बड़े अक्षरों को सरल ही याद रखा। छोटे अक्षर तक आते ही उसके और इसके बीच संबंध न रहने से परेशान हुआ।

'वह बड़ा 'एफ' (F) यह छोटा 'एफ' (f) कैसे हो गया ?' तो मैंने कहा—'पढ़ाई में जैसा है, वैसा ही ग्रहण करना चाहिए। 'वह कैसा, यह कैसा' पूछते रहे तो बात बनती नहीं।'

आपने कहा—'यह क्या तमाशा है ! ये बड़े अक्षर हैं और ये छोटे, चलो स्वीकार किया। स्मरण रखने में इनमें और उनमें संबंध न हो, तो

कैसा ! मैं विष्णुशर्मा हूँ। स्वर्ग से यहाँ आया हूँ। मैं पंडित हूँ। और मेरी उम्र इतनी लंबी है। सब कुछ भूलकर आप अपने बच्चे को जिस प्रकार सिखाओगे, वैसे ही सिखाओ।'

मैंने कहा—'वैसे ही सिखा रहा हूँ। आपको भी उनके जैसा ही सीखना चाहिए।'

तब आपने पूछा—'ये दो प्रकार के होते हैं, और हर अक्षर दो किस्म का होता है। उनको ऐसे ही याद करना चाहिए। यही सिखाया है न !'

'हाँ', मैंने ऐसे ही सिखाया है।' और उन्होंने चुपचाप सीख लिया।

इन बड़ों को सिखाने में यही समस्या है। बात करनेवाले कुत्ते को शिकार ले गये तो 'हुश !' कहने पर वह भी हुश कहता है। दो नमूने याद करने के लिए इतना तंग कर दिया। आगे तुम्हें पढ़ाना कैसा !

आपने कहा- 'ऐसी बात नहीं। मेरा क्या बिगड़ता है ! नहीं बनेगा तो झोंपड़ी को लात मारकर उड़ जाऊँगा। मैं सोचता हूँ, अपने तेलुगु देश के बच्चों को ऐसी पीड़ा क्यों ? एक ही अक्षर को दो-दो प्रकार से याद करना, करवाना क्यों ?'

तब मैंने झिझककर कहा—'यह सब आप क्यों सोचते हैं ! आप अंग्रेजी सीख लीजिए और इंद्र को जाकर सिखा दीजिए। हमारे लोग जैसे-तैसे स्वर्ग को रॉकेट भेजेंगे ही। आप वहाँ रहेंगे और मैं कभी अंग्रेजी में पत्र लिखूँगा तो आप जवाब भेजेंगे ही।'

आप छोटे अक्षरों को पहचानने में मग्न हो गये।

दूसरे दिन प्रातःकाल शौचादि से निवृत्त हुआ। स्कूल जाना आदि कार्यक्रम तो मेरी जान पर आ बना है। मैं शाम के साढ़े पाँच बजे घर आ पाता हूँ। तब तक विष्णुशर्मा बच्चों को खाना खिला चुके होते हैं। तिक्कना भी भोजन कर चुका होता है। सूर्यास्त होने से पहले ही मेरी श्रीमती भी खाना खा चुकी होती है। बच्चे सो गये हैं। मैं दिनभर स्कूल में नाना प्रकार की यातनाएँ सहकर आया हूँ। इच्छा हो रही है कि दो कौर मुँह में डालकर सो जाऊँ, लेकिन भोजन भाग्य में कहाँ ! एक सज्जन मेरे सिर बैठकर पढ़ाने को जो कह रहे हैं। मैं करूँ भी क्या ! बेचारा कल और आज दोनों दिन उसी ने खाना पकाकर खिलाया है। कल भी पकाना पड़ेगा।

आप विश्वास कीजिए या नहीं, केवल माट की भाजी पकायी है। उसका मजा देखो। स्वर्ग से थोड़ी दूर पर ही रह गया। ब्रह्मरुचि जो चखा दिया। प्राचीनकाल में बंदर नगर में सप्ताह करते थे। उन दिनों हर रोज माट की दाल परोसी जाती थी। उस माट की दाल के लिए लोग चालीस-पचास मील दूर से दौड़े आते थे। उस पाक में यह भी शामिल हुआ। समझ लीजिए। आप शतशः रसोई घर के महाराज हो गये। उनके खिलाने पर पेटभर खाया और तृप्त हुआ। अब पढ़ने के लिए बैठ गये हैं तो ना कैसे कहूँ? उठकर बैठ गया। उन दो नमूने के अक्षर, छपाई के दो और दो नमूने लिखने के हैं जो लिखकर दे दूँगा। ये स्मरण रखने के नहीं। फिर भी सीखना चाहिए। जो भी हो, लिखने का अभ्यास करना जरूरी है। एक सफेद कागज पर बड़े अक्षर और छोटे अक्षर लिखकर पहचान रखने के लिए कहा। इनको दस-ग्यारह बार लिखने पर सीख पाओगे। इसके बाद पढ़ाई शुरू करूँगा।

आपने कहा—'लिखना बाद में करेंगे। अक्षर आ गये हैं न, पुस्तक पढ़ना शुरू करेंगे।'

मैंने स्पष्ट सुनाया कि वह [illegible]तना आसान नहीं है। पहले-पहले बहुत सीखना पड़ता है। अनेक शब्द सीखने पड़ते हैं, उसके बाद कहीं लिखना आता है।

आपने सवाल उठाया—'यह कैसी बात है! पढ़ते-पढ़ते शब्द आते हैं न!'

बात मेरी समझ में नहीं आयी। मैंने पूछा—'यह कैसे हो सकता है?'

आपने समझाया—'देखो, श्रीअन गौरिना परगु चेल्वकु चित्तमु पल्लविप' है सम[illegible] [illegible]दमा, अन=अर्थात्, गौरि = पार्वतीदेवी, [illegible]रगुचेल्प=कहलानेवाली स्त्री। इस प्रकार जहाँ दो, तीन, [illegible]ार या पाँच अक्षर मिलकर शब्द बनता न, वहाँ तक रोककर शब्द का अर्थ बतायेंगे।'

मैं चिंता करने लगा। यह कैसे हो सकता है? अक्षरों के आते ही इस प्रकार पढ़ने की सुविधा है कहाँ? हरगिज नहीं हो सकता। अलग-अलग शब्दों के सीखने के बाद ही पढ़ना होता है। वहाँ श्री लिखा है, तो श्री पढ़

सकते हैं, गौरि लिखा है तो गौरि पढ़ सकते हैं। इस अंग्रेजी में दो समस्याएँ हैं। ठीक है, माथापच्ची करना आपको क्यों ? ऐसी बात नहीं है, इस भाषा का लक्षण ही विचित्र है। पहले कुछ शब्द सीखने के होते हैं। उसके पहले पढ़ने की सुविधा नहीं है। मैंने साफ-साफ कह दिया। आपने भी स्वीकार किया। भाषा में जो शब्द हैं, उनको पहले जान लेते हैं, तब पढ़ना सरल बन जाता है। इसी कारण अपने लोग अमरकोश तथा आंध्रनामा संग्रह पहले पढ़ा लेते हैं। मैंने ठीक ऐसा ही कह दिया। उनको पढ़ाई शुरू करनी है। मेरे बच्चे की पुस्तक ले ली। पहले ए अक्षर दिखाया। यह एक शब्द समझो। इसका अर्थ एक है।

आप बड़े खुश हुए। कहने लगे—'यह बहुत सुंदर भाषा है। यह अंग्रेजी एकाक्षर कोश से शुरू होती है। भाषा बहुत बढ़िया है। अनेक प्रकार के श्लेष निकाल सकते हैं।'

मैंने कहा—'बाबा ! जल्दी मत करो। एकाक्षर वाले शब्द इस भाषा में दो ही हैं। यह एक और दूसरा 'आई' है। 'आई' का अर्थ मैं है।'

आपने कहा—'अच्छा, याद रखूँगा।'

मैंने पढ़ाना शुरू किया—'बाबा ! यह 'आई' है न, इसका अर्थ 'मैं' है। इसको जब भी लिखेंगे, तो बड़ा अक्षर लिखना है। ऐसा लिखने पर ही उससे 'मैं' अर्थ निकलता है।'

आपने कहा—'इस भाषा को मैं क्यों लिखने जाऊँ ! मुझे तो नौकरी वगैरह करने की आवश्यकता है नहीं। चाहे तो तिक्कना से पूछो।'

आप अपने किसी शिष्य से हटने के लिए कहकर तिक्कना को नौकरी में प्रवेश कराना चाहते हैं। किंचित अंग्रेजी न सीखे तो शायद उनके लिए नौकरी करना कठिन होगा।

'उनको बुला लाओ, बरामदे में सो रहा है।

मैंने कहा—'महाशयजी, यह क्या कहते हैं ! आप कल ह[illegible] शुरू कर दिया होता तो ठीक होता, अब उनके लिए एक पाठ और आपके लिए दूसरा पाठ ?'

तब विष्णुशर्मा ने कहा—'अरे पागल ! मेरे पंचतंत्र को तुम पढ़ोगे, कोई दूसरा नहीं पढ़ेगा ? बहुत पढ़ लिया, तो उस चिन्नयसूरि की नीति-

चंद्रिका पढ़ लोगे, मेरी संस्कृत में लिखी पुस्तक क्यों पढ़ने जाओगे ! किंतु तिक्कना के महाभारत का अध्ययन तुम्हें करना होगा। मेरी अपेक्षा तुम उसके नजदीक लगते हो। इसके अतिरिक्त थोड़ा-बहुत फायदा भी कल से तुम्हें होनेवाला है। मेरा क्या है ! बहुत हुआ तो, स्वर्ग जाने के बाद मैं इंद्र से तुम्हारी सिफारिश कर दूँगा। बेचारा भाषण-वाषण देता है न ! उनको मिल-मिलाकर किंचित् प्राप्त होगा न ! उसके संबंध में कुछ पुण्य बन जाता है। चार दिन के लिए स्वर्ग में रखने के लिए कह दूँगा।'

मैंने कहा—'ऐसी कोई जरूरत नहीं है। आप जब तक रहें, माट की दाल ऐसे ही रुचिकर बनाकर खिलाते रहिए। मेरे लिए बस यही सब कुछ है।'

आपने हँस दिया। आपके जोर देने पर बरामदे में सोये तिक्कना के पास गया।

आप इतने दिनों तक सन की रस्सी से बुनी चारपाई पर सोया करते थे। लेकिन मेरी श्रीमती जब से आयी है, अपनी छोटी बच्ची के साथ कीड़े-मकोड़े के रेंगने के डर से उस पर सोने लगी है। अब आप क्या करते ! सौभाग्य से उस दिन बारिश न हुई। बारिश होती तो बरामदे में सो नहीं सकते थे। इसलिए नीचे ही सो गये। मेरे घर में एक चटाई है। वह भी पाँच साल पुरानी है। मेरे छोकरे ने, जितने हो सके, तार खींच डाले हैं। वह कुचेल का वस्त्र जैसा है। पुराने किसी राजा ने कहा था—'शतसहस्र परिच्छेद संघटित पुराण जीर्णतरीयम्' जैसा है। हर रोज तिक्कनाजी सबसे पहले सोते हैं, इसलिए इस चटाई को आप ले लेते और विष्णुशर्मा अपना पुराना अँगोछा बिछाकर हाथ को तकिया बनाकर सो जाते हैं। दोनों को सर्दी लग रही है या नहीं, मुझे तो पता नहीं। दोनों मानवाकार धारण कर आये हैं, लेकिन वायु रूप में जैसे थे, उन्हीं कपड़ों में मुझे आज भी दिखायी दे रहे हैं। इतने दिन बीत गये, ये स्नान कैसे कर रहे हैं, किन कपड़ों से पोंछ ले रहे हैं, कपड़े कैसे सुखा ले रहे हैं, कपड़े भिगोया, तब फिर कौन से कपड़े पहन ले रहे हैं—मैंने कभी सोचा नहीं। इस पर ध्यान भी न गया। इस बरामदे में चटाई बिछाकर गाढ़ी निद्रा में मग्न उस महानुभाव को, कविब्रह्मा को, उस मनुमसिद्धि राजा के मंत्री को

देखकर मेरे मन में दया उत्पन्न हुई। ये दोनों इस दरिद्र के घर पर क्यों आ धमके !

मैंने उनको जगाना चाहा। कैसे पुकारूँ, समझ में नहीं आया। 'तिक्कनाजी ! ओ तिक्कनाजी !' पुकारूँ? मेरी श्रीमती तिक्कना को मामा कहती है। इस नाते से मैं 'बाबूजी' पुकार सकता हूँ। अतः बाबू कहकर मैंने पुकारा। आप तो जगने का नाम ही नहीं लेते। बहुत देर तक पुकारने के बाद मैं सोचने लगा कि छूकर उठा दूँ या नहीं? मैं थपथपाकर उठा दूँ, तो क्या समझेंगे? इतने बड़े सज्जन को कैसे छू लूँ ? मैंने अस्पृश्यता को छोड़ दिया तो ये बड़े लोग हैं, इनके बीच से अस्पृश्यता जाती नहीं है। मैं जाकर किसी मंत्री को छू लिया, तो आप चुप बैठेंगे क्या ? उनको छूने का मौका कैसा मिलता ? उनको परिवेष्टित कर बड़े-बड़े अधिकारी रहते हैं। रक्षकभट रहते हैं। उनको छूना संभव कैसे होगा ? उनसे मिलकर साथ-साथ चलने का मौका मिले तब न कहीं छू सकते हैं। यदि उनके साथ बराबर चल रहे हैं, तो लोग समझते हैं कि भुजा से भुजा रगड़ता चल रहा है। यह भी उनके बराबर के अधिकारवाले हों तो कर सकते हैं। यह अस्पृश्यता कभी छूटती नहीं। हरिजन संबंधी अस्पृश्यता तो मिट सकती है। उसको मिटाने का अपना आंदोलन है। कोई नहीं भी मानता तो उसे वाक्बंधन में बाँध लेते। किंतु अब मैं तिक्कना को छू लूँ या नहीं ? थपथपाकर जगा दूँ या नहीं ? आप अस्पृश्य हैं क्या ? नाम लेकर पुकारने पर मर्यादाभंग जरूर होगा। अपने देश में घरों में प्यार जताकर बड़े लोगों को नाम लेकर पुकारते हैं। नहीं तो, लोग कहेंगे कि नाल छेदकर नाम रखा क्या। रिश्ता जोड़कर तात् कहकर पुकारने पर भी बोलता नहीं। 'बाबू ! बाबू !' कहकर कई बार पुकारा। इस सरदर्दी को छोड़कर जोर से पुकारा— 'हे कविब्रह्मा ! उभय-कवि मित्र ! जगे हैं क्या ?'

आप उठकर बैठ गये। जगकर 'हूँ' कहने लगे।

'फिर इतनी बार बुलाने पर बोल क्यों नहीं रहे थे ?'

आपने कहा—'तुम बाबू कहकर पुकार रहे थे। मैं समझ रहा था कि तुम अपने बच्चे को प्यार से पुकार रहे हो।'

मैंने कहा—'स्वामी ! आपको ही पुकार रहा था। विष्णुशर्माजी ने

कहा कि आप भी यदि अंग्रेजी सीखेंगे तो अच्छा होगा। आप दो प्रकार के अक्षर सीख गये। आप उनसे मिल जायेंगे तो मैं दोनों को मिलाकर पढ़ाऊँगा। आप चलिए। आप चुपचाप बैठे रहें।'

फिर मैंने कहा कि विष्णुशर्माजी कहते हैं, कल आप कहीं नौकरी करेंगे, तो इसकी जरूरत पड़ सकती है। थोड़ी-बहुत सीख लेंगे तो भला होगा। अपने से बढ़कर आपको ही इसकी जरूरत है।'

तिक्कना को विष्णुशर्मा की बात पर श्रद्धा है। आप बड़े नीतिज्ञ हैं। आगे-पीछे सोचकर सलाह देते हैं। तिक्कना ने यह सब अपने मन में सोच-विचारकर कहा—'ठीक है! जब विष्णुशर्माजी कहते हैं तो जरूर सीख लूँगा।'

आप आकर बैठ गये।

मैंने कहा—'ठीक है! इनको भी दो प्रकार के अक्षर सीखने के लिए कहिए। उसके बाद सब पढ़ा दूँगा।'

दोनों को मिलाकर एकसाथ पढ़ाने का विचार किया। विष्णुशर्मा ने तिक्कना को समझा दिया। ये छब्बीस छपाई के अक्षर हैं। ये बड़े अक्षर हैं और ये छोटे। बड़े-छोटे का मतलब आकार व परिमाण में नहीं। सो ऐसा लिखने पर बड़े अक्षर समझना चाहिए, और ऐसा लिखने पर छोटे।

बेचारा मान लिया। ठीक है, कहा। कविब्रह्मा हो या और कोई भी क्यों न हो, क्या करता! ऐसा ही समझना चाहिए। बस, पाँच-छः बार उनकी तरफ परखकर देखा। परीक्षण किया। क्रमशः पहचानेंगे। अब थोड़ी-सी सुस्ती है, सबक शुरू करो। पाठ पढ़ते-पढ़ते अक्षर ऐसे ही आ जायेंगे और पहचान सकेंगे।

मुझे नींद आ रही है। क्या करूँ! ना कैसे कहूँ? उन दोनों के प्रति मेरे मन में आदर बहुत है। उनके सामने मैं किसी गिनती का न रहा। वास्तव में अड़चन यहीं है। अब इन दोनों को छोड़ना मैं नहीं चाहता। विष्णुशर्मा को तो भेजना ही नहीं, अब तिक्कना को भी कैसे भेजूँ? उनके कारण आगे आय बहुत होगी। इसलिए (A I) 'ए आई'– इन दोनों के बारे में तिक्कना को भी समझाया। आपने भी ठीक समझा।

आपने पूछा—' 'आई' का मतलब 'मैं' है न, 'तुम' के लिए क्या शब्द

है ?'

मैंने 'यू' कहा।

झट विष्णुशर्मा ने पूछा—'अक्षरों में 'यू' (U) है न। इसको छोड़कर एकाक्षरवाले शब्द दो ही कहा था तुमने। यह भी एक है न ! 'आई' का मतलब मैं। इस एक अक्षर से काम चलेगा। 'यू' का मतलब तुम। इस यू' को लिखने पर काम बनता है न ?'

मैंने कहा—'ऐसा नहीं हो सकता। 'तुम' अर्थ बतानेवाला शब्द अलग है। इसको ऐसा लिखना चाहिए।' लिखकर दिखाया।

आपने पूछा—'यह 'यू' कैसे हो गया ? यह तो वाई, ओ, यू (You) है न !'

'नहीं, इसी को 'यू' कहते हैं। इसी से 'तुम' का अर्थ आता है। केवल 'यू' का अर्थ कुछ नहीं।'

आपने कहा—'बाबा ! रुक जाओ ! तुमने तीन अक्षर लिखे—वाई एक, ओ दूसरा, और यू तीसरा। इस तीसरे अक्षर का उच्चारण जिस प्रकार कर रहे हो, तीनों मिलाकर भी उसी प्रकार उच्चारण कर रहे हो ! तब पहले के दो अक्षर तो बेकार हैं न ! तुम हम लोगों को सही नहीं सिखा रहे हो। कोई भाषा इस अधम स्थिति में न होगी। उस पर इस भाषा को बढ़िया कहते हो। ऐसा नहीं होना चाहिए। हमें मर्म छोड़कर बताओ, बाबू !'

मैंने विचार किया—इस समस्या का हल कैसे करूँ ? मैं उनके प्रति अन्याय कर रहा हूँ ? आप लोग क्या समझ बैठे हैं, भोले-भाले बच्चों पर इस भाषा को लाद रहे हैं ! इसे किसी भी जाने-माने लोगों को सिखा नहीं सकते ? अब मेरी समझ में आ गयी। सच बताऊँ, 'You' का 'यू' पढ़ते जाना ही होता रहा है। पहले के दो अक्षर मरे जैसे हैं। अंतिम अक्षर का ही उच्चारण करते रहे हैं। ऐसा आज तक समझ न सका। इसे ज्ञान समझूँ या अज्ञान ! ठीक है, अब इसे छोड़ दो।

मैंने उनके सामने 'बी ए डी' लिखकर पढ़ने के लिए कहा। दोनों बी ए डी पढ़ते हैं। BAD तो बिल्कुल नहीं।

मैंने कहा—'इसे 'बैड' पढ़ो।'

'यह कैसे होगा ?'

इस शब्द का अर्थ बुरा है, समझाया। दोनों ने स्वीकार किया।

'इसमें बात क्या है ! किसी भी भाषा में कुछ अक्षर मिलकर एक शब्द बनता है, और उसका कोई अर्थ होता है। फिर इसे 'बैड' कैसे कहूँ !'

मैंने पूछा तो कहते हैं कि इसे 'बी ए डी' ही कहेंगे।

मैंने समझाने की कोशिश की—'अरे बाबा ! यह वर्णक्रम है। इसको अंग्रेजी में 'स्पेलिंग वर्तनी' कहते हैं। इस स्पेलिंग में कई समस्याएँ हैं। बाद में समझाऊँगा। पहले इन तीनों को मिलाकर 'बैड' पढ़ना चाहिए। आप लोग सीख लें पहले।'

तिक्कना ने कहा—'क्यों जी, मुझे तो स्पष्ट मालूम हो रहा है कि यह बी बकार का चिह्न है, और डी डकार का चिह्न है।'

बस, मेरी जान बच गयी। 'बस ! बस ! यही सही है।' कहा।

विष्णुशर्मा के पूछने पर कि ये सब व्यंजन हैं क्या ?

तिक्कना ने समझाया कि 'ए' व्यंजन नहीं होता। 'ए' का संबंध 'य' कार से नहीं है। केवल 'ए' कार है।

मैंने कहा—'नहीं। यह अकार है।'

'तब बी ए डी बैड क्यों कहते हो ? बड कहना चाहिए। यह अकार हो तो दीर्घ 'अ' कार कौन-सा है ?'

मैंने कहा—'वही ह्रस्व अकार और दीर्घ अकार है।'

तिक्कना मुँह खोलकर देखता रहा।

विष्णुशर्मा ने कहा—'महाशयजी ! शायद आपको पता नहीं, अलग दीर्घ 'अकार' होगा। परसों तुमने भगवान को क्या कहा था—गॉड शब्द था न ! उसका वर्णक्रम बताओ।'

मैंने 'GOD' कहा।

विष्णुशर्मा ने तिक्कना की ओर मुड़कर कहा—'रहस्य यह है। अकार ह्रस्व 'ए' हुआ तो दीर्घ के लिए 'आ' लिखना चाहिए।'

मेरा शरीर कंपित हुआ। बाप रे ! इनको अंग्रेजी कैसे सिखाऊँ ? अब मेरे जातक में कौन-सा ग्रह चल रहा है, पता नहीं ! इतना दुष्ट ग्रह तो

मेरी जिंदगी में कभी नहीं चला था। मैंने स्पष्ट सुनाया—'सज्जनो ! आप लोगों को अंग्रेजी सीखनी है तो पहले की सीखी सब पढ़ाई को भूल जाना चाहिए ।'

दोनों उठकर गये और चुपचाप जाकर सो गये।

सातवाँ अध्याय

अगले रविवार तक फिर मेरी तरफ नहीं आये, उनके बाप को पुण्य मिल जाये। आप दोनों बैठकर अक्सर बातें कर लिया करते थे। यह अंग्रेजी अक्षरों के बारे में ही मुझे भासित होता था। शायद आप अक्षरों को पहचान रहे हैं। दोनों के मिलकर पढ़ने से लाभ यही होता है।

रविवार की सुबह भोजन के पश्चात् दोनों आकर मेरे पास बैठ गये और कहा— 'महाशयजी ! लिखावट के बड़े और छोटे अक्षर सिखाओगे ?'

मैंने कहा—'परसों रात में ही लिखकर दिया था न !'

'ठीक है। ऐसा रहने दो। परसों हमसे बी ए डी—तीन अक्षर लिखवाकर 'बैड' पढ़ने के लिए कहा था। हम समझ गये कि यह 'व' कार और 'ड' कार हैं। अब इन अक्षरों के बारे में चार दिनों से विचार किया है। तुमसे कुछ पूछना है, बताओगे ?'

मैंने कहा—'मुझे कोई एतराज नहीं है।'

तब विष्णुशर्मा ने शुरू किया— 'इन दो अक्षरों को ही ले लें। समझ लें कि बी डी इन दोनों पर इकार उच्चारण की सुविधा के लिए रखा गया। ऐसे ही सब व्यंजनों को परखकर देखें। ऐसे इकार से सात अक्षर हैं—जी, बी, सी, डी, पी, टी, वी—ये अक्षर उच्चारण की सुविधा के लिए इकार से जुड़े हुए हैं। और सात व्यंजन हैं। इनको इकार से क्यों नहीं जोड़ा गया ? उनमें विशेषकर दोनों को अलग निकालकर एफ, एल, एम्, एँन, एस—ये पाँच अक्षर 'ए' से शुरू होते हैं। इकार को एकार जोड़कर यकार लगा दिया। 'र' का है, पहले उसे 'आ' जुड़ाया। किसके साथ क्या लग रहा है, पता नहीं चलता। हमें समझ में नहीं आता कि इन अक्षरों को इसी क्रम में क्यों रखना है ! स्वर भी काफी नहीं हैं। अक्षर कुछ हैं कुछ पता

नहीं चलता। 'यू' है, वह यकार का चिह्न है। 'उ' कार संयुक्त, 'य' कार है वह। 'वाई' भी अनावश्यक है क्योंकि 'वी' है न। 'व' कार का वह चिह्न है। 'व' कार पर इकार जोड़ने पर 'वी' वन गया। फिर 'व' कार पर 'ऐ' कार जोड़कर दूसरा अक्षर क्यों? अनावश्यक है। फिर 'क्यू' है, इसका प्रयोजन क्या है? वह किस व्यंजन या किस स्वर के लिए है? कुछ भी समझ में नहीं आता। इसमें अनेक अक्षर नहीं हैं। कम-से-कम अपनी तेलुगु भाषा में कुछ तो अक्षर हैं। वे भी यहाँ गायब हैं। एफ़ क्यों, जब पी है? उसको द्वित्व जोड़कर यह 'एफ़' बनता है।'

तब मैंने कहा—'यह 'फ़' नहीं है। 'फ़' अक्षर दोनों ओठों को नजदीक लाकर हवा फूँकने पर उच्चरित होता है। 'एफ़' ऐसा नहीं। ऊपर के दाँतों को अधर का स्पर्श कर धीरे से फूँकने पर उच्चरित होता है। यह अक्षर अलग, वह अक्षर अलग हैं।'

आपने मान लिया—'उसे किसी और ढंग से उच्चारण करते हैं। जंगली लोग बोलते समय कई प्रकार से बोलते हैं। मुख से कई-कई स्वर निकालते हैं। ऐसे किसी स्वर के लिए शायद यह अक्षर निश्चित है। रहने दो इसे। और दो अक्षर हैं—'जे' और 'के'। इन दोनों पर एकार जोड़ दिया। अरे बाबा! यह कोई स्वस्थ विचारकर निर्माण की हुई भाषा है क्या? परमेश्वर के अनुग्रह से यह गृहित भाषा ही है।'

तब मैंने कहा—'आर्य! मेरे विचार में यह एक ही ऐसी भाषा है, जिसको भगवान ने प्रदान किया है। अब संसार में इस भाषा को बोलने-वाले जितने लोग हैं, उतने और किसी भाषा में नहीं। क्या यह सच नहीं है क्या?'

आपने कहा—'बेटा! परमेश्वर का अनुग्रह इसे नहीं कहते। यह सब अब काहे को? यह सुसंकृत भाषा नहीं है।'

मैंने कहा—'बहुत बड़ी बात नहीं है। इसके लिए आप स्वर्ग से उतर आये। यह संस्कृत नहीं है। यह अंग्रेजी है, अंग्रेजी। समझे?'

विष्णुशर्मा ने कहा—'मैंने इसे संस्कृत कब कहा? यह परिष्कृत (संस्कृत) भाषा कहाँ है? बस, इतना ही कहा था, समझे?'

कहा तो था; किंतु मेरी समझ में न आयी—बात क्या है, इसका

मतलब क्या होता है ? थोड़ी देर विचार करता रहा। अर्थ समझ न सका। यह सरदर्द क्यों ? लज्जा छोड़कर पूछ लिया—'दोनों में क्या अंतर है ?'

आपने कहा—'हाँ ! ऐसा पूछो ! अरे ओ एम० ए० के बच्चे ! संस्कृत का अर्थ अत्यधिक रूप से परिष्कृत है। भाषा के रूप-निर्माण से पहले परिष्कृत भाषा बनती है। संस्कृत भाषा ऐसी ही है। वह जन्म से संस्कृत होकर पैदा हुई। य भाषाएँ हैं, देखो। सब जंगली भाषाओं के रूप में बोली जानेवाली भाषाएँ मात्र थीं। लिखित न थीं। उन भाषाओं में महर्षियों के द्वारा कोई शास्त्रों की रचना न कर अन्य नागरिक जातियों के संपर्क में आकर उनके अनुसार कोई-कोई अक्षर बनते-वनाते गये। इसके विना पहले-पहले अक्षर कैसे जन्म लेता है, कहाँ से उत्पन्न, निष्पन्न होता है ? वह ध्वनि पैदा होकर मुख के, हृदय के, कंठ के भीतर स्थित छोटे-छोटे स्थानों का स्पर्श कर कोई-कोई अक्षर के रूप में बाहर निकलते हैं। अनेक प्रकार से महान तप-साधना कर ऋषियों के द्वारा निर्मित हुई है संस्कृत भाषा। इसलिए बेटा ! इसमें तब से हम जो कह रहे थे, सब कुछ स्थित है और इसमें कुछ नहीं है। यह एक अक्षरों का झुंड मात्र है। इसे वर्णसमान्नाय बिलकुल कह नहीं सकते। अपना सौभाग्य ऐसा जलकर राख हो गया। अब उसे छोड़कर इसे सीखने में लग गये। बताओ यह Q क्यों है ? यह क्या होता है ?'

मैंने कहा--'आप लोगों ने उसकी Q को ही पकड़ लिया है।' मैंने 'इसका उपयोग क्या है' समझाने की कोशिश की। मैं खुद लड़खड़ा गया। यह Q किसके लिए है ? यह किस ध्वनि को सूचित करता है ? Oblique एक शब्द है। cheque एक शब्द है। इसके अंतिम तीन अक्षर मिलकर ककार बनते हैं। फिर यह Q क्यों ? इसके सिर पर दो अक्षर क्यों ? Quarter, Quadruped ऐसे शब्दों में Q क्या कर रहा है ? C ठीक बैठता है। K से काम चलता है। फिर यह अक्षर किसलिए है ? हाँ, मैं समझ गया। यह लिखने में सुंदर है। यह क्रिकेट के बैट को चमड़े की थैली में रखे जैसा है। यही इसका बड़प्पन है। वाप रे ! इसे छोड़ना कैसे !

मैं विचार कर ही रहा था, विष्णुशर्मा ने पूछा—'बाबा ! बी ए डी 'बैड' है, मान लिया। ऐसे ही एक शब्द और बताओ।'

मैंने सी ए टी 'कैट' कहा।

आपने झट कहा—'सी ए टी 'कैट यह क्या है, तेरा सिर ?'

मैंने पूछा—'ऐसा क्यों कहते हैं ?'

आपने कहा—'इसे तो मैंने पहले ही देखा है । 'यस' के रहते इसकी क्या जरूरत है ? यदि 'यस' लँगड़ा 'स' है तो यह 'सि' घुमाव 'श' है, ठीक है, समझा था । अब तुम इसे 'का' उच्चारण कर रहे हो । 'च' कार भी अगर कहते तो भी मैं चुप बैठता, क्योंकि इन अक्षरों में चकार के लिए और कोई सहारा नहीं । इसलिए मैंने समझा, 'सि' इसके लिए काम आ गया । इसके द्वारा 'यस' पर दुराक्रमण कराओगे, अंदाजा लगाया था । किंतु तुमने 'के' पर ही अभियान कराया ।'

मैं क्या करूँ ! यह क्या हो रहा है ! मेरा गुरुत्व मिट्टी में मिल रहा है ! 'अरे बाबा ! आप लोग बड़े लोग हैं । आप लोगों ने इन अंग्रेजी अक्षरों को चूर-चूर कर दिया । ऊखल में डालकर अचार बना दिया । ऐसा काम आज तक शायद किसी ने नहीं किया ।'

विष्णुशर्मा ने कहा—'अचार मैं आपके घर में रोज बना रहा हूँ । मेरे बनाये अचार 'मज़े के हैं' कहते हो और रोज बड़ी चाव से खाये जा रहे हो । इन अंग्रेजी अक्षरों का अचार तुम्हें रुचिकर न लगा । महाशय जी ! 'यस' है समझो । उसे श, ष, स—तीनों का उच्चारण करना चाहिए न । प्रसंग के अनुसार कहीं अंतर पड़ता है या नहीं ?'

मैंने कहा—' 'श' के लिए 'सी' का प्रयोग करते हैं । 'ष' के लिए 'sh' का इस्तेमाल करते हैं ।'

आपने मान लिया और कहा—'बस, इतना ही है या बारहखड़ी और शेष है ?'

मैंने कहा—'बारहखड़ी नहीं है । अब पढ़ते जाना है ।'

आपने पूछा—'यह क्या गड़बड़ है ! अब श्याम लिखना है, कैसे लिखोगे ?'

' 'Sya' लिखूंगा । यह 'श्या' बनता है ।' मैंने कहा ।

आपने कहा—'भले आदमी हो । कहते हो, बारहखड़ी नहीं है, यह 'वाई' क्या है ? 'या' का चिह्न है ?'

मैंने कहा—'वह एकार के लिए कई बार प्रयुक्त होता है । और यकार

का चिह्न भी है। Yard (यार्ड), इसमें Y यकार यही है।'

आपने पूछा—' 'यू' क्या होता है?'

मैंने समझाया—'वह स्वर है। अधिकांश 'उकार' के रूप में प्रयुक्त होता है। Put (रखो) इस अर्थ में है।'

आपने स्वीकार किया। कहा—'अच्छा है। इसमें अकार, इकार, ऐकार, ओकार हैं, किंतु अकार नहीं है। समझ गया, यह उकार है, ठीक है।'

मैंने कहा—'यह 'u' उकार ही नहीं होता। अकार भी होता है। But (बट)—किंतु, Cut (कट)—काटना, Nut (नट)—कीला, Hut (हट)—झोंपड़ी, बनता है।'

आपने मुँह खोलकर कहा—'भले आदमी हो! मैंने अकार के लिए 'ए' है, समझा था। यह है, इसका असली रूप! उकार के स्थानों की अपेक्षा अकार के स्थान अधिक जान पड़ते हैं।'

आपकी यह बात मुझे मालूम न हुई। फिर भी समझाने के उद्देश्य से मैंने कहा—'आर्य! कुछ शब्दों में यह 'यू' उकार नहीं और अकार भी नहीं, यू 'यू' के रूप में ही रह जाता है।'

आपने चौंककर कहा—'यह क्या है जी! उसको अक्ल नहीं है या तुझे?'

मैंने कहा—'बाबा! उसे अक्ल क्यों नहीं है? तुम्हें नहीं है। utensil शब्द है। पहले अक्षर 'यू' का उच्चारण 'य' ही करना चाहिए।'

आपने कहा—'इतना बड़ा शब्द क्यों? तिक्कनाजी! हम दोनों सीखे हुए शब्दों को फिर एक बार मिलाकर पढ़ लेंगे। उसके बाद नये शब्द सीखेंगे।'

दोनों ने दस-पंद्रह शब्दों को बार-बार दोहराया। सच कहूँ, मैंने मात्र दो शब्द सिखाये थे—Bad और Cat। शेष शब्दों को मेरे पढ़ाते समय पकड़कर उनके स्पेलिंग भी दोहराते रहे। उनको स्पेलिंग समझाने में तो डर लगता है। मैं कुछ कहता हूँ, तो ये कुछ कहते हैं।

मैं आगे-पीछे विचार कर रहा था। विष्णुशर्मा ने कहा—'देखिए! आप हमें जो पढ़ा रहे हैं, वह ऐसा है, जैसे कोई लँगड़ा दो अंधों को चला रहा हो! ठीक है, 'अंधा' कहना हो तो अंग्रेजी में क्या कहते हैं?'

मैंने कहा—' 'ब्लैंड' !'

स्पेलिंग पूछा। डरते-डरते बताया।

तभी आपने कहा – 'यह 'I' अक्षर पूर्णतः 'ऐ' बन गया। ऐत्व का वहाँ काफी प्राण नहीं है ?'

'यह छोटा अक्षर है।'

'तब उसे 'ऐ' कैसे कहूँ ?'

'छोटे अक्षरों से मिलाकर पढ़ते समय कहते हैं।'

'अव तक मैं इसे इकार का चिह्न समझ रहा था। वह 'I' है तो इकार क्या है ?'

मैंने 'नहीं' कहा।

आपने आश्चर्य में सराबोर होते हुए कहा—'वही है, वही ! कोई शब्द बताओ, जिसमें यह इकार बोलता हो !'

मैंने 'विंडी' कहा।

आपने पूछा—'यहाँ इकार ही है न ! विश्वास के साथ कहो। फिर बदलेगा तो मैं मानने के लिए बिलकुल तैयार नही हूँ।' कहते हुए मजाक किया।

मैंने झट कहा—'आपको ऐसे धैर्य नहीं खोना चाहिए। महाप्रभो ! वह संज्ञावाचक वायु अर्थ देनेवाला 'विंड' है यदि वह क्रिया है, घूमने के अर्थ में तब 'वैंड' है।'

इस झटके से वह टिक न सके। उठकर चल दिये। रक्षा हुई। मैंने साँस ली। तब तक सूर्यास्त हुआ चाहता है। इसी में मजा है, केवल लिखने और पढ़नेवालों के लिए यह सरल हो सकता है, किंतु ऐसों के सामने बैठकर दुखी होनेवाले को ही पता चलता है ! इस पहर के लिए तो बला टल गयी। मैंने सैर को जाना चाहा। थोड़ी रात गये आ जाऊँगा। रात में फिर पढ़ाने के लिए कहेंगे तो मैं साफ कह दूँगा कि दिनभर के श्रम से थक गया हूँ। बहुत रात बीत गयी है। आज के लिए क्षमा करो, आदि-आदि सोचते हुए निकला। इनका रोग सुधारने का यही एक रास्ता है।

ऐसा विचारकर मैं सिनेमा हॉल की ओर चल पड़ा। सिनेमा भी किस दुखद स्थिति में देखनी पड़ रही है ! मेरे विचार में यह 'हितोपदेश' है

कि मुझे तेलुगु सिनेमा देखने जाना चाहिए। यदि अंग्रेजी फिल्म दिखने जाऊँगा तो वह नौ बजे के अंदर ही छोड़ देगी। अंग्रेजी फिल्मों के चित्र मेरे बच्चे की उँगलियों के बराबर होते हैं। मध्यांतर तक तो फिल्म ही शुरू नहीं होती। हिंदी फिल्म जाऊँगा तो वह भी साढ़े दस को छोड़ देगी। इसलिए इस संकट के समय में तेलुगु फिल्म को ही जाना चाहिए। वह साढ़े ग्यारह को कहीं छोड़ेगी। वहाँ से चलता हुआ घर पहुँचूँगा तो बारह बज जायेंगे ! मुझे घर आना है, इसलिए घरवाले दरवाजे बंद नहीं करेंगे। इस बीच में कोई चोर भी घुस सकता है। लेकिन आजकल हमारे घर के लिए कोई डरने की बात नहीं है। जब से ये दोनों आये हैं, विश्वास करो, हमारे घर पर कौआ भी नहीं बैठ रहा है। इससे पहले हमारे घर में कुत्ते लड़ते रहते थे। अब एक कुत्ता भी पीछे के दरवाजे से झाँककर नहीं देखता। मुझे संदेह है कि ये लोग मानवाकार में हैं, किंतु इनमें वायुरूप भी है, जो मैं देख नहीं सकता। भूत आदि हमें नहीं दिखते, किंतु कुत्तों को दिखायी पड़ते हैं। कुत्ते इनको देखकर शायद असमंजस में पड़ जाते होंगे कि ये भूत हैं या इंसान, भौंकना है या नहीं ! समझ न पाकर इस तरफ झाँककर भी नहीं देखते।

जो भी हो, रात के मेरे घर पहुँचने तक साढ़े बारह बज गये। सभी जहाँ के तहाँ सोये पड़े हैं। मैं चुपचाप दरवाजा खोलकर अंदर आ गया। पैर धोकर, बिना किसी आहट के, बर्तन में रखा हुआ अन्न थाली में परोसा। दोपहर का साग है। घी का प्याला दिख पड़ा। छींके से छाँछ उतार लिया। किंतु चम्मच के गिरने से आवाज हुई। मेरी श्रीमती जाग गयी। कुछ कहने ही जा रही थी कि मैंने मुँह पर उँगली रख, चुप रहने का इशारा किया। चुपचाप खाना खाया और सो गया।

सुबह उठकर ये दोनों कहीं जाते हैं। कहाँ जाते हैं, मुझे पता नहीं। फिर नौ बजे तक आ जाते हैं। स्नान वगैरह कर, कपड़े धोकर, सुखाकर, पहनकर आते हैं। एक धोती है और एक उत्तरीय। वह कैसा उत्तरीय है ? आप जानते हैं न, जो किसी को भेंट में दी जाती है। वह उतना ही लंबा है। उसका जरी चमकीला होता है और थोड़ी-सी चौड़ाई। इसीलिए उसे उत्तरीय कहते हैं। नहीं तो उसे तौलिया कहना चाहिए। बीच में फाड़ दिये

तो दो तौलिये बनेंगे। इसमें विशेषता यह है कि यह जरी का तौलिया है। दोनों के पास एक-एक है। वे भी खादी के हैं। खादी का मतलब ऊबड़-खाबड़ नहीं। अब पेद्दापुरम की खादी आ गयी। देखा है, कैसा है? पुंज बड़ा रखने पर भी कपड़े टिकाऊ बनते हैं। हाँ! विष्णुशर्मा के पहने कपड़े कितने शताब्दियों पुराने हैं, मुझे पता नहीं। किंतु तिक्कना के पहने कपड़े लगभग सात सौ साल पहले के बने हैं। उनके बारे में हम क्यों सोचें? बात कहने की यह है कि आप लोग प्रातःकाल सूर्योदय से पहले कहीं चले जाते हैं। दस बजे तक हम उनके बारे में कुछ भी बात कर ले सकते हैं।

मेरी श्रीमती ने पूछा—'क्योंजी! रात में बात न करने के लिए मेरे मुँह पर उँगली क्यों रखी थी?'

मैंने जवाब दिया—'कुछ भी नहीं है। तुझे तो मालूम है न, वे लोग मेरे पास अंग्रेजी सीख रहे हैं। उनको पढ़ाते-पढ़ाते मेरी जान निकली जा रही है। उनसे बचने के लिए रात सिनेमा गया। तब वे लोग जग जाते तो मेरे पीछे पड़ जाते। पढ़ाने को कहते। तब तो मेरे जन्मजात केश उखड़ जाते न!'

आपने पूछा—'कौन-से सिनेमा गये थे?'

मेरे दिल पर पत्थर पड़ गया। बाप रे बाप! मर गये! 'वह कोई सुई ढूँढ़ने जाकर भविष्य की कल्पना में डूब गया'—ऐसी है मेरी स्थिति। अब पूछेगी कि उसे छोड़कर अकेला क्यों गया! इसको ले जाता तो बच्चों को भी ले जाना पड़ता। रात में दस आने मजबूर होकर खर्च किया। इन सबको ले जाता तो खाली टिकट से काम चलने वाला नहीं था। आने-जाने के लिए ताँगा या रिक्शा चाहिए था। इन ताँगेवालों और रिक्शेवालों से नाकों दम आते हैं। रेलगाड़ी से किसी गाँव को जाना समझिए। उस गाँव के लिए रेलगाड़ी की टिकट दस आने है, तो रेल तक जाने के लिए रिक्शा-वाले को दस आने देने पड़ेंगे। यह कैसा न्याय है? यह सब क्यों? खैर, छोड़िए। मैंने श्रीमती को मना लिया—'कोई सिनेमा थोड़े ही गया था। मेरी बुद्धि घास चरने गयी है जो सिनेमा जाता! मैं तो उनकी पीड़ा से बचने के लिए गया था। वैसे तुझे नहीं ले जाना मैं नहीं चाहता, ऐसी बात नहीं है। ऊपर से अब तुझे और बच्चों को ले जाना भी चाहूँ तो ये दोनों भी पीछे

पड़ेंगे। ये दोनों भी बच्चे ही हैं और बैल जैसे हैं, और आपके बच्चे हैं न ! इनको ले गया तो एक टिकट से काम नहीं चलेगा। जाने पर कोई नहीं मानेगा, और इतने पैसे मेरे पास नहीं हैं। पहली तारीख को जब तनख्वाह आयेगी, तब जरूर ले जाऊँगा।' इस प्रकार कई सौगंध खाकर उसको मनवाने तक मेरी जान दुम तक आ गयी।

मेरी श्रीमती ने कहा—'घर में चावल नहीं है। घी भी खत्म हो गया।'

सच है, रात में मैंने देखा था। घी नहीं, दाल नहीं, क्या करूँ? इससे पहले महीने भर के लिए एक बार सामग्री ले आता था और वह महीना चलता था। इस महीने में तो मेरी श्रीमती भी छः-सात दिन घर पर नहीं रही। सच पूछो तो बचना चाहिए था। किंतु ये दोनों आकर घर में बैठ गये हैं न ! आज तारीख 23 है और सब खत्म हो गया। क्या करूँ? आप लोग नौ, साढ़े नौ बजे आते हैं। बच्चों के लिए रात का खाना बचा था, सो खिला दिया। खैर, आज के लिए कहीं से उधार लाने के लिए कहा। शाम तक सामग्री लाने का निश्चय किया।

वह अंग्रेजी भाषा इतनी अच्छी है कि कह नहीं सकते। कितनी अच्छी है ! क्योंकि इसमें जो एक प्रसिद्ध सूक्ति है, याद आ गयी कि हम एक महान चीज का आविष्कार कब करते हैं? जब उसकी आवश्यकता को विवश होकर अनुभव करने लगते हैं; अर्थात् मजबूरी उसकी माँ है। इससे सरल कोई आंध्रीकरण (हिंदीकरण) करेगा, शायद मुझे पता नहीं। इसे यों ही छोड़ दें तो अच्छा होगा। आज शाम तक पैसा चाहिए। कैसे? क्या करूँ? आज स्कूल में पहले तिक्कना के भाषण का प्रबंध करवा दूंगा। स्कूल गया।

दोपहर में विश्राम के समय हमारे अध्यापकों में से तेलुगु के प्रति आदरभाव रखनेवालों को इकट्ठा कर मैंने भाषण इस प्रकार दिया: 'आप सबको विदित है कि मेरे घर में दो ब्राह्मण पंद्रह दिनों से हैं। यह एक देव-रहस्य है। आज के जमाने में कोई इस पर विश्वास नहीं करेगा, किंतु मैं यथार्थ (सच) बता रहा हूँ। आप लोग अंग्रेजी सभ्यता में मन रखते हों, तो मैं नहीं बताता। आपमें कुछ लोग तो तेलुगु मास्टर हैं। तेलुगु भाषा के प्रति

अभिमान रखते हैं न ! उनमें कुछ गोरे-से और लंबे जो हैं, मुख देखते ही स्पष्ट पता लगेगा कि उनकी आँखें दीप्तिमान हैं, तिक्कना हैं।'

उनमें से एक ने पूछा — 'उनके घर का नाम क्या है ?'

मैंने कहा—'घर का नाम नहीं है। 'भारत' की रचना करनेवाले आप ही हैं। आप मेरे घर पधारे हुए हैं।'

आपके बारे में इनको कैसे समझाऊँ, समझ न पाया। थोड़ी देर चुप रहा। थोड़ी देर के बाद फिर कहा — 'दैवी शापग्रस्त होकर दोनों भूलोक में आये। यह दूसरे सज्जन हैं संस्कृत में 'पंचतंत्र' की रचना करनेवाले विष्णुशर्माजी। आप विश्वास कीजिए या नहीं, समझिए—विश्वास नहीं करेंगे, किंतु ये दोनों पंडित हैं। कभी कोई पंडित आ गये तो अपने स्कूल में सभा कर कुछ उनके भाषण सुन सकते हैं। स्कूल के बच्चों का पैसा रखा रहता है। उसमें से कुछ उनको दिला दिये, तो ये जीते रहते हैं।'

मेरे इन वचनों पर कुछ लोगों ने उत्साह दिखाया और कुछ तटस्थ हो रहे। ऐसे काम नहीं चलता। मैंने चंदा करवाया। तीस रुपये चंदा आ गया। प्रिंसिपल के पास गया। समझाया। मेरे सौभाग्य से आप थियोसफी के हैं। तिक्कना आ गये, कहने पर आपने कहा—'क्यों नहीं आ सकते !' मेरे लिए और क्या चाहिए ! कॉलेज के फंड से पचास रुपये दिलवाने को कहा। मर गये रे बाबा ! इस महीने का खर्च एक ही मीटिंग से तिक्कनाजी ला रहे हैं। तिक्कना हैं तो ये हैं रे। देखो, दुनिया में मरजीना कवि सैकड़ों हैं। एक का नाम लेकर अस्सी नहीं, पंद्रह रुपये कमाओ। मुझे मालूम हो गया। अब पाँचों उँगली घी में हैं, समझो। आज तिक्कना के नाम पर कमाया। आगे की आप रख दो। शाम में घी और चावल ले जा सकता हूँ। ठीक है। घर आ गया और तिक्कना से कह दिया—'आर्य ! आपकी मीटिंग का प्रबंध स्कूल में कर दिया है। शाम के साढ़े चार बजे हमारी तेलुगु भाषा समिति के कार्यदर्शी (मंत्री) आपको ले जाने के लिए आयेंगे। उनके साथ आप स्कूल पधारिए।'

विष्णुशर्मा ने कहा—'मुझे नहीं आना चाहिए क्या ?'

तब मैंने कहा—'आप भी चलिए। आप भी बात कर सकते हैं।'

विष्णुशर्मा ने पूछा—'किस विषय पर बात करूँ ? आपकी अंग्रेजी के

अक्षरों पर वोलूँगा ? इससे बढ़कर अपशुद्ध वर्णमाला सृष्टि में नहीं है,' आदि-आदि। फिर पूछा—'इष्ट है क्या ?'

मैंने कहा—'माई-बाप ! ऐसा काम मत करिएगा। हमारा प्रिंसिपल थियोसाफिस्ट है। इसलिए मान लिया कि आप स्वर्ग से उतरकर आये हैं। उन लोगों के लिए अंग्रेजी अपनी मातृभाषा से बढ़कर है। तुम कहीं अंग्रेजी को गालियाँ देना शुरू करोगे, तो अपने लिए जो पैसा आनेवाला है, वह तो नहीं ही आयेगा, ऊपर से 'तुम इनको कहाँ से ले आये' कहकर खरी-खोटी मुझे सुनायेंगे। मेरी नौकरी को भी आँच लग सकती है। इसलिए बाबा ! ऐसा मत करो। चाहो तो वच्चों को कहानियों सुनाओ।' और आप मान गये।

शाम के चार बज गये। हमारे कार्यदर्शी महोदय उन दोनों को अलग-अलग रिक्शाओं में बिठाकर ले आये। दोनों जरी धोतियाँ पहने हैं। कोट नहीं हैं। कुर्ते भी नहीं हैं। भुजाओं पर तौलिये डाले हैं। सुँघनी वेचनेवाले ब्राह्मण की तरह, जो शिवालय के सामने खड़े रहते हैं। क्या मेरी बुद्धि मारी गयी थी कि कॉलेज में पैर रखने तक उनके रूप-विशेष पर मैंने विचार नहीं किया ? यदि विचार किया होता तो मैं अपने कुछ पुराने कुर्ते उनको पहनकर आने को कहता। अब मैंने सोच लिया कि अब पाये अस्सी रुपयों से पहले इन दोनों को दो-दो धोतियाँ, दो-दो कुर्ते और दो-दो उत्तरीय खरीदकर देना जरूरी है। फिर विचार किया, इनको यह सब खरीद दिया तो फिर मैं चावल कैसे ले जाऊँगा ? यह क्या हुआ भगवान !

इसी बीच में दोनों आकर स्कूल के हॉल में कुर्सियों पर आसीन हुए। लोग भी अधिक संख्या में उपस्थित थे। हमारे स्कूल में जब कभी मीटिंग होती है तो बड़ी भीड़ लगती है। पहले साहित्यिक भाषण सुनने के लिए पार्ट तीन के तेलुगु के चार छात्र आते थे और हम चार तेलुगु मास्टर लोग हुआ करते थे, किंतु आज स्थिति विपरीत है। आज सभा में ऐसा कोई छात्र नहीं है जो नहीं आया है। 'ये दोनों स्वर्ग से आये हैं।' यह समाचार फैल गया है शायद। यह भी अच्छा ही हुआ। किंतु इन दोनों के आकर बैठते ही शरारती लोग चीखने-चिल्लाने लगे। इनमें कुछ औरतें-वच्चे भी हैं। उनकी स्थिति गंभीर है। कोई भी बात छिड़ने पर वे लोग चुप नहीं बैठते।

मीटिंग क्या है ! हमारे प्रिंसिपल ही अध्यक्ष के स्थान पर बैठ गये हैं। आपने उठकर अपनी थियासफी का भाषण शुरू किया। आपकी एक अलग किस्म की अंग्रेजी है। अपने आँवले का अचार जैसी एक विचित्र प्रकार की अंग्रेजी भाषा है। उसी में आप बात करते हैं, भाषण देते हैं। आप जब अंग्रेजी में बोलते रहते हैं, तब मैं आपके मुख के भाव के दर्शन करता रहता हूँ। आज कौन-से भाव हैं की रेखा है, मैंने विचार किया। इससे पहले ऐसा विचार कभी नहीं किया था। आज समझ गया। आपके सिर पर एक ढंग से पगड़ी बाँधेंगे, तो वह कभी न रहेगी, क्योंकि हम पगड़ी बाँध नहीं सकते। आप थियोसफी के सज्जन जो ठहरे ! आपने कहीं-कहीं खोद दिया और कुछ-कुछ बताया। Astral bodies कहा। Esoteric कहा। बाजू में हम लोग बैठे सुन रहे हैं। दूसरों को सुनायी नहीं पड़ता। 'अब तिक्कना जी बात करेंगे।' ऐलान कर आप बैठ गये।

तिक्कनाजी उठ खड़े हुए। सब लोग प्रशांत बैठे हुए हैं। आपने 'सिगंवा-कटितो गुहांतरमुनन्' वाला पद्य सुनाया। नेल्लूर मंडल के लोग बल्ला-रिवालों के जैसे स्वर खींचते नहीं। फिर भी ये काफी खींचते हैं। उनके स्वर में ऐसी खींच न रहने पर भी एक प्रकार का खेड़ापन है। सच है, वह जमाना इतनी नागरिकता का नहीं था। इसमें एक प्रकार की आंचलिक विशेषता है।

पद्य मधुर है। एक विलक्षणता है। उनके गले में मेघ के समान गंभीरता है; किंतु आफत यह है कि हमारे बच्चों को फिल्मी संगीत को छोड़कर दूसरा रुचिकर ही नहीं लगता। उनका कोई फेवरेट होता है, वह नारद आदि का पात्र धारण करता है, उनके समान ही पद्य-पठन करना चाहिए। तभी वे खुश होते हैं। नहीं तो तिक्कना ही क्या, उसके अम्मा का पति ही क्यों न आये और पद्य पढ़े, उनका जो करना है, कर देते हैं। आप पूछेंगे कि वे क्या करते हैं ? बोलनेवालों को बोलने नहीं देते। अंत में तिक्कना की ऐसी ही दु:स्थिति हुई। मैं उठकर डाँटना चाहा किंतु 'महाराजा पलासंते मशकानांम्तु की कथा' समझकर चुप रह गया।

प्रिंसिपल की बात कोई नहीं सुनता और हमारे शाखाध्यक्ष की कोई पूछ नहीं। उनका नाम लेना बेकार है, समझिए। मैं जहाँ तक जानता हूँ,

उनकी क्लास-क्लास नहीं होती। यदि आपको जानने की रुचि है, तो उसका रूप पहचानने के लिए एक घटना सुनाये देता हूँ। ध्यान से सुनिए : 'वह अमावस्या की रात थी। घर में कोई नहीं, मैं अकेला था। पलंग पर सोया हुआ था। टाँड पर दो बिल्लियाँ—एक नर और दूसरा मादा···' अब समझ गये न, ऐसी होती है उनकी क्लास।

आप हमारे शाखाध्यक्ष हैं। ये बिल्लियाँ कुछ भी कहती रहें, आप चुप रहते हैं। किंतु हम लोग कुछ कहते हैं तो हम पर उल्टा-सीधा लिख देते हैं। अब उनकी कोई नहीं सुनता, और मैं उठकर 'शोर मत करो' कहूँ तो कोई सुनेगा ? कोई कहने भी देगा ? उनकी तरह मुझे आकाश में उठा नहीं लेगा ? बेचारे तिक्कना ने दो-तीन बार कुछ कहने की कोशिश की; किंतु बच्चों ने सुना नहीं, और आप बैठ गये।

तब विष्णुशर्माजी उठ खड़े हुए। उनके इस रीछ के आकार को देखकर बच्चे नाना प्रकार से चिल्लाने लगे।

आजकल स्कूल में पढ़नेवाले बच्चों में पढ़ाई को छोड़कर देखें, तो बाकी चीजों में वे बड़े चालाक होते हैं। उनमें एक भालू के समान खाँसने लगा। सचमुच वह भालू जैसा ही खाँसता है, यह कितने लोग जानते हैं ? जंगली नेवला के बारे में दो-तीन बच्चे ही जानते हैं, किंतु यह ज्ञान कैसे हो गया ? इन लोगों को, पता नहीं, पाँच मिनट में सब मालूम हो गया कि रीछ कैसे खाँसता है, खखारता है। जानना ही नहीं, चार-पाँच बच्चों ने तो ऐसे ही खाँसना भी शुरू कर दिया। कैसे खाँसते हैं ये ! इनका खाँसना तो देखो ! बदतमीज कहीं के ! ये जंगल से आकर सीधे स्कूल में भरती हो गये क्या ? इसी बीच में एक और चौंकने की बात हुई। विष्णुशर्मा ने भी भालू के समान खाँसना शुरू कर दिया। सब आश्चर्यचकित हो देखने लगे।

आपने दो मिनट रुककर फिर कहा—'भालू के समान खाँसता ही नहीं बच्चो, शेर के समान गर्जन भी करता हूँ।' आपने शेर के समान गर्जन किया। स्कूल के बच्चों के मुख पीले पड़ गये। जहाँ के तहाँ मुख सूख गये।

आपने फिर इस प्रकार कहा—'मैंने नीतिचंद्रिका की रचना की थी। मेरी नीतिचंद्रिका में सब जानवर बोलते हैं। मैं उन सबकी भाषाएँ जानता हूँ, अर्थात् उनके समान कूंजन कर सकता हूँ। सबकी बोली बोल सकता हूँ।

मतलब यह है कि मैं सबकी बोली के अर्थ जानता हूँ। जंगल के पशु-पक्षियों की बोली सुनकर उनके भावों का ग्रहण कर मैंने नीतिचंद्रिका लिखी थी। इसलिए उन सबकी बोली मुझे मालूम है। उनके समान मैं भी बोल सकता हूँ।' इस प्रकार कहकर और दस जानवरों की बोली सुना दीं। मुझे आश्चर्य हुआ। सभा प्रशांत रही।

झट मैंने क्या किया, पता है? एक कागज लेकर चंदा के लिए निकल पड़ा। सज्जनो, विश्वास करो, हमारे कॉलेज में 1600 छात्र हैं। कुछ तो पैसेवालों के बच्चे भी हैं। कितना वसूल हुआ है, जानते है? आगे-पीछे सोचने की कोई बात नहीं, क्योंकि पुराणश्रवण के पश्चात् मंगल-आरती के समान थाली ले निकला था न! नौ सौ निन्यानबै रुपये, दस आने, चार पैसे वसूल हुए। हमारे प्रिंसिपल महोदय ने पचास रुपये दिये। हमारे मास्टर लोग महीने के अंत में तो नहीं रोयेंगे? घर वापस आ गये।

हमारे बच्चों को कैसे मालूम हुआ, पता नहीं, घर आये तक 'विष्णुशर्मा की जय!' कहते हुए अगवानी कर उनका स्वागत किया।

आठवाँ अध्याय

यह समाचार गाँव-भर में फैल गया। चार दिन बीत गये। नाना प्रकार की अफवाहें उड़ रही हैं। कोई कहता है कि ये दोनों सचमुच स्वर्ग से उतर आये हैं, तो कोई कहता है कि ऐसे व्यक्ति को जरूर देखना चाहिए। देखाओगे ? कोई कहता कि उनको देखने पर ऐसा लगता है, जैसे ये हवा में उड़ रहे हों। उनके सचमुच मानवाकार नहीं है। दूसरे लोग कहते हैं कि सचमुच हमने उनको छू लिया। हमें उनके शरीर का स्पर्श ही नहीं हुआ। कुछ लोग कहते हैं कि 'वह बड़ा चतुर है रे ! अच्छा उपाय किया। चार दिन पहले उसने एक ही घंटे में हजार रुपये कमा लिये। इसने कोई बड़ी तरकीब निकाली है रे ! चार-पाँच महीनों में यह पच्चीस-तीस हजार आसानी से कमा लेता है, तो उसके बाद उसके लिए स्कूल की मास्टरी क्यों ? कोई व्यापार करेगा।' और कुछ लोग कहते हैं कि उसने सबको मूर्ख बनाया है रे ! स्वर्ग से कोई आया है, विश्वास करनेवाले लोग आज भी हैं। वास्तव में अपने देश में कुछ भी कह दो, तो विश्वास करने वाले मिल जायेंगे। सबको इसने उल्लू बनाया है।

मैंने उन दोनों को बाजार ले जाकर प्रत्येक को चार जोड़ी अच्छी फर्स्ट क्लास धोतियाँ खरीद दीं। सिल्क के कुर्ते सिलवा दिये। जरी के लंबे उत्तरीय खरीदे। दोनों के लिए एक-एक पलंग बनवाया। दो बिस्तर सिलवाये दो अग्निहोत्र दुशाले खरीदे। सौभाग्य से हमारे बाजू के दो कमरे खाली हुए थे, हमने उन दोनों को भी किराये पर ले लिया। अब उन दोनों की राजसेवा हो रही है। ठाठ-बाट चल रहा है। दस बातें क्या कहूँ ! सब कुछ सुंदर, भव्य और ब्रह्माण्ड रूप से चल रहा है। एक चीज में मैंने चतुरता दिखा दी, उनके लिए कपड़े खरीदते समय। कभी मंत्रियों के पास भी तो

जाना पड़ सकता है, ऐसा विचारकर, एक-एक को खादी कुरते, खादी धोतियाँ और दो खादी के उत्तरीय भी खरीद दिये। उनसे कहा—'आर्य ! इनको सभाओं में भाग लेते समय ही पहनना चाहिए। घर में खराब नहीं करना है। इसे भूल जाइए कि ये कपड़े हैं। यथा प्रकार प्रातःकाल उठकर आप लोग स्नानादि कर नौ, साढ़े नौ बजे आते रहिए। इस कार्य में भंग न होना चाहिए।'

आपने स्वीकार किया और दूसरी चीज मैंने यह बतायी कि 'सज्जनो ! कभी सभाओं में जाने से पहले मुख-क्षौर कर लेना चाहिए। नहीं तो अच्छा नहीं लगता। इस जमाने में जो मुख-क्षौर नहीं करता, वह इंसान ही माना नहीं जाता। बिलकुल गाँव का माना जाता है। हिंदी में इसे 'गँवार' कहते हैं। अंग्रेजी में 'ब्रूट' कहते हैं। इसको आप अवश्य स्वीकार करें।'

विष्णुशर्मा ने इधर-उधर देखा। तिक्कना चुप खड़े हो गये।

'आप राजा के दरबार में रह चुके हैं। इसलिए मुख-क्षौर की आदत नहीं होगी।'

विष्णुशर्मा ने कहा—'यह क्या तमाशा है ! मैं हज्जाम को छूता नहीं।'

मैंने कहा—'ऐसी कोई नौबत नहीं है। मेरे पास 'Safety Razor' है।'

उसके संबंध में सारी चीजें बताने को आपने कहा। उन दो शब्दों के स्पेलिंग और अर्थ समझाया। मैंने अपना Razor लाकर दिखाया और कहा—'यह काटता नहीं। 'Safety' का मतलब यही है।' कह तो दिया, किंतु प्रातः जब मैंने अपनी दाढ़ी बनायी, तो सिर्फ दो जगह कट गया। आप हँसते रहे। मैं क्या करूँ ? 'Safety Razor'—ऐसा नाम मैंने नहीं रखा। किसी ने रख दिया, तो मैं क्या करूँ ? ठीक है, आप हज्जाम को छूते नहीं और आपको दाढ़ी बनाना आता नहीं। साफ इनकार करते हैं। अब बनाना है, तो मुझे बनाना पड़ेगा। दाढ़ी बनाने के लिए बैठ गया। तब मुझे पता चला, कितना कठिन है। दूसरों की दाढ़ी बनाना आसान नहीं है। हज्जाम अपनी छुरी से हमारी दाढ़ी बना देता है। हम अपने-आप दाढ़ी बना ले सकते हैं। इस Safety Razor से हमें स्वयं ही कर लेना है, किंतु दूसरों की दाढ़ी

बनाना असाध्य है। यह तंत्र ऐसा है। उसको ऐसा ही छोड़ दीजिए।

हमारे स्कूल के बच्चों ने मुझसे निवेदन किया—'आर्य ! उस दिन हमें मालूम नहीं था, इसलिए शोर मचाये। आप तिक्कनाजी हैं न, फिर अपने कॉलेज में आपका भाषण रखवाइए। अब की बार गड़बड़ नहीं करेंगे।'

मैंने विचार किया, कॉलेज में फिर रखवाने से मुझे क्या लाभ होगा ! वहाँ से जो मिलना था वह तो मिल गया। उससे बढ़कर वहाँ से एक दमड़ी भी नहीं मिलती। इसलिए अब गाँव में ही कोई उपाय करना चाहिए। स्कूल में सभा करने से मात्र हजार रुपये मिले। अब गाँव में सभा करेंगे। चार-पाँच हज़ार रुपये नहीं मिले तो क्या फायदा ? मैंने भली भाँति सोचा। टिकट रखने से कौन खरीदेगा ! बच्चे हैं दीवाने, दनादन पैसे दिये। गाँव में कौन देता है ! गाँव में बड़े पैसेवाले हैं। दो ब्राह्मण लखपति भी हैं। आप कोई 'महर्नवमी' के दिन वैदिक ब्राह्मणों को संभावना (चावल वगैरह के साथ कुछ नगदी) देते हैं, किंतु 'तिक्कनाजी आयें' कहने पर कोई पैसा नहीं देगा। कोई रचनाकार उनको कृति-पति बनायेंगे तो छपाई के पैसे दे सकेंगे। वह पैसा भी किसी प्रेसवाले को पूँजी के रूप में देंगे, क्योंकि वह वसूल नहीं होता, इस पुस्तक के द्वारा वसूल करने की कोशिश करेंगे। मतलब यह है कि मरने पर भी वह छपती नहीं। दूसरी जातियों में पैसेवाले हैं। उनके पास जायेंगे, तो वे अपनी जातिवाले हो, जानकर देने के लिए तैयार होंगे। कुछ कहेंगे कि इस वर्ष में मेरा बजट में दान के लिए जो रखा था, सब खत्म हो गया। फिर अगले साल की बजट में देखेंगे।

क्या करूँ ? एक उपाय और सोचा। हमारे गाँव में तीन हाईस्कूल हैं, दो मिडिल स्कूल और चार ट्यूटोरियल कॉलेज हैं। उन सबमें हर बच्चे के नाम पर चार आने, सौ रुपये पानेवाले मास्टर से एक रुपया, ऊपर के लोगों से दो रुपया वसूल कर सकते हैं। एक सभा करनी चाहिए। उसके बाद गाँव के लोगों के लिए एक अलग सभा का आयोजन करना है। उस सभा के लिए पाँच रुपये टिकट रखकर घर-घर जाकर बेचना है। इनकम टैक्स अफसरों को साथ ले लें, तो व्यापारियों से बहुत पैसा वसूल हो सकता है। ये बसवाले जो हैं, उनको बहुत पैसा आता है। उनके

लिए अलग सभा रखनी है। सब प्लान बनाये। कागज छपवाये। टिकट छपवाये। कहीं-कहीं सौ रुपये की टिकट के बेचने पर दस रुपये कमीशन भी देने का वादा किया। इन तीन सभाओं के होने तक कम-से-कम 10,000 रुपये वसूल करने हैं। नहीं तो किसका माल छिपा रखा है यहाँ ! ये दोनों मेरे घर क्यों आये ? इनका रोग ऐसा ही सुधारना है। अच्छी तरह विचार किया। इसमें इनका रोग सुधारना क्या है ! यह कैसी बात है ! किसी का रोग सुधारना हो, तो जनता से वसूल करना ही है। पैसा जनता का है, फिर भी हम उनके नाम पर वसूल करते हैं न ! इसलिए समझो, रोग उनका ही सुधर गया। जहाँ का तहाँ हिसाब चुकता करना है, नहीं तो राज्य कैसे करेंगे ?

मैं इन सब चीज़ों के बारे में सोचता रहा और इतवार आ ही गया। मेरे भोजन होते ही दोनों आकर बैठ गये और पढ़ाने के लिए कहने लगे। मैंने कहा—'मैंने एक नियम बनाया है महाशय ! स्पेलिंग पर आप लोगों को झगड़ना नहीं चाहिए। अक्षरों के बारे में पूछताछ नहीं करनी है। मैं एक शब्द बताता हूँ। उनको आप सीखते जाइए। थोड़े-बहुत शब्द सीखने पर कहीं पढ़ाई आगे बढ़ती है। इसलिए आप कुछ शब्द सीखने के बाद 'पढ़ते-पढ़ते' कुछ आक्षेप करेंगे, तब मैं सहन करूँगा। किंतु 'George' शब्द में 'जी' का जकार उच्चारण क्यों है, Jarg लिखना है तो ऐसा लिखने पर ही जार्ज़ होता है, ऐसी समस्याओं को उठाना नहीं चाहिए। एक बात कह देता हूँ, अच्छी तरह सुन लो और मन में धारण कर लो। कोई भी अंग्रेजी अक्षर अपनी इच्छा के अनुसार बोलता है, आपकी इच्छा के अनुसार नहीं। इसे आप स्वीकार करेंगे। तभी पढ़ाई आगे बढ़ेगी।'

जो भी हो, तिक्कना तो मंत्री थे। दुनियादारी, राजतंत्र में निहित सुख-दुःख आपको मालूम है। इस विष्णुशर्मा को क्या मालूम है ! आपने कहा—'ठीक है। इसमें मुश्किल यह है कि हर कदम पर कोई-न-कोई नया शब्द आता रहता है। उसका उच्चारण नया होता है। इसलिए जीवन-पर्यंत पढ़ना ही है क्या ?'

मैंने कहा—'बाबा ! इसी कारण मैंने कहा था न ! हम लोगों में सबसे पंडित भी यही कहते रहते हैं कि मरते दम तक हम छात्र ही रहेंगे।

आपकी बात सच है। कुछ शब्दों का उच्चारण बहुत पढ़े-लिखे और गण्य-मान्य लोगों को भी मालूम नहीं होता। अंग्रेजी पढ़े-लिखे हम लोगों में से कोई अपने ढंग से उच्चारण करता है तो दूसरा अलग ढंग से उच्चारण करता है। कोई भी अंग्रेज अपने देश में आकर कहीं भाषण दिया, समझिए। हम लोग किसी शब्द का उच्चारण पहले एक ढंग से करते थे, इसने उसका उच्चारण दूसरे ढंग से किया, तो उस दिन से हम लोग भी उसके जैसा उच्चारण करना शुरू कर देते हैं। साधारण रूप में यों समझिए कि हम एक शब्द को 'लेबोरटी' कहते थे, वह आज से 'लेबोरेटरी' हो गया। इसलिए उच्चारण का कोई नियम नहीं है। ऐसे ही कुछ और शब्द भी हैं। ये कुछ शब्द, कहते हैं, फ्रेंच भाषा के हैं। उस भाषा की स्थिति तो और खराब है। इसलिए उसे अतिनागरिक भाषा कहते हैं। एक शब्द के अंत में 5-6 शब्द होते हैं। उन सबको मिलाकर फूँकने के सिवा कोई रीति या नीति से उच्चारण नहीं होता। आपको पढ़ना इष्ट है तो इस नियम के बंधन में रहकर पढ़िए।'

विष्णुशर्मा ने कहा—'बड़ा चालाक है, रंडपुत्र कहीं का ! बच्चू, परसों हज़ार रुपये कमा लिए न ! हमें सिलवाये कपड़े और तुम्हारे घर में लायी सामग्री—सब मिलाकर तीन सौ से बढ़कर नहीं हैं और सात सौ रुपये बच गये। तुम हिसाब-किताब कर रहे हो, देखता रहा। उसे वैसा छोड़ो। इन सात सौ को चुपके से निगल जाना चाहते हो ! हम ऐसे खाने नहीं देंगे। तुमसे अंग्रेजी सीखकर ही छोड़ेंगे।'

मैंने स्वीकार किया। वह किसी उद्देश्य से सब कुछ सहे जा रहे हैं। मेरे बच्चे की पुस्तक है न, फस्ट फारम (छठी कक्षा) की, उसे ले आया। उसके हर पाठ के पहले कुछ शब्द लिखे हुए हैं। सबको एक कागज़ पर लिखा। उच्चारण, अर्थ आदि सब कुछ लिखा। मैंने एक अच्छा काम किया। आपको बताया नहीं। ये दोनों हैं न, इसलिए कल शाम मैं बाज़ार से एक कार्बन पेपर खरीद लाया था। कार्बन से एकसाथ दो कापियाँ निकालीं। दोनों के हाथ में एक-एक कापी धर दी और पढ़ने के लिए कहा। इन कागजों को उनके हाथ में देकर आज पत्नी और बच्चों के साथ सिनेमा जाना चाहा। रात के बारह बजे कहीं आयेंगे, तब तक यह बला नहीं

होगा न ! भोजन कर लेने के लिए कह जायेंगे। उनके लिए जब से नये पलंग, नये बिस्तर और अग्निहोत्र दुशाले खरीदे हैं, दोनों बड़े आराम से सो रहे हैं। उनके खर्राटे सुनकर ऐसा लगता है, जैसे वर्षाकाल में मेढक आमने-सामने बैठ कर टर्रा रहे हों !

मैंने श्रीमती को रेडी होने को कहा। उस दिन से उसके मनसे रुसवाई नहीं गयी है। मैंने उससे सिनेमा चलने को कहा। अब देखो, घर में शुरू हो गयी कथा। उन चार बच्चों को स्नान करवाकर, कंघी कर, धुले कपड़े पहनाकर तैयार करने तक मेरी जान निकल गयी। पहले इन दोनों बदमाशों की पढ़ाई में दो घंटे लग गये। मैंने जब से इन दोनों राक्षस रंडपुत्रों को अपने घर में रखा है, डर लगा रहता है। आधे घंटे के अंदर सब कुछ सीख जाते हैं और फिर दूसरा पाठ पढ़ाने के लिए कहेंगे। सीखे या नहीं, पूछ लूँ तो मर्यादाभंग होगी। पंचतंत्र के रचयिता विष्णुशर्मा से पूछूँ ? महाभारत के रचयिता तिक्कना से पूछूँ ? सच तो यह है कि मैंने कुल मिलाकर 40 शब्द मात्र सिखाये हैं। ये बैठकर शास्त्रों के शास्त्र रट गये। इन रंडपुत्रों के लिए चालीस शब्द एक कवल मात्र न होते। इसीलिए मैं उसे जल्दी से तैयार होने को कहता हूँ और वह है कि छोटी बच्ची से ही निपट पा नहीं रही है। वह अपना धुला कुरता पहनना चाहती है। माँ मे रेशमी कुरता संदूक से निकालकर पहनाने को कहती है। उसकी माँ पर्व दिन के लिए उसे रखना चाहती है। अभी पहन लिया तो मैला हो जायेगा। वह रोने लगती है। रोये तो रोये। इसने उसकी आँखों में काजल लगाया था। इन दिनों में काजल कौन लगाता है ! मैं मना करता हूँ, लेकिन 'काजल लगने से आँखें बड़ी होती हैं'—यह वह समझाती है। उसके रोने से आँखों का काजल मुख भर फैल जाता है, मतलब यह कि फिर दस मिनट की देर हुई। मुख खराब कर लिया। अब उसकी पिटाई करती है। उसके बाद जल्दी-जल्दी साबुन लगाकर धोना है। क्योंकि साबुन के बिना वह जाता नहीं, और फैलता है। साबुन से धोकर फिर एक बार उबटन से या रीठे से धोना है। मतलब दो बार धोना है। इतना सब कुछ होने के बाद क्या होगा आपको मालूम है ? आप थक गये होंगे। आप अपनी थकान की बात छोड़िए। देरी के लिए मुझे काँटों पर बैठा जैसा लग रहा है। पहले ही

उबटन लगाकर धो लेना चाहिए था। लेकिन नहीं, पहले साबुन से धोया। वह धोना भी कैसा ! धुला कुरता पहनाने के बाद धोया, और बच्ची ने धुले कपड़े से मुख पोंछ लिया। फिर दो जमा दिये। बस ! जो भी हो, संदूक से नया कुरता निकालकर पहनाना ही पड़ा। बच्चों की तैयारी के बाद अपना शृंगार शुरू किया। मैं यह सब आपको क्यों बता रहा हूँ, जानते हैं? इसलिए कि बच्चे-कच्चे वाले हैं। इस कार्य में जो कठिनाइयाँ हैं, आपको मालूम ही हैं। इसलिए कह रहा हूँ, यह सब साधारण समय में नहीं होता। आप कुछ काम रखकर या कहीं बचाकर जा रहे हैं, तब बड़ी तकलीफ होती है। अंत में, जैसा भी हुआ, वह और उसके बच्चे तैयार हुए। तब तक छः बज गये। अब निकलकर सिनेमा हॉल तक पहुँचने में सात बज जायेंगे। कुछ फिल्म निकल जायेगी तब भी कोई बात नहीं। इतनी देर से तैयारी के बाद पीछे कैसे लौटूँ? इन सबसे बढ़कर मेरी श्रीमती की पीड़ा बढ़ जाती है। उसे सह लेना कठिन है।

सहसा विष्णुशर्मा ने कहा—'सारे शब्द हम सीख गये हैं। तुम बीवी-बच्चों के साथ सिनेमा जा रहे हो। हम लोगों के सोने के बाद कहीं आओगे। फिर रविवार को ही पढ़ाओगे न !'

जँभाई लेने पर अंतड़ियाँ गिनने की सामर्थ्य है इनमें। मैंने कहा—'ऐसी बात नहीं, कल रात में बैठेंगे।' आपने मान लिया।

दूसरी रात में बैठने से बच न सका, इसीलिए बैठ गया। मुझे रात में बैठकर पढ़ाना बिल्कुल पसंद नहीं, क्योंकि हमारे घर में बिजली का प्रबंध नहीं है। कंदिल हैं। उन कंदिलों के जलने की भी एक कथा है। छोड़ दो इन्हें। ये सदा धुँधले ही रहते हैं, कभी साफ उजाला नहीं करते। कहीं भी देखो, राजनीति है। मिट्टी का तेल पूछता है कि तुमने कभी खड़िया लगाकर शीशों को धोया? शीशा पूछता है कि मिट्टी का तेल सचमुच असली है? इसमें कितना पानी मिला है? वह लाल क्यों है? इससे बढ़कर वह और क्या रोयेगा ! असल में राज्य करनेवाली बत्ती है। पिन लगाकर ढकेलने पर भी हिलती नहीं। ऊपर से खींचना चाहें, तब भी हाथ में आती नहीं। शीशे का ढक्कन निकाल कुरतों को लगाये जानेवाले बड़े पिन लगाकर भी खींचेंगे तो भले ही उसका धागा टूट जाय, वह तो बाहर नहीं निकलती।

घोड़ा अंधा है, फिर भी दाना तो जमकर खाता है। भीतर छिपकर ही, सही, बत्ती धुँधले प्रकाश देती है। इस एक कंदिल में राजनीति के इतने दाँव-पेंच हैं। ऐसे कंदिल के सामने बैठकर पढ़ाना मुझे बिलकुल पसंद नहीं। इनको अब पाठ कौन पढ़ायेगा ? सच तो यह है कि इनके पैसा को मैंने बैंक में जमा कर दिया है। आप लोग खा रहे हैं और चुपचाप बैठे हैं क्यों ? मंत्रियों का स्वागत कर रोज चाय-पार्टी दिये जा रहा हूँ। चालीस शब्द मैंने लिख दिये थे। अब स्पेलिंग और अर्थ पूछकर मैंने रुलाना चाहा।

'सज्जन, आप कुछ और न समझिए ! आप शब्द सीख गये या नहीं, मैं कुछ प्रश्न पूछकर जानना चाहता हूँ। कृपा कर उत्तर दीजिए।'

आप लोगों ने मान लिया। पहले The (दि) को पूछ लिया। स्पेलिंग बताया।

विष्णुशर्मा ने पूछा—'यह 'दि' कैसे बन गया ? यह तो 'धि' होना चाहिए। 'दि' कहने की अपेक्षा इसे de (डी) कहना चाहिए।'

तब तिक्कना ने कहा—'de (डी) होता है। 'दि' के लिए ही होना ठीक है।

मुझे चुप रहना चाहिए था न ! मेरे पास कितना दम है, यह उनको विदित होना चाहिए। कहा—'सचमुच 'The' (थे) होना चाहिए। Therapy (थेरपी) शब्द है, उसमें 'थे' बन गया। अलग अपने-आप 'दि' बन जाता है।' 'दि' का अर्थ 'एक' लिखवाया।

आपने पूछा—'ए' (A) का मतलब भी एक और The का मतलब भी एक है न ?'

मैंने कहा—'जल्दी मत कीजिए। पहले-पहले बच्चों को सिखाते समय इसका अर्थ 'एक' ही कहते हैं; किंतु सच तो यह है कि इन दोनों ही शब्दों के अर्थ नहीं हैं। A dog का मतलब 'एक कुत्ता' नहीं होगा। केवल कुत्ता मात्र होता है। ऐसे ही The man का मतलब मनुष्य के लिए है। 'वह मनुष्य' नहीं होता। किंतु प्रसंग के अनुसार The man का अर्थ वह आदमी भी कहना पड़ता है। इस तत्त्व को पढ़ते-पढ़ते कहीं समझ पायेंगे।'

विष्णुशर्मा ने पूछा—यह कैसी बात कहते हो ! तब तुमने कहा था

कि 'दि' का अर्थ एक, अब तुम कुछ और कहते हो और उसका अर्थ वह बताते हो।'

मैं पानी पी गया—'नहीं, नहीं, इसका अर्थ 'एक' नहीं है, तत् अर्थ ही है। 'एक' कहकर उसका अर्थ मैंने कैसे समझाया, इसी पर मैं विचार कर रहा हूँ।'

विष्णुशर्मा ने कहा—'विचार मत करो। 'प्रमादो धीमतामपि'! सब प्रमादों से भरी इस भाषा से तुम्हें एक प्रमाद हुआ, तो दोष क्या है!'

मैंने man शब्द का अर्थ पूछा। आपने स्पेलिंग बताया और अर्थ भी। तिक्कना से woman शब्द पूछा। आपने स्पेलिंग और अर्थ बताया।

विष्णुशर्मा ने पूछा—'यह क्या है? तुम दो-तीन भाषाएँ जानते हो न!'

'मेरी समझ में नहीं आया, आप क्यों पूछ रहे हैं! आपने संस्कृत के लिए शब्द पूछा। मैंने पुरुष कहा। फिर woman के लिए पूछा। मैंने स्त्री कहा। तेलुगु में पूछा तो मगवाडु (पुरुष), आडदि (स्त्री) बताया।'

'तुम और कौन-सी भाषाएँ जानते हो?' आपने पूछा।

मैंने 'हिंदी' कहा।

फिर उसमें बताने के लिए कहा। मैंने मर्द-औरत बताया।

अब विष्णुशर्मा कहने लगे—'देखो! तुमने तीन भाषाओं में शब्द बताये। पुरुष शब्द और स्त्री शब्द अलग-अलग हैं, किन्तु अंग्रेजी में स्त्री शब्द को कुछ लगा दिया। यह क्या है?'

मेरी समझ में बात आयी नहीं, आँखें गड़ाये रहा।

आपने कहा—'समझे नहीं? कैसे समझोगे! वह तुम्हारी बुद्धिहीनता है। इन शब्दों के रटने में अभ्यस्त हुई बुद्धि सोचने-समझने की तेरी कुशाग्रता को खा गयी है। अभी कहना नहीं चाहिए, किंतु एक चीज तो समझा ही देता हूँ। इस देश में आप सब लोग तो अंग्रेजी बहुत पहले से पढ़ रहे हैं, लेकिन हमें अंग्रेजी के अक्षर और दस शब्द सीखने पर ही हमारी समझ में आ गयी है कि यह भाषा बहुत ही कंगाल है। यह भाषा इतनी निरर्थक है, ऐसा आपको समझ में नहीं आती। क्यों नहीं आती है, जानते हैं? इसलिए कि आपको आदत हो गयी है। वे पढ़ने के लिए कहते हैं और आप लोग

चुपचाप पढ़ने लग जाते हैं। पढ़ने पर ही कहीं आपको नौकरियाँ मिलती हैं। इसी चीज का सबसे ज्यादा ध्यान रखना पड़ता है। 'शरीर माद्यम खलु धर्म साधनम्, है न !'

मेरा तन-मन जल गया। मर्यादा के साथ कह देता तो मैं भी चुप हो जाता, किंतु इतना बड़ा आक्षेप उठाने पर मैं अपनी स्थिति क्या कहूँ ! अंग्रेजी में जैसे कहते हैं न 'Turned to bay', मैंने कहा—'सज्जन महाशय ! कम नजर से मत देखिए। Woman शब्द का प्रयोग आप लोगों ने यों ही नहीं किया। पुरुष के शरीर से निकालकर ही भगवान ने स्त्री की सृष्टि की थी। पुरुष से निकालकर जन्म दी गयी, इस कारण से Woman कहा गया। इसके अतिरिक्त मेरी समझ में एक बात आयी है। आपको भी समझा देता हूँ। अपने देश की तरह उनके देश में शादी-ब्याह के संबंध में उनके माता-पिता न तो सोचते हैं और न ही इसमें किसी तरह का सहयोग करते हैं। पुरुष स्त्री को 'Woo' करता है। Woo करने का मतलब उससे दोस्ती करना है। फिर वह उसके साथ नाचता-गाता है। उसे फूल खरीदकर देता है, ताकि वह खुश होकर उसके साथ शादी करने के लिए तैयार हो सके। इसलिए उसे Woman कहते हैं। देखिए, कितना अच्छा शब्द है !'

विष्णुशर्मा ने कहा—'बहुत अच्छा है। किंतु कल जब मैं बाज़ार से गुजर रहा था, तो दो झगड़ रहे थे। दोनों कुरते-उरते पहने हुए थे। एक कह रही थी, स्त्री को स्वतंत्रता चाहिए। Man से Woman जन्म लेती है, तब स्त्री-स्वातंत्र्य का सवाल ही कहाँ पैदा होता है ! वह पुरुष और स्त्री हों तो स्त्री को स्वतंत्रता दे सकते हैं। वह शब्द और यह शब्द अलग-अलग हैं। इसलिए अनादि से इनके और उनके बीच में कोई संबंध नहीं हो सकता। किंतु यहाँ ऐसा जमता नहीं।'

मैं आगबबूला हो गया—'महाशयजी ! वेदांत और सृष्टि कैसे हुई, शब्द कैसे पैदा हुए, पैदा हुए तो ऐसा-वैसा आदि के संबंध में पढ़ रहे हैं या भाषा सीखने के लिए पढ़ रहे हैं ?'

तिक्कना ने कहा—'सच है जी विष्णुशर्मा, बेचारा इस दीपक के सम्मुख बैठ नहीं पा रहा है। अब इसे छोड़ दीजिए।'

विष्णुशर्मा ने कहा—'आपने बिलकुल ठीक कहा है, किंतु मैं इसे छोड़

दूं कैसे ! सुबह-शाम मैं जो भोजन पकाये दे रहा हूँ। परसों पता लगाया, दो जून खाना देकर महीने में बीस रुपये देने पर भी कोई बावर्ची यहाँ नहीं मिलता है। ऊपर से यह हेराफेरी भी कर जाता है। सात सौ अपने नाम पर जमा कर लिया। किंतु ये चार रुपये हैं। 'खर्च कर लो' कहकर दिया क्या ? रास्ते में था। एक सज्जन अपने हाथ में कुछ लेकर सूँघ रहा था। मैंने पूछा—यह क्या है ? आपने 'सूँघनी' कहा। 'वह क्या है' यह सोचकर मैंने चुटकी भर सूँघकर देखा। सच मानो तिक्कनाजी, भारत की रचना के समय में अगर यह सूँघनी होती, अगर आप उसे सूँघते हुए भारत की रचना करते, तो भारत इस भारत से दस गुना रुचिकर बन गया होता।'

तब तिक्कना ने कहा—'इसमें कौन-सी बड़ी बात है ! फिर लिखूँगा। उसे किस चीज़ से तैयार करते हैं, जानकर क्यों नहीं आये ?'

विष्णुशर्मा ने कहा—'जानकर ही तो आया हूँ। कोई डरने की बात नहीं। खरीदकर ही लाना चाहता था। आपने तो मेरे हाथ में कुछ पैसा रखा नहीं था। फिर एक समस्या और उठ खड़ी हुई। वह यह है कि हमें ये सिक्के और इनका उपयोग भी तो मालूम नहीं। अंग्रेजी के साथ गणित भी इनसे पढ़वा लेना है। एक रुपये में कितने आने हैं, कितने कानि (एक कानि में तीन नये पैसे) हैं, कितने पैसे हैं और किस सिक्के का आकार क्या होता है—यह सब जाने बिना बाजार जायेंगे तो लोग हमें पागल बनाकर छोड़ेंगे। प्राचीनकाल में जब हम जिंदा थे, उन दिनों का अलग हिसाब था। दीनार, माडा, ठोली आदि शब्द आज बिलकुल सुनायी नहीं पड़ते।'

झट मैंने घर में जाकर चार रुपये लाकर दोनों के हाथ में दो-दो रुपये रख दिये। घर में थोड़ी-सी फुटकर थी। लाकर उनमें से अठन्नियाँ, चवन्नियाँ, दुअन्नियाँ, आने, कानि आदि दिखायी और कहा—'महाशय ! आपका पैसा मुझे नहीं चाहिए। चाहें तो बैंक का एकाउंट आपके नाम पर ही कर देता हूँ।'

विष्णुशर्मा खिलखिलाकर हँसने लगे। कहा—'अरे पागल ! तेरा पैसा हमें नहीं चाहिए। मैंने तो योंही तुझे चिढ़ाने के लिए कहा था। तेरी पत्नी मेरी बेटी है न ! और तुम मेरे दामाद हो गये हो न ! वह पैसा तुझे दहेज के रूप में दे दिया, समझ लो।'

क्या करूँ ! इन लोगों से निपटूँ कैसे ? ऊपर चढ़ाया तो ब्रह्महत्या-दोष, नीचे उतारा तो गोहत्या-दोष। इन लोगों के साथ व्यवहार करना नंगी तलवार पर चलने जैसा ही है। उकताकर मान लिया और पढ़ाने को तैयार हो गया। बैठने के लिए कहा।

विष्णुशर्मा ने पूछा—'अब क्यों ?'

तिक्कना ने कहा—'यह कैसी बात है ! तुमने उसके दिल को इतना सताया, दुखाया। अब भला उसे नींद आयेगी क्या ! चलो, अब थोड़ी देर बैठकर सीख ही लेते हैं।' और वे दोनों बैठ गये।

''जाना'—इसके लिए अंग्रेजी में क्या कहते हैं ?' मेरे पूछने पर विष्णु-शर्मा ने 'Go' कहा।

मैंने 'I go' का मतलब पूछा। आपने 'मैं जाता' कहा। मैंने कहा—'ऐसा नहीं। 'I go' का मतलब 'मैं जाता हूँ' होता है।'

आपने पूछा—'इसमें 'ता' कहाँ से आ गया ?'

मैंने कहा—'ऐसा ही समझना चाहिए।'

आपने पूछा—'यह ठीक नहीं। अच्छा, यह बताओ, यह है किस काल में ?'

मैंने 'वर्तमान काल' कहा। भूत और भविष्य नहीं है। तद्धर्म कहना चाहिए। अंग्रेजी में इसे Present Indefinite कहते हैं; अर्थात् निश्चित रूप से कहा नहीं जा सकता, ऐसा यह वर्तमान है। तात्पर्य यह है कि जाये तो जाये नहीं तो नहीं। हिंदी में सामान्य वर्तमान काल कहा जाता है। हर रोज 'जाता हूँ' ऐसे अर्थ में भी प्रयोग करते हैं। भाषा में प्रयोग करते हुए उसकी विशेषता जान लेनी चाहिए।'

विष्णुशर्मा ने कहा—'ऐसी बात नहीं है। Go शब्द है न, वह धातु रूप है। उसको क्रिया वनाना है, तब उसे प्रत्यय जुड़ते हैं। संज्ञाओं, क्रियाओं को प्रत्यय जुड़ते हैं न ! अक Man शव्द है, 'आदमी से'। अगर तेलुगु में कहना चाहें, तो अब तृतीया विभक्ति को जोड़ें। संस्कृत में 'मनुष्येण' कहते हैं। तेलुगु में क्या कहते हैं ?'

''मनुष्युनितों' (मनुष्य से)।' मैंने जवाब दिया—'आपने देखा है न, अपनी तीन भाषाओं में संज्ञा के करणार्थ में (करण कारक) तृतीया विभक्ति

का उपयोग हुआ। इसी प्रकार क्रियाओं पर भी प्रत्यय जोड़कर उपयोग करते हैं। उस पर बाद में चर्चा करेंगे।'

''आदमी से'—इसके लिए अंग्रेजी में क्या कहते हैं?'

मैंने 'By the man' कहा।

'यह कैसे होगा?'

आपके पूछने पर मैंने समझाया 'बी वाई=वाई' आपको लिखाया था, अब वाई को मिलाया।'

आपने पूछा—'कहाँ मिला दिये हो, जानते हो? इसीलिए शायद आपकी स्कूल में तनख्वाह नहीं बढ़ रही है। हमारा आपके घर पर पधारना कैसा, यदि आपके स्कूल में तेलुगु शाखा का अध्यक्ष कोई दूसरा रहे। अब यह संभव नहीं होगा।'

मैंने कहा—'बाबा! यह नहीं। इस भाषा में शब्द के साथ प्रत्यय नहीं जोड़ते। संज्ञाओं के पहले ही जोड़ते हैं।'

आपने तब सब विभक्ति प्रत्ययों को समझाने के लिए कहा—'द्वितीया विभक्ति का प्रत्यय कौन-सा है?'

मैं क्या बताऊँ! 'द्वितीया विभक्ति का प्रयत्य नहीं है।' मैंने कहा।

तब आपने पूछा—'राम ने रावण को मारा'—इस वाक्य को अंग्रेजी में कैसे कहोगे?'

मैंने 'मारना' शब्द अभी तक न तो लिखवाया था और न ही सिखाया था। अब बताने के लिए पूछा है तो मैंने 'Kill' कहा।

आपने पूछा—'दो 'एल' क्यों?'

मैंने कहा—'आपको ऐसा पूछने का हक नहीं है,' और बताया—'Rama Killed Ravana। 'Killed' भूतकाल की क्रिया है।'

आपने पूछा—'यह मारने को बीच में क्यों रखा है?'

'बस, वह वहीं रहता है।'

आपने हँसकर कहा—'जो मरनेवाला है, बीच में से बचकर भाग निकलेगा।'

यह मजाक मेरी समझ में नहीं आयी। थोड़ी देर के बाद समझ गया। मेरे जैसे बुद्धिमान लोग इस दुनिया में रहते हैं न, उनके लिए इस चमत्कार

(विचित्रता) को प्रकट करता हूँ। वास्तव में इस प्रकार भाषा की परीक्षा कर देखेंगे, तो वह भाषा टिकती नहीं। कोई भाषा टिकती नहीं। इस परीक्षा में केवल संस्कृत भाषा टिक सकती है। उससे निःसृत भाषाएँ होने के कारण भारतीय भाषाएँ टिक सकती हैं। यहाँ शब्द और अर्थ सीखना नहीं है। 'राम ने रावण को मारा।'—इस वाक्य में 'रावण को' शब्द बीच में है। 'मारा' शब्द उसके बाद आया। मरना पूरा हो गया। जो मारा गया, वह तत्-पूर्व ही लिया गया। 'मारना'—इस धातु में जो अर्थ है, उसको बिलकुल लग जायेगा। कहीं चूकता नहीं। यह एक की विलक्षण परिकल्पना है। किंतु उस क्रिया का फल किसको मिल रहा है? उसको पहले कहने से फल उसे मिल गया, अंग्रेजी में ऐसा लगता नहीं। शब्दों का क्रम 'ऐसा रहना है या ऐसा नहीं रहना है' के संबंध में व्यंग्य करते हुए तत्त्व दृष्टि से आपने व्याख्या की। उसे व्यंग्यपूर्वक समझाया। मैं नहीं जानता कि कितने लोग इसे समझ पाते हैं। मैं इसे समझ गया। जानकर फिर आपने व्यंग्य जारी रखा :

'पहले 'Rama Killed' कहने मे तेरा Ravana वहाँ से भाग निकला। अब तुझे क्या करना है, मालूम है? रोते हुए किसी बकरी को, किसी कुत्ते को लाकर वहाँ रखना चाहिए। हिंदी में तुमने रावण को बीच में रखा है तो वह भाग कैसे निकलेगा? मरकर ही रहेगा।'

मैंने कहा—'अरे बाबा! बस करो! यह व्यंग्य करना छोड़ दो।'

तिक्कना ने जो अब तक चुप था, कहा—'बाबा! यह व्यंग्य नहीं है। भाषा है। भाषा अर्थात् वहाँ के शब्दों तथा वाक्यों के द्वारा भावनाओं को जानना है। मनुष्य की बुद्धि सदा प्रसारित होती रहती है। उसका मन चंचल होता है। यह मन का लक्षण है। इस मन के प्रसार के अनुकूल भाषा का निर्माण कर लेना चाहिए। वाक्य-विन्यास भी ऐसा ही होना चाहिए। 'मारा' कहते हो, लेकिन किसे? पहले यह विदित हो जाना चाहिए। बाद में विदित होने से मन के परम सूक्ष्म अंश पर भार पड़ता है। अब तक हमने कुछ नहीं सीखा है। अक्षर सीखकर, दस शब्द सीखकर वाक्य-निर्माण करते-करते पता लग गया कि इस भाषा की स्थिति इतनी घोर (कमाल) है। इस भाषा को इस देश में, इस स्वर्णिम देश में, संस्कृत से निष्पन्न तेलुगु भाषा के

अध्ययन करने वाले देश में मासूम शिशुओं की बुद्धि पर, उनके मन पर सैकड़ों वर्षों से आप लाद रहे हैं। अनजाने में उनके मन में स्थित परम सूक्ष्म, परम सुकुमार कोमल मनोवृत्ति कितनी तड़प रही है, इस पर कितना भार पड़ रहा है—आपको विदित ही नहीं है। शायद इसीलिए आप लोग इतने बुद्धिचतुर बने रहते हैं।'

तब विष्णुशर्मा ने कहा –'महाशय ! द्वितीया विभक्ति के प्रत्यय का अभाव महादोष है। बिना विभक्ति के रहना नहीं चाहिए। एक विभक्ति प्रत्यय के बदले में दूसरे विभक्ति प्रत्यय की कल्पना कर सकते हैं, किंतु उसे द्वितीया विभक्ति में करना ठीक नहीं। देखो, Rama Killed Ravana —इन शब्दों को ऐसा ही मरना है। अपनी भाषा में देखो—रावण को मारा राम ने, रावण को राम ने मारा, राम ने मारा रावण को, राम ने रावण को मारा—इतने प्रकार से कह सकते हैं। सब वाक्यों का अलग-अलग अर्थ निकलता है। 'रावण को मारा राम ने' में राम ने विशेष रूप से रावण को मारा है, यह अर्थ निकलता है। यह अर्थ तेरी समझ में आ जाय, इसलिए और चार वाक्य कह देता हूँ। हिरण्यकश्यप को मारा नरसिंह मूर्ति ने, कंस को मारा कृष्ण ने, रावण को मारा राम ने। अब देखा—रावण शब्द पर द्वितीया विभक्ति के कारण और उसको पहले रखने के कारण कैसा अर्थ निकलता है ! अब दूसरे वाक्य परखें। 'रावण को राम ने मारा'—इस वाक्य का अर्थ कैसा निकलता है, देखो। इंद्रजित (मेघनाद) को लक्ष्मण ने मारा। रावण को राम ने मारा। अब तीसरा वाक्य है— राम ने मारा रावण को। इसका मतलब है, कोई दूसरा नहीं। जानते हो, इतने अर्थ कैसे निकल रहे हैं ? द्वितीया विभक्ति के प्रत्यय के रहने के कारण और उस शब्द को तीन स्थानों में उपयोग करने के कारण। विभक्ति प्रत्यय के अभाव में ये अर्थ नहीं निकलते। यह शान, शौकत, सौंदर्य नहीं है क्या ? भाषा को जागरूक होकर इस्तेमाल करना चाहिए। इसी भाषा को बहुत बढ़िया कहते हो ! इसमें सरल रीति से अनेकार्थ कहने की सुविधा नहीं है।'

तृतीया विभक्ति पढ़ाने को कहा।

मैंने अभी जो कहा था न, वही कहना चाहिए। इसी प्रकार By the

lion अर्थात् 'सिह है' कहा।

तब स्पेलिंग पूछा। मैंने बताया।

तब आपने कहा—'इस lion से go यानी 'जाना' शब्द अच्छा है। यह गम, गच्छ से निकला है। 'गो' शब्द की उत्पत्ति भी ऐसी ही है। जो भी हो, उनकी भाषा भी शायद संस्कृत से निष्पन्न हुई लगती है।'

मैंने कहा—'सज्जन ! संस्कृत से ही निष्पन्न हुई है। फारसी, अरबी, लैटिन, ग्रीक, संस्कृत—इन सबसे पहले एक ही भाषा थी। उसी से सब भाषाएँ निकली हैं, आजकल लोग कहते हैं।'

आपने पूछा—'वह कौन-सी भाषा थी ?'

मैंने कहा—'मुझे नहीं मालूम। आप कहते है कि कोई एक भाषा रहनी चाहिए। उसमें से ये सब भाषाएँ निष्पन्न होनी चाहिए। कहते हैं तो ठीक है।'

फिर आपने पूछा—'वह कौन-सी भाषा है, जिसे लोग मूल भाषा कहते हैं ?'

मैंने कहा—'वह तो मुझे मालूम नहीं है, किंतु यह उन लोगों की कल्पना है।'

आपने पूछा—'ऐसी कल्पना उन लोगों ने क्यों की ?'

मैंने हँसकर कहा—'कल्पना की है, तो आप क्यों पूछते हैं कि ऐसी कल्पना ही क्यों की है ? कारण कौन बता सकता है ?'

आपने कहा—'महाशयजी ! यदि कोई कल्पना करता है तो उसका कोई न कोई हेतु बताता है। हमने आज तुम्हारे पास आने की कल्पना की है। यों ही नहीं की है। तुम्हारा उद्धार करने आये हैं। ऐसे ही पूछा है कि तुम कोई कारण जानते हो या नहीं।'

मैंने कहा—'उसका कारण शतधा ऐसा हो सकता है। टिबेट के पार्श्व में उसे 'एशिया माइनर' कहा जाता था। पहले-पहले आदमी वहाँ पैदा हुआ। वहाँ एक भाषा रही होगी। वहाँ से अपने भारत में जो लोग आये, उसे संस्कृत बना लिया। दूसरे देशों में जो लोग वहाँ से गये, अन्यान्य भाषाओं को विविध रूपों में मान लिया। मूलभाषा तो मर गयी होगी।'

आपने पूछा—'वह कैसे मर सकती है ? उस 'एशिया माइनर' में वह

अवश्य रहनी चाहिए।'

मैंने कहा—'यहाँ कोई ऐसी भाषा नहीं है।'

वह इतना भारी आदमी जो काफी देर से पद्मासन पर बैठा था, अब पाँव हटाकर एक पैर पर बैठ गया। दायें हाथ को माथे पर रखकर सोचने लगा। आखिर क्या बात होगी ? तिक्कना खिलखिलाकर हँस पड़े। मैं समझ न सका। 'आप जो कुछ भी कहते हैं, थोड़ी देर के बाद कहीं मेरी समझ में आता है।' यह सब आपत्ति उठाना है। तिक्कनाजी हँस रहे हैं। थोड़ी देर के बाद समझ गया।

इस व्यक्ति में इतनी आपत्ति की प्रवृत्ति क्यों है ? मैंने पूछा—'सज्जन ! आक्षेप करना सरल है। हमारे वाइस चांसलर, हमारे मंत्रिगण, हमारे बड़े-बड़े पंडित, हमारे बड़े-बड़े प्रोफेसर—उनके यहाँ जाकर अपनी आपत्ति बताओ। सिर खुजलाने पर भी मेरे पास कौड़ी न निकलेगी। यहाँ आकर आपत्ति उठाने में क्या फायदा है ?'

आपने कहा—'हम उनके पास कैसे जायें ? वे लोग सुखी नींद लेते रहते हैं। उनको सपने नहीं आते। सपना आये तब न हमारा उनके पास जाने का। मैंने दो-तीन बार उनके सपने में दिखायी पड़ने को सोचा। वे लोग मांस-मदिरा इत्यादि खाकर-पीकर पड़े रहते हैं। उनके द्वारा पिया हुआ श्रेष्ठ मद्य उनके पेट में मांस से कुश्ती लड़ता रहता है, और आप सोते रहते हैं। मुझे उनके पास जाने की सामर्थ्य नहीं है। मैंने खूब सोचा कि तेरे जैसे दौर्भाग्य के पास ही जाना चाहिए, तभी मेरी आपत्ति करने की खुजली शांत होगी। इसलिए तेरे पास आ गया। ठीक है, यह बताओ, कि तृतीया विभक्ति में By Man कहना है, या By the man ?'

मुझे भी शक हुआ। तेरी ऐसी की तैसी ! मैं 25 वर्षों से अंग्रेजी पढ़ रहा हूँ। इस The का उपयोग कहाँ करना है, समझ न सका। मेरे कॉलिज में कम-से-कम 60 लेक्चरर हैं। एक Foulers' Dictionery देखकर आता है। दूसरा यह सोचकर कि यह उसे क्यों देखना है, Encyclopedia देखकर आता है। दोनों कसरत करते हैं। कुश्ती भी लड़ते हैं। अंग्रेजी कैसे सीखना है, शुद्ध कैसे बात करना है, आदि-आदि के संबंध में अनेक पुस्तकें हैं। हम लोग ये पाठ्यग्रंथ ही पढ़ नहीं पा रहे हैं, उनको कहाँ पढ़ेंगे ? किंतु इस

बीच में Intermediate फेल होकर बेकार घूमनेवाले यहाँ-वहाँ पत्रिकाओं के लेखक बन बैठे हैं। वे दावा करते हैं कि अंग्रेजी पूरी उनकी संपत्ति है। शायद उनको पता होगा कि इस The का उपयोग कहाँ करना है।

मैंने विष्णुशर्मा से कहा—'कुछ भी हो, तृतीया विभक्ति के लिए The को पीछे ही लिखना है।'

आपने कहा—'ठीक है, ऐसा ही लिखूंगा। लेकिन तुम अपने बेटे से लिखाओगे न, तो तुम्हारी जान चली जायेगी। कहोगे तो वह भी लिखेगा, लेकिन इस बार पढ़ाने के बाद।'

आपके कहने पर मैंने कहा—'महाशय ! ऐसी बात नहीं। आपसे कठिनाई यही है कि आपको पहले से व्याकरण आता है। संस्कृत और आंध्र व्याकरण जानते हैं। इसलिए आपको तकलीफ हो रही है। तेलुगु व्याकरण जो नहीं जानते हैं, उन बच्चों से By the man (मनुष्य से), By the dog (कुत्ते से), By the cat (बिल्ली से) आदि-आदि रटाते हैं। उन बच्चों को यह तृतीया विभक्ति है, यह प्रकृति है, यह प्रत्यय है, यह भूमिका है आदि-आदि कुछ नहीं मालूम। उनको अंग्रेजी आती है। वे ऐसे ही सीख लेते हैं। आज तक करोड़ों लोग ऐसे ही सीख रहे हैं। अब हुई मुश्किल तो आप जैसे लोगों से।'

'अरे बाबा ! तुम एम० ए० पास हो गये हो। तुम्हें अंग्रेजी, तेलुगु, संस्कृत आदि पांडित्य है, समझ रहे हो, और तुम इतना भी नहीं जानते कि By the man कहना है या By man ? तुम्हारी अंग्रेजी कितनी अच्छी है, संस्कृत और तेलुगु तुम कितना जानते हो, यह भी हम एक महीने से देख रहे हैं। इस देश के अंग्रेजीदाँ सब ऐसे ही हैं शायद। कम-से-कम सौ में से निन्यानवे को अंग्रेजी आती नहीं। तेलुगु भी नहीं आती। क्योंकि मातृभाषा तो बोलते-बोलते सीख लेते हैं। उसके बाद उस भाषा का व्याकरण जान लेते हैं। व्याकरण जानकर पंडित हो जाते हैं। तुमने चार सौ किताबें पढ़ डालीं, किंतु व्याकरण नहीं आता। तो अपंडित ही हुए न ! मतलब यह है कि आप सब लोग अपंडित हैं। समझ लो, अपनी मातृभाषा व्याकरण के साथ सीख गये हो, अन्य भाषाएँ भी सरल ही सीख सकते हो। तुम्हारी अंग्रेजी को मैं चार महीने में सीख लूंगा। देखो, ऐसे ही शब्द सीख लेंगे, तो आधी भाषा आ

गयी, समझो। सर्वनाम, नाम, क्रिया, काल आदि-आदि सीख लेते हैं। उसके बाद अभ्यास करते-करते धड़ाधड़ बोलने लग जायेंगे। बस, भाषा आ जायेगी। इस प्रकार कुछ महीनों में सीखी जाने वाली भाषा को आप लोग बीस वर्षों तक पढ़ाते हैं। फायदा क्या हुआ कि आपको मातृभाषा तक नहीं आती। और मातृभाषा भी नहीं आती, तो समझो, कुछ भी नहीं आती है।'

मैं क्या करूं? चुप कैसे बैठूं? चुप बैठने से ही तो इज्जत जा रही है। कहा—'महाशय! 'अंग्रेजी बेकार है'—ऐसा कहनेवाले हमारे देश में भी अनेक हैं। इसके लिए आपको स्वर्ग से उतरकर आने की कोई आवश्यकता नहीं थी।'

आपने कहा—'अंग्रेजी भाषा बेकार है, ऐसा कहने के लिए मैं नहीं आया। इंद्र ने सीखकर आने के लिए कहा था। वह मुझसे वहाँ सीख लेगा।'

मैंने कहा—'ठीक है वह, अब The रहे या न रहे, यह तो सीखो। विभक्ति प्रत्यय सब संज्ञाओं के पहले ही आते हैं।'

आपने पूछा—'चतुर्थी विभक्ति कौन-सी है?'

मैंने कहा—'For the sake of कभी-कभी एक for से भी काम चलता है।'

आपने for की स्पेलिंग पूछी, और मैंने F-o-r कहा।

आपने पूछा—'O दीर्घ के लिए है न, फिर यहाँ ह्रस्व के लिए कैसे आ गया?'

मैंने समझाया—'दीर्घाकार हो तो 'A' आता है, और वह Far (फार) होता है। फिर ह्रस्वाकार के लिए 'u' आता है, तो Fur (फर)। 'फर' का मतलब है—बाल।'

आपने कहा—'ठीक है। यह चौथी विभक्ति है। अब पाँचवीं कौन-सी है?'

मुझे कुछ समझ में नहीं आया। 'इसमें पाँचवीं विभक्ति नहीं हैं।' मैंने कहा।

आपने पूछा—'क्यों नहीं है?'

मुझे स्मरण में आ गया। कहा—'प्राकृत भाषा में नहीं है।'

बस, साहब का दिमाग ठस हो गया। जवाब ऐसा जमना चाहिए।

षष्ठी विभक्ति पूछी।

'To' (टु), Of (आफ), In (इन) से षष्ठी हैं।' मैंने कहा।

सप्तमी पूछा तो मैंने On (ऑन) कहा। आप तृप्त हुए।

'आपकी भाषा अच्छी है, किंतु राजा, इसमें एक समस्या है। मुझे पढ़ाना तो आसान है, लेकिन आपको अपने बच्चों को पढ़ाना मुश्किल होगा। क्योंकि देखो, उनको तुम अंग्रेजी सिखाना कब आरंभ करते हो? कहीं आठ साल की आयु में सिखाते हो। तब तक वे तेलुगु में बात करते हैं। इसलिए तुम अंग्रेजी शब्दों के तेलुगु अर्थ बताते हो, वाक्यों के अर्थ भी तेलुगु में पढ़ाना पड़ता है। उनके मन में विभक्ति प्रत्यय कौन-से हैं और संज्ञाओं पर विभक्ति प्रत्यय कब छोड़ते हैं, आदि बातें बैठ जाती हैं। उस भाषा के सीखने पर पीछे आना पड़ता है। मासूम बच्चों को कैसे मालूम, किधर मुड़ना है। बड़े होने के बाद 'बेटे! दायाँ मुड़' कहने पर वह मुड़ जाता है। अबोध बच्चों को दायाँ मुड़ना मालूम नहीं। उन्हें पकड़-पकड़कर खड़ा करना पड़ता है। ऐसा कष्ट उठाना पड़ता है। बस, तुम और क्या करोगे, 'मूर्ख कहीं के' कहकर चार बातें सुनाकर और दो जमाते हो। उस अबोध अवस्था में उसको पढ़ाने से अंग्रेजी नहीं आ रही है। इसमें उसकी बुद्धि और तेरी बुद्धि काम नहीं करती। बस, विशेषता यह है कि सात-आठ साल में प्रारंभ कर दसवें वर्ष तक आदत होती है और धीरे-धीरे सोलह-अठारह साल पर रफ्ता-रफ्ता वह बात करने लगता है। मतलब यह हुआ, दस साल तक उसकी बुद्धि के लिए कोई शिक्षण का नियम नहीं है। यों ही सुनते-सुनते आदत से वह भाषा में बोलेगा। 'यह यह है'—यह जानकर वह चलता नहीं, बोलता नहीं। अब समझो, जैसे मैं हूँ। तुमने कहा था, यह विभक्ति पीछे डालो। मैं ध्यान में रख लेता हूँ। मैं रहस्य समझ गया हूँ। वह देखो, तुम्हारा बेटा है, उसको पाँच-छः साल सीखने पर कहीं वह आदी हो पाता है। इन पाँच-छः सालों में उसको तेलुगु सिखाओ, तेलुगु व्याकरण सिखाओ, यह शब्द है, यह प्रत्यय है आदि-आदि, तो वह सब जान लेता है और एक साल में सीख लेता है। घर में जीतो, फिर बाहर जीतने के लिए जाओ। वह बाजार अपने देश में नहीं है।

वह इंग्लैंड में है। वहाँ तक सब लोग जा ही नहीं सकते। अब जीतने का सवाल ही नहीं उठता, अब दोनों ओर जा रहे हैं। तुम्हें तो न अंग्रेजी आती है, न तेलुगु। धोबी का कुत्ता न घर का न घाट का।'

मैंने कहा—'सज्जन ! मुझे अजीर्ण रोग है। मुझ अकेले को ही नहीं, इस चक्की के चावल खानेवाले सभी को है। खाना खाते ही स्कूल की ओर दौड़ने से मुझे खाना कैसे पचता ! इसलिए मुझे सपने आने पर यह कोई जरूरी नहीं कि आप लोग रोज आकर मेरे सिर पर बैठें। कहीं किसी को सपने आते हैं तो वे अलग-अलग होते हैं, लेकिन आप लोग ऐसे नहीं हैं। कल सपना जहाँ से छूटा था, आप वहीं आकर बैठ जाते हैं। यह सिलसिला चलता रहता है। मेरे सपने ऐसे हैं, यदि किसी से कह दूँ, तो कोई विश्वास नहीं करेगा। इसलिए प्रभो ! आप लोग सपने में आना छोड़ देंगे तो माचवरम् के हनुमानजी को सौ नारियल चढ़ा दूँगा।'

आपने कहा—'अरे पागल ! जल्दी मत करो। सौ नारियल मामूली बात नहीं है। एक नारियल पाँच आने का है। परसों पता लगाया। जब एक नारियल पाँच आने का है तो सौ के लिए कितना पैसा लगेगा ? पाँच सौ आने ! एक रुपये में कितने आने होते हैं ?'

'सोलह आने।' मैंने कहा।

'अब देखा ! सोलह तिरये अड़तालीस। इकतीस रुपये और चार आने हुए। इतना पैसा कहाँ है तेरे पास ? इसलिए सपने में ही इसको चढ़ा दो। 'हमारा पैसा है न, जगने के बाद चढ़ाऊँगा'—ऐसा चाहोगे तो महीने भर घास चरनी पड़ेगी।'

यह भी सच है। इस मिन्नत को सपने में ही चुकाना है।

बस, दोनों को लेकर बाज़ार गया। सौ नारियल खरीद तिक्कना के सिर पर रखें, तो अच्छा नहीं लगेगा। अब मुझे और विष्णुशर्मा को ही ढोना है। यह सब परेशानी क्यों ! एक रिक्शा को तय किया। वह सपने का रिक्शावाला है। वास्तव का नहीं। वह झूठमूट का है न, चार आने में आना चाहिए न, लेकिन वह भी एक रुपया माँगता है। स्वर्ग भी जायें तो धुनी धुनने से बच नहीं सकते। सपने में रिक्शा की बात करें, तब भी भाड़ा ज्यादा हो गया। फिर सोचा, पैसे तो उनके हैं न, कितने भी खर्च हों।

'मिन्नत पूरी कर घर आ गया । मेरे साथ वे भी आ गये ।

'सज्जनो, चले जाओ ।' मेरे कहने पर भी वे गये नहीं । फिर हनुमानजी की मिन्नत पूरी करने में क्या फायदा हुआ ? मेरी समझ में बात नहीं आयी । मैंने आपसे कहा—'सज्जन, देखिए ! आपकी पीड़ा से बचने के लिए ही मैंने नारियल चढ़ाये हैं । फिर भी आप लोग मुझे छोड़ नहीं रहे हैं ।'

'हमारे पैसों से ही तो तुमने नारियल चढ़ाये हैं, इसलिए हम तुम्हें नहीं छोड़ेंगे ।'

मैंने कहा—'कल सुबह जगने के बाद सचमुच नारियल चढ़ाऊँगा ।'

विष्णुशर्मा ने कहा—'अरे पागल ! जगने के बाद ऐसा काम करोगे तो सवा इकतीस रुपये खर्च होंगे । इसलिए अब चढ़वा दिया । तुमने नारियल चढ़ाये, लेकिन कौड़ी खर्च न हुआ । क्या हानि हुई ?'

मैंने कहा—'महाप्रभु ! आप मुझे छोड़ दीजिए ।'

विष्णुशर्मा समझाने लगे—'बेटे ! सपनों का रहस्य तुम नहीं जानते । हम तुम्हें छोड़ नहीं रहे हैं, ऐसी बात नहीं है । तुम ही हमें छोड़ नहीं रहे हो । वह तुम्हारे अंतस्तल में अंकित हुआ है । उसका अंत जाने बिना तुम्हारा मन यह सपने लाता रहता है । तुम ऐसी मनौती करते रहोगे, तो नुकसान तुम्हें ही होगा । हमारा पैसा व्यर्थ में खर्च होगा ।'

मैंने विचार किया, यह श्राद्ध हटाने का नहीं । ठीक है, पढ़ लो । फिर इस काम के लिए मेरे हाथ से नारियल क्यों चढ़वाये ?'

आपने कहा—'तुम्हारा क्या नुकसान हुआ ? उसमें तुम्हारा भी पुण्य होगा ।'

'सपने में चढ़ाये नारियल के लिए भी पुण्य होता है !' मैंने पूछा ।

आपने समझाया—'मन प्रधान है । अनेक जन्म भी सपनों में गुजर जाते हैं, ऐसा हमारी पुस्तकों में लिखा हुआ है । आपके लोग भी तो कहते रहते हैं न ! अब देखो, 'actors' हैं । अभिनय आदि के संबंध में भाषण करते हुए आपके लोग ऐसी कथा सुनाते हैं । आप लोग अपने लोगों पर भी भरोसा नहीं करते !'

ठीक है, उसके बाद फिर पढ़ाना शुरू किया ।

आपने 'क्रियाओं का इस्तेमाल, छोटे-छोटे वाक्यों को बोलना' आदि सिखाने को कहा—'परसों 'I go' पर बड़ी समस्या खड़ी कर दी थी न, उसी पर पढ़ाओ। हाँ, ठीक है। वह अनिश्चित वर्तमान है न! अब निश्चित वर्तमान क्या होता है?' आपने पूछा।

'I am going' मैंने कहा।

'going!' आपने पूछा कि उसका अर्थ मैं जानता हूँ न!

मैंने हामी भर दी।

'go' का मतलब 'जाना' है न! 'रहा हूँ' के लिए इसमें क्या है?'

'ing (इंग) है। 'हूँ' के लिए am है।'

'मतलब है—'मैं हूँ, जा रहा' ऐसा बैठ रहा है।'

'आपने बहुत अच्छा कहा। मैं उस पर यदि अर्थ निकालता रहूँ, तो आप मुश्किल में पड़ जायेंगे। इस पचड़े में मत पड़िए। 'वह जा रहा है' इसके लिए अंग्रेजी में क्या कहेंगे? 'He am going।'

मैंने कहा—'अरे बाबा! ऐसा नहीं होता। 'He is going' कहना चाहिए। क्योंकि am का मतलब 'हूँ' है। is का मतलब 'है' है।'

तब आपने पूछा—'हो' का मतलब क्या है?'

मेरे गले में कैथा (कपित्थ) पड़ गया। क्या कहूँ? Thou art going कहना चाहिए। यदि यह कह दिया तो वह ठीक नहीं लगता। इसलिए you कहना चाहिए, क्योंकि इसका मतलब 'तू' और 'तुम' दोनों है। उसको सदा बहुवचन के रूप में इस्तेमाल करना है। is का बहुवचन are है। इसलिए you are going कहना चाहिए। you are going का मतलब 'तू जा रहा है' है। इससे एकवचन का अर्थ निकलता है। 'तुम जा रहे हो'—बहुवचन भी यही है।

आपने पूछा—'यह क्या तमाशा है जी? उत्तम पुरुष के लिए am कहते हो। प्रथम पुरुष के लिए is कहते हो और मध्यम पुरुष के लिए कोई दूसरा नहीं रहना चाहिए?'

मैंने सवाल किया—'यदि कुछ नहीं है तो?'

आपने कहा—'वाह रे वाह! यह कोई बुद्धिमत्ता है!'

मैंने पूछा—'फिर क्या है?'

'I कर्त्ता है। कर्त्ता को छोड़कर am going कहते हैं, तो 'जा रहा हूँ' का अर्थ निकलता है। ऐसे ही प्रथम पुरुष के लिए is going कहते ही 'वह जा रहा है' का अर्थ निकलता है। ऐसे ही मध्यम पुरुष के लिए कुछ चाहिए नहीं ?'

आपके पूछने पर मैंने कहा—'सज्जन ! यहाँ दाल नहीं गलती। हमेशा कर्ता का रहना जरूरी है। इसलिए जैसा भी रहे, परवाह नहीं।'

आपने पूछा—'जब सदा कर्ता का रहना जरूरी है तो am क्यों? I is से काम निकलता है। I is going में 'I' है न ! अब am का उपयोग क्यों ?'

मैं क्या करूँ ! 'यह अंग्रेज़ी बड़ी समर्थ भाषा है। अपनी भाषा से कहीं शक्तिशाली है।'—इस प्रकार सब कहते रहते हैं। मैंने आज सच मान लिया था। अरे, इतनी छोटी-छोटी चीज़ों में भी इस भाषा में इतने दोष हैं ! यह सब मुझे ही नहीं मालूम तो छोटे बच्चों को कैसे विदित होंगे ? यों ही अंधा बैल खेत चर रहा है, हम पढ़ते जा रहे हैं। मुझे और एक शंका हुई। यह सब सपने में हो रहा है। मेरे जगने पर सचमुच विचार आयें और मैं उनको प्रकट करूँ, तो मुझे मेरी नौकरी से छुट्टी मिल जायेगी और सब लोग पत्र-पत्रिकाओं में मेरे बारे में गाली-गलौच लिख डालेंगे। बहुत डर गया। परमेश्वर के अनुग्रह से (अनुग्रह की अपेक्षा अपने देश-भलाई की दृष्टि से कहना समुचित है) जो यह सब सपने में बीत रहा है, सुविधा-जनक है।

विष्णुशर्मा ने कहा—'ठीक है are (आर) बहुवचन है। is का बहुवचन are है। तब am का बहुवचन कौन-सा है ?'

मैंने 'आर' कहा।

आपने मुँह खोलकर जीभ से दाँतों के बीच में लिखना शुरू किया—विचित्र दृष्टि फेरते हुए।

नवाँ अध्याय

ये सपने आश्चर्यजनक होते हैं। कभी-कभी सपना आ रहा है, यह हमें मालूम भी होता है। साधारणतया जगने तक मालूम नहीं होता कि वह सपना था। कभी-कभी सपना चलता रहता है और इसका ज्ञान भी हमें रहता है। इसी में हम यह भी जानते हैं कि हम सपने देख नहीं रहे हैं, जगे हुए हैं। इतनी सारी समस्याओं से मिलकर सपनों के लक्षण फलाने हैं, कह नहीं सकते। एक दिन समझ रहा था कि सपना शुरू होनेवाला है। दोनों सामने बैठे हैं। विष्णुशर्मा पान चबा रहे हैं। मुझे सुपारी खाने की आदत नहीं है। पान के पत्ते, सुपारी आदि घर में नहीं रखता। मेरे पिताजी के वर्षी के दिन लाता हूँ। पहले दो-तीन वर्षियों में पान के बीड़े लाकर दिया। ब्राह्मणों के लिए क्या चाहिए—संभावना (चावल, दाल और कुछ नकदी)। संभावना में दिये पैसे कमर में ठोंसकर बीड़ा जमाकर उड़ गये। वर्षी में मेरे मामाजी भी आये थे। यह बीड़ा आदि देना देख लिया। क्रोध में आकर कहा—अरे अप्राच्य ! ऐसे बेकार काम क्यों करते हो ? पिता की वर्षी कर श्राद्ध कर्म कर पान खिलाते हो ! एम० ए० भी पास किया। किस काम का ! रोती सूरत कहीं का ! तुझे यह सलाह किसने दी है रे ?— तब से मैं आधा आने का सुपारी-पान लाकर अपने माता-पिता की वर्षी में देता हूँ। तब इन दोनों को पान कैसे खिला देता ? विष्णुशर्मा तो पान जमाये बैठे हैं। कहाँ से लाये ? सोचा—कहीं ब्राह्मणार्थ गये होंगे। इससे अपना क्या वास्ता है ! चुप रह गया। इसी बीच में एक बार फिर याद आ गयी, मेरे पिताजी की वर्षी अगले महीने में है। तब तक ये लोग यदि हमारे घर में रहेंगे तो कुछ बचत हो सकती है। ये हमारे घर में किसी तरह रह रहे हैं रूखे-सूखे खाकर। दोनों के हाथ में जल छोड़कर वर्षी पूरा करूँगा।···अब इसे ऐसे

ही रहने दीजिए।

विष्णुशर्मा आराम से बैठे हैं। तिक्कना के मन में ही कुछ गड़बड़ दिख रहा है। जैसे गुस्से में हो, इस तरह बैठा है। मैं समझ न सका। पूछा—'तिक्कनाजी ! आप ऐसे क्यों बैठे हुए हैं ?'

आपने कहा—'क्यों ? कैसा बैठा हुआ हूँ ?'

मैंने कहा—'विष्णुशर्माजी को देखिए, शान से तांबूल सेवन कर रहे हैं और आप मुँह फुलाये बैठे हैं !···आप तो कहीं ब्राह्मणार्थ गये होंगे, साथ में तिक्कनाज़ी को नहीं ले गये ? आपको भी पान का बीड़ा मिल गया होता !'

इतने में विष्णुशर्मा ने कहा—'ऐसा मत कहो जी ! नया झगड़ा शुरू हो जायेगा···।'

यहाँ पहले आये होते तो मेरे साथ चलते; किंतु आजकल ब्राह्मणार्थ को नहीं निकलता···।

आज मैं इस गाँव में यहाँ-वहाँ गया था। अनेक घर गया। मुझे एक नयी चीज़ का पता चला। कहते हैं, मैं वैदिकी हूँ और आप नियोगी। लेकिन मैंने अपने-आपको नियोगी ही कहा।'

तब तिक्कना ने कहा—'तो लोग तुम्हें वैदिकी कहते हैं ! क्यों ?'

मैंने कहा—'वे सब मतिभ्रष्ट हैं। कोई फरक नहीं पड़ता। मैं तो नियोगी हूँ।'

विष्णुशर्मा ने कहा—'तो तुम दोनों नियोगी हो और मैं अकेला वैदिकी हूँ ?'

तब मैंने कहा—'हाँ। तुम ब्राह्मणार्थ क्यों जाते हो ? नियोगी नहीं जाते। मैं भी नहीं जाता। तिक्कना भी नहीं गये। बस !'

तिक्कना ने पूछा—'ऐसी बात नहीं है जी ! वैदिकी का मतलब ब्राह्मणार्थ को जाना ही है क्या ?'

मैंने तिक्कना से पूछा—'महाशय, आप वैदिकी हैं या नियोगी, सच बताइए।'

तिक्कना ने कहा—'यह नियोगी कौन होता है, मेरी समझ में नहीं आ रहा है। मैं वैदिकी हूँ। मैंने 'वैदिकाध्यात्यित किच्य मेंच्चु परतत्वमु कोलयुन

भीष्ट सिद्धिकै' आदि लिखा था। किंतु इस गाँव में लोग कहते हैं कि मैं नियोगी हूँ। आप उनके घर क्यों गये?' आदि-आदि कहते हुए खरी-खोटी सुना रहे हैं—'तब तो मैं कल कह दूँगा कि तुम वैदिकी नहीं, नियोगी हो।'

तब आपने कहा—'ओहो, बड़े कहनेवाले आ गये!' फिर पूछा—'ऐसा क्यों कह रहे हैं?'

मैंने कहा—'आप नियोगी हैं। और आपको यह मर्यादा नहीं है कि अपने-आपको वैदिकी कह सकें।'

'अब मैं कैसे यह कह सकता हूँ!'

तिक्कना ने कहा—'तब छोड़ दो इन बेकार बातों को। यह नियोगी और वैदिकी कौन होते हैं? इस गाँव में ब्राह्मणों में ऐसा क्यों है?'

मैंने कहा—'इस गाँव में ही नहीं महाशय, पूरे उत्तर साकार मंडल में कहिए।'

तिक्कना का मुख सूख गया। पीला पड़ गया। कहा—'बाबा! सचमुच मुझे गुस्सा आ गया था, क्योंकि तुम हमेशा मुख्य रूप से विष्णुशर्मा को पढ़ाते रहते हो। कभी तुमने मेरे बारे में कुछ सोचा है?'

मैंने कहा—'बाबूजी! आपको कॉलेज ले गया था। आपने सिर्फ एक ही पद्य पढ़ा। वह भी कुछ-कुछ नेल्लूर की तरफ का लगा और कुछ 500 साल के पहले का बाजा जैसा लगा। आपका उच्चारण भी वे समझ न पाये। आपका संगीत तो हमारे लोगों को बिलकुल समझ में नहीं आया। हम लोग आपके लिखे 'महाभारत' को आज भी पढ़ते हैं। उसमें आपके भाषण और पद्य तो नयी शैली में हैं। यदि आपके भाषण का प्रबंध नगर के किसी मंदिर या पुस्तकालय में करता तो पता नहीं, मेरी इज्जत बचती या नहीं। फिर भी साहस कर आज नगर के मंदिर में आपका भाषण रखवाया है। अभी हम चलेंगे। आप ड्रेस पहन लीजिए।'

विष्णुशर्मा हिले-डुले नहीं। मैंने पूछा—'क्यों जी, आप चलते क्यों नहीं?'

'मुझसे क्या है?' आपने पूछा।

'बाबा! चलिए।' मैंने आदर के साथ कहा।

आपने कहा—'बाबू ! मुझे मालूम है, वहाँ पर आप फेल हो जायेंगे। तब मुझे जानवरों की बोली बोलने के लिए कहोगे। आरती की थाली लेकर निकलोगे। फिर भी नियोगी होने का दावा करते हो?'

मैंने कहा—'मेरी जान खाने के लिए तुम कहाँ से पैदा होकर आये हो ! जानवरों की बोली का मैं आग्रह नहीं करूँगा, अब तो चलिए।'

तब आपने कहा—'कूजने के लिए तुम नहीं बोलोगे, वहाँ की सभा के लोग माँग करेंगे। वे लोग इस तिक्कना को भाषण करने देंगे क्या? 'बैठो-बैठो' पुकारेंगे और मुझे जानवरों की बोली बोलने के लिए चिल्लाएँगे।'

मैंने आश्चर्यचकित होकर पूछा—'बाप रे ! यह सब आपको कैसे मालूम हुआ?'

आपने कहा—'बेटे ! हम तेरे घर में चुप हैं तो क्या हुआ ! जब-जब हमें मौका मिलता है, तब-तब लौकिक ज्ञान प्राप्त कर लेते हैं।—परसों कुछ लोग नाटक खेल रहे थे। देखने गया। नाटक का नाम था—'पांडव विजयम्'। उसमें नारद भी आ गया। क्यों आया, पता नहीं।' फिर तिक्कना से पूछा—'क्यों आया?'

तिक्कना ने कहा—'मुझे क्या मालूम है ! मैंने वह नाटक नहीं लिखा।'

विष्णुशर्मा ने कहा—'तुमने लिखा नहीं, किंतु व्यास के भारत में नारद कभी आया है?'

''श्रीकृष्ण दूत' में समझौते की घटना में कहीं आया होगा। तब अनेक ऋषि लोग भी आये थे।'

विष्णुशर्मा ने कहा—'छोड़ दो। वह बेचारा आया भी होगा।'

तिक्कना ने पूछा—'यह कैसी बात है ! देवर्षि को मानव कहते हो?'

तब विष्णुशर्मा ने कहा—'हाँ, केवल मानव था, याद है तुझे। उस दिन किसी दुर्ग में दीवारों पर हमने एक चित्र देखा था। उसमें वह कोई गोरा सिपाही था। उसकी मूँछें चार अँगुली की थीं। उसको गोंद्र से चिपकाया गया था। उस नारद की जटा जब ऐसी थी, तो वह कैसा देवर्षि होगा ! वह कब पैदा हुआ, पता नहीं। किसी के घुमाने पर घूमता है और वह गाता भी है। सुना है, पहले वह इसे घुमा-घुमाकर गवाता था।'

बार-बार 'सभा-सभा' कहने पर तिक्कना ने कहा—'विष्णुशर्माजी, सुनिए। सब लोग आपको वैदिकी कहते हैं और मैं चुप सुन लेता हूँ। क्या कारण है, समझा है? फिर अंग्रेजी पढ़ रहे हो। उसे 'ऑडियंस' कहते हैं। इनसे पूछकर उसका स्पेलिंग मालूम कर लो। आप कौन-से अक्षर बताते होंगे, पता नहीं, किंतु शब्द में पहले दीर्घाकार है। पूछो, क्या बताते हैं!'

''A U'—दो अक्षर पहले हैं।' मैंने कहा।

तिक्कना ने 'हाँ' कह दिया।

विष्णुशर्मा हँसने लगे।

मैं समझ न सका। थोड़ी देर के बाद हँसने का कारण पूछा।

आपने कहा—''औ' नहीं है जी a (आ), u (उ) तिक्कना का कहना यह है। 'au' आउ होता है किंतु आ नहीं।'

धत् तेरी की! इनसे कैसे निपटना है! इतना चमत्कार करते हैं! आउ कहने पर मैंने कोई तेलुगु शब्द समझा। प्राचीनकाल के इन कवियों के पद्य समझ न पाने का कारण यही है। वाह रे वाह, ये लोग एक-एक शब्द के पीछे अनेक अर्थ लगाते रहते हैं।

फिर विष्णुशर्मा ने कहा—'आडियंस ने नारद के वेशधारी को, बेचारा यह दुर्योधन से कुछ कहने जा रहा था, कहने ही नहीं दिया। 'वह गाना गाओ' की फर्माइश होने लगी। गाकर सुनाया। क्या करता बेचारा! कोई भी क्यों न हो, चाहे मैं ही क्यों न होऊँ, यदि मुझसे जानवरों की बोली बोलने की माँग की जाती तो मैं क्या करता! नहीं तो, सीधा स्वर्ग जाना पड़ेगा। बेटा! मुझे यहाँ बहुत काम पड़ा हुआ है और मैं इतनी जल्दी स्वर्ग जाने के लिए तैयार नहीं हूँ। इसलिए मैं सभा में शामिल नहीं हो सकता।' उन्होंने सभा में जाने से साफ मना कर दिया।

तिक्कना ने कहा—'आइए। चलिए विष्णुशर्माजी, कोई बात नहीं है। इस बार आपकी बोली से पैसा कमाना है। टिकट पहले ही बेच चुका है।'

मैंने सोचा—बाप रे बाप! यह रोग तिक्कना को भी लग गया है!

ठीक है, मैं और तिक्कना निकल पड़े। गली मुड़कर देखते क्या हैं कि

आप भी चले आ रहे हैं। कैसे चले आ रहे हैं, मालूम है ! कहीं भोज में बड़ी देगची में खट्टा बनाते हैं न, उसके चारों ओर पूरी कालिख लगी होती है। उसको दो तरफ से पकड़कर डुलाते हुए ले जाते हैं। ऐसे ही डोलते हुए चले आ रहे हैं। हमें उन्हें देखकर हँसी आ गयी, और हम काफी देर तक हँसते रहे। जिस किसी तरह हम मीटिंग में पहुँच गये।

मैंने टिकटें बेच दीं। पाँच रुपये की और दस रुपये की बेचीं। महाराज-पोषक एक हजार एक सौ सोलह देनेवाला होता है। राजपोषक एक सौ सोलह देनेवाला होता है। श्रद्धालु अर्थात् सम्मानित व्यक्ति पच्चीस से कम न देकर कुछ भी दे सकता है। आप विश्वास कीजिए या न करें, मैंने दस हजार वसूल किये। ये महाराजपोषक कौन होते हैं ?—आप पूछेंगे। इसका जवाब यह है कि कुछ लोग ग्रंथमालाओं की स्थापना करते हैं। उसके नाम पर कमाते हैं। इसे कमाना नहीं कहते। उनका आदर करने-वाला कोई एक महाराजपोषक होता है। ऐसा है मेरे लिए भी। तिक्कना-जी के नाम पर पाँच महाराजपोषकों को तैयार कर लिया। मैंने क्या कहा, आपको मालूम है ? तेलुगु के महाभारत के सारे रहस्यों को तिक्कना ने मुझे बता दिया है। तिक्कनाजी की अपनी व्याख्या के साथ पंद्रह पर्व मैं फिर छपाना चाहता हूँ। इसमें महाराजपोषक, राजपोषक तथा सम्मानित व्यक्ति—सभी के नाम छपा दूँगा। 'या वदस्ति मनुष्याणां गंगातोयेशु तिष्ठति' कहा गया है न ! गंगाजल में मनुष्य की हड्डी जितने दिन रहेगी, उतने दिन वह स्वर्ग में रहेगा। आप सबने मान लिया। फिर भी समझ में नहीं आया कि ये राजपोषक क्यों कहलाये ! उनके नाम इस पुस्तक में रखना मनुष्य की हड्डी गंगाजल में रहने के बराबर है क्या ?—आप अवश्य पूछ सकते हैं। बस, बिलकुल मेरा उद्देश्य यही है। उनका नाम पुस्तक के पृष्ठों में हड्डियों के समान है। इससे बढ़कर और मैं क्या करता ! उनको और कुछ समझाया नहीं। श्लोकमात्र···इसको छोड़ दीजिए। मैंने ये सब क्यों कहा ? क्योंकि यहाँ आये सब महापुरुष बंदर की सेना नहीं हैं। जिनको पसंद नहीं है, वे उठकर चले जाते हैं। नहीं तो ज्यादा से ज्यादा दूसरों के कान में कुछ कहते फिरते हैं इसमें बढ़कर कोई

शोर नहीं करता। दस बातें क्यों सुनाऊँ ! बस, इतना समझ लीजिए कि सभा सुंदर ढंग से संपन्न हुई।

तिक्कनाजी ने लगातार तीन घंटे तक भाषण किया। Pin drop silence. किंतु भाषण पूरे होने तक गाँव में स्थित पांच-छः स्कूल के तेलुगु मास्टरों को छोड़कर कोई नहीं था। उससे हमारा क्या विगड़ता है ! हम घर आ गये।

तिक्कनाजी ने कहा—'ठीक है बाबू ! मैं पंद्रह पर्वों का व्याख्यान सुनाये देता हूँ। व्याख्या के साथ महाभारत को छपाओ। तुम्हारे सपने में मेरे दिखायी पड़ने के कारण एक पर्व उद्देश्य तो सफल होगा।'

मैं उनके पास व्याख्यान सुनने बैठूँ क्या ? आपने अमुक अक्षर, अमुक शब्द क्यों लिखा है, इस अर्थ को कैसे अन्वय करना है, वहाँ कैसा चमत्कृत किया है, आदि-आदि कहते जायेंगे, और मैं उन सबको लिख डालूँगा। अंत में सब कुछ मिलाकर कितने पृष्ठ होंगे, पता नहीं। इस गाँव के अलावा और पाँच-छः गाँवों में घूमकर, पच्चीस हजार वसूलकर और उस पैसे से इस व्याख्यान के साथ महाभारत की छपाई करवा दूँगा। तब इन सब किताबों को सिर पर रखकर 'बाबू, ये छः किताबें हैं, एक-एक के लिए बीस रुपये रखे हैं। अपनी लाइब्रेरी के लिए खरीद लीजिए। अपने कॉलेज में खरीद रखिए'—याचना करते फिरना पड़ता है। इस झंझट में कौन फँसेगा ! पैसे वसूल करेंगे किंतु छपाई की जिम्मेदारी नहीं लेंगे। बहुत कुछ हुआ तो एक पुस्तक छपायेंगे। बस, यही ठीक है। किंतु इनके पास बैठकर यह सब कौन पढ़ेगा ? उसके बाद मैं इन पुस्तकों को छपवाता हूँ या नहीं, इनको कैसे मालूम होगा ? 'हाँ' कहकर चुप हो गया।

आपने कहा— 'मैं आज सबक पढ़ा देता हूँ। बैठो।'

वाप रे बाप ! मर गया रे ! मैंने कहा —'सज्जन ! अभी नहीं। क्योंकि और बड़े-बड़े शहर हैं। वहाँ ले जाकर आपको दिखाना है। पहले आपका वतन गुंटूर था न ! सबसे पहले हम वहीं जायेंगे। उसके बाद नेल्लूर जायेंगे। उसके बाद राजमहेन्द्रवरम जायेंगे। अंत में विश्वविद्यालय को जरूर जाना है।' आपने मान लिया।

गुंटूर गये। वहाँ किसी को मालूम नहीं, तिक्कनाजी कभी गंटूर में रहते

थे। 'यही तिक्कनाजी है'—मैं यह कितने घर जा-जाकर कहता फिरूँगा? अतः मैंने घर-घर पर घूमने से बचने के लिए कागजों पर छपवाकर पर्चे बँटवा दिये। उस शहर के कॉलेज में एक बड़े हॉल में सभा रखी गयी, लेकिन वहाँ एक बड़ी समस्या पैदा हो गयी। उस हॉल में कहीं से तिक्कना का रंगीन चित्र लाया गया। सुनने में आया कि तिक्कना का चित्र उतारने पर एक सौ सोलह रुपये पुरस्कार का ऐलान किया गया था। उस चित्रकार को चित्र के लिए एक सौ सौलह रुपये दे दिये गये।

जब चित्र को लाकर सामने रखा गया तो लोग कहने लगे कि वह चित्र जैसा है, वैसे तिक्कना नहीं हैं।

मैंने कहा—'तिक्कनाजी के जैसा वह चित्र नहीं है।' उन्होंने स्वीकार नहीं किया। जोर देकर कहने लगे कि उस चित्र के समान तिक्कना नहीं हैं।

काँटा कहाँ है, मालूम है? उस चित्रकार को एक सौ सौलह रुपये वापस करना पड़ रहा है, और यही झगड़े का कारण बन गया। लाठियाँ चलने से पहले ही मैंने चुपचाप तिक्कना से इशारा किया। सौभाग्य से विष्णु-शर्मा को गुंटूर ले नहीं गये थे। हम दोनों चुपके से वहाँ से खिसककर पीछे से गली पार कर सड़क पकड़कर स्टेशन पहुँच गये। सौभाग्य से प्लेटफार्म पर गाड़ी तैयार थी। हम चढ़ गये। गाड़ी चल पड़ी।

खिड़की से झाँकने पर क्या देखते हैं कि पीछे से सैकड़ों लोग भागते आ रहे हैं। 'चोर तिक्कना को पकड़ो। मार डालो! कल्पित झूठा तिक्कना—मुर्दाबाद!' आदि नारे लगा रहे हैं। मेरा दिल धड़कने लगा था। कभी-कभी यह रेल का इंजन भी चलते-चलते भाप छोड़कर रुक जाता है। आज यदि ऐसा कहीं हो गया तो उस चालक को दो ब्रह्महत्या का पाप लग जायेगा। किंतु ऐसा नहीं हुआ। हम बच गये और अपने घर पहुँच गये।

घर आते ही सोचा—यह भी सौभाग्य की बात है कि नेल्लूर या राज-मंडी जाना हो तो गंटूर होते हुए जाने की आवश्यकता नहीं है। संतोष की साँस ली। किंतु आप आश्चर्यचकित हो जायेंगे, क्योंकि गुंटूर में भी मैं छोड़ा नहीं। दो-तीन को महाराजपोषक बना ही दिया। यह समाचार तिक्कना को बताकर मैंने पूछा—'अब बताइए, मैं नियोगी हूँ या वैदिकी हूँ?"

आपने मान लिया और कहा—'अरे बाबा ! तुम तो मुझसे बढ़कर नियोगी हो ।'

बस, मैंने कहा—'लिखकर दीजिए, कभी नौकरी के चक्कर में काम आयेगी ।'

इतनी दूर की बात क्यों ! कल उनके महाभारत का पहला भाग छपवाऊँगा । उसमें उनके हाथ से लिखे अक्षरों का ब्लाक बनवाऊँगा । तब कोई 'यह तिक्कना का नहीं है' कह सकेगा ? तिक्कना के अक्षर और दस्तखत के रहते चित्र किस तरह साक्ष्य देगा ? कोई और अड़ेगा तो मैं कह दूँगा — इस चित्र पर तिक्कना का हस्ताक्षर लाओ । दोनों को टाली कर देखेंगे । आपका लाया हस्ताक्षर हमारे इस हस्ताक्षर से मिलता है तो मैं भी मान लूँगा कि यह चित्र तिक्कना का है ।

आपसे मैंने नेल्लूर चलने की प्रार्थना की ।

आपने कहा —'बाबा ! बस करो यह तमाशा । गंटूर में जान बची लाखों पाये और नेल्लूर में क्या होगा ? इससे अच्छा तुम कम-से-कम मेरी पुस्तक की अवतारिका संबंधी पाठ पढ़ लो ।'

मैंने कहा —'हे कविब्रह्म ! आपको नेल्लूर के बारे में पता नहीं । वहाँ अपना आदर-सत्कार बहुत होगा । मेरी बात मान जाइए ।'

काफी समझाने-बुझाने के बाद में मैंने उनको मना लिया ।

एक दिन हम लोग नेल्लूर के लिए रवाना हो गये । जाने से पहले हमने पत्रिकाओं में ऐलान करवा दिया था कि स्वर्ग से तिक्कनाजी आये हैं । अमुक दिन नेल्लूर के दर्शन करने आ रहे हैं ।

स्टेशन पर गाड़ी रुकी । प्लेटफार्म पर हलचल है । बेचारे ! उन लोगों ने समझा था कि तिक्कनाजी फर्स्ट क्लास से उतरेंगे, और हम उतरे थर्ड क्लास से । इसलिए मैं खुद चिल्ला उठा कि 'तिक्कनाजी यहाँ हैं, यहाँ हैं ।' उनके कंठ में सबने हार पहनाया । इतने हार पहनाये गये कि मुख पूरा छिप गया । मैं खुश हुआ—बहुत खुश हुआ, क्योंकि यदि कोई इस गाँव में तिक्कना को, पहले जब जीवित थे, देखा होगा और वह अब इनको देखकर कहेगा कि तिक्कना यह नहीं हैं, तो हम मारे जायेंगे । हारों से मुँह ढक जाने के कारण अब कोई खतरा नहीं था । हमने उनको ले जाकर मोटरकार में बिठाया ।

वहाँ से जुलूस निकली। साथ में फर्स्ट क्लास बैंडबाजा है। दस बातें क्यों, उस गाँव के मुसलमान भी जुलूस में शामिल होकर नारे लगा रहे थे: 'कविब्रह्म की जय !' 'उभयकविमित्र की जय !' 'सर्वांध्र भारत के रचयिता की जय !' 'तेलुगु भाषा की जय !'

बड़ी धूमधाम करने के बाद सभा में ले जाये गये। तिक्कना को एक कुर्सी पर बिठाया गया। उस गाँव में तिक्कना के प्रति अत्यंत आदर भाव रखनेवाले धनपति लोग हैं। वे सब-के-सब वेदिका पर उपस्थित हैं। कुर्सियों पर बैठे हैं। अभिनंदन पत्रिकाएँ बाँटी गयीं। शाम के चार बजे समारोह शुरू हुआ। रात के नौ बज गये, तब भी लोग छोड़ नहीं रहे हैं। लगभग पच्चीस प्रशंसा-पत्र किसी नाटक कंपनी वाले ने वितरित किये। वे स्वयं पढ़कर सुनाते रहे। लोग आते हैं और हार पहनाते हैं। प्रशंसा-पत्र सब एक ही नमूने के हैं। पैराग्राफवाली प्रति में एक पैरे से पहले एक संबोधन था। वह संबोधन एक बड़े समास में था। वेणी संहार पढ़ा है न ! अश्वत्थामा को कर्ण, कर्ण को अश्वत्थामा बुलाते रहते हैं ! 'अरे ! रथकारकुल कलंकार ! दुर्योधन दयाप्रसादिताल्पांग राज्य समाप्त गर्व चेतस्कार।' और 'अरे ब्राह्मणकुलकलंकार वृथा शस्त्रधारी।' आदि उन प्रशंसा-पत्रों में ऐसे ही बड़े-बड़े दीर्घ समासवाले संबोधन थे। एक-एक समास पढ़ने तक पढ़नेवाले का दंत-पटुत्व अपने-आप कम होता चला जायेगा। इस प्रकार प्रशंसा-पत्रों का कार्यक्रम पूर्णतः संपन्न होने तक रात के नौ बज गये। 'बस, अब चलेंगे' कहते हैं कि कोई दूसरा आ धमकता है। 'मेरा एक ही सम्मान-पत्र है'—कहता है। एक-एक आकर अज़ीज़ी करता है। प्रार्थना करता है। क्या करें ! ऐसा चल रहा है। और रात के दस बज गये। अब तिक्कना का भाषण कल ही होगा।

सब अपने-अपने घर वापस जाने लगे। हमें कार में बिठा दिया गया। उन हजारों के बीच में तिक्कना दुबककर बैठ गये। कार से हमें एक मकान में ले जाया गया, जहाँ हमारे लिए भोजन की व्यवस्था थी। फिर एक दूसरे बंगले पर हम दोनों के लिए सोने का इंतजाम किया गया।

तिक्कना ने मुझसे पूछा—'इस गाँव में कुछ पैसा कमाया या नहीं ?'

मैंने कहा—'यह गाँव बड़ा चालाक है जी, योंही ये लोग कुछ नहीं

देते। इस गाँव में एक दूसरा उपाय करना है। आपकी व्याख्या के साथ महाभारत को छपवाने के लिए पूरा खर्च एक ही सज्जन दे सकता है; किंतु इसके लिए आपको विश्वास दिलाना होगा कि आप ही तिक्कनाजी हैं।'

तिक्कना ने पूछा—'वह सज्जन सभा में उपस्थित हुआ था क्या?'

मैंने कहा—'हम जिस कार पर बैठे थे, वह जरूर उनकी ही होगी।'

तब तिक्कना ने कहा—'मुझे उनके पास ले चलो। मैं उनको समझा देता हूँ।'

मैंने कहा—'एक मौका हाथ से छूट गया। एक सज्जन दुनिया से चल बसा। यदि वह जीवित रहता और आपको तिक्कना मान लेता तो हम सारे तेलुगु देश को जीत लेते। वास्तव में दो महापुरुष एक समय में इस धरती पर नहीं रहते हैं। उनके जीवित रहते आप भूलोक नहीं आये। आपके आने से पहले ही वह सज्जन चल वसे।'

यह सब सुनकर तिक्कना ने कहा—'बाबा! एक वात ध्यान से सुनो। सबके सोने के बाद हम दोनों यहाँ से भाग चलेंगे। इस गाँव में हम टिक नहीं सकते। यहाँ का सारा हाल मैं जान गया। मैं तिक्कना हूँ या कालिदास या कोई और क्यों न होऊँ, किंतु यहाँ टिकना मुश्किल है। इस गाँव में दो साहित्यिक पार्टियाँ है। किसी एक पार्टी के हों तो कहीं टिकेंगे।'

मैंने कहा—'यह कैसी वात है! आपको भी ऐसी बातों पर विश्वास है!'

तब आपने कहा—'बाबा! तुम्हें क्या मालूम! गुंटूर में जो गड़बड़ हुआ, उसका कारण तुम नहीं जानते। मैं जान गया। वह नियोगी, वैदिकी का झगड़ा था। इस गाँव में भी ऐसा ही तकरार है। जान से बच गये तो घास-फूस खाकर जी सकते हैं। अपना सौभाग्य कैसा है, यह राजमंडी में जाकर परीक्षा कर लेंगे। भागो।'

मैं क्या करता। हीरो वेशधारी स्वयं पीकर बेहोश हो पड़ा है तो नाटक कैसे चलेगा! घर वापस आ गये।

उसके बाद शायद दस दिनों के बाद राजमंडी जाने के लिए तैयार हुए। किंतु इस बीच में पत्र-पत्रिकाओं में विरोध में खूब प्रचार हुआ। लोगों ने कहा—'आप तिक्कना नहीं हो सकते। आप नंबर एक चोर हैं। स्वर्ग

से भला कोई उतरकर आता है ! यह सफेद झूठ है। असंभव बात है।' यह सारा पहाड़ टूटकर मेरे सिर पर पड़ा। पत्रिकाओं में और लिखा गया कि मैं यह सब गोरखधंधा चला रहा हूँ।

मैं राजमंडी ले जाना चाहता हूँ; किंतु तिक्कना मान ही नहीं रहे हैं। आपने कहा—'बाबू ! अपने विरोध में इतना विपरीत प्रचार हुआ है न ! वहाँ हमें जीने देंगे क्या ? जान तो नहीं ले लेंगे ?'

मैंने धीरज बँधाया—'ऐसी कोई डरने की बात नहीं है। इस गाँव में और उस गाँव में भारी अंतर है। देखिए, इस गाँव में फिल्म आती है। उस गाँव के लोग उसे खराब कहते हैं। इस गाँव के लोग फिल्म के पीछे पागल होकर पैसे बहाते हैं। इसलिए स्थल माहात्म्य और काल माहात्म्य होते हैं।'

हम राजमंडी गये। वहाँ मीटिंग रखी। हमारे वहाँ जाने से पहले ही हमारे विरोध में खूब प्रचार हुआ। एक दल के लोग मीटिंग में शामिल नहीं हुए। वे कभी शामिल होते नहीं—बाकी लोग आये। आप लोगों ने कहा कि यही तिक्कनाजी हैं। समर्थन किया। सुनने में आया कि विरोधी दल वाले मन-ही-मन मजाक उड़ाते हुए फुसफुसाते रहे हैं। 'गद्य तिक्कना के रहते आप महाशय नहीं आये। बड़ी किस्मत वाले हैं।' कुछ लोग कहते—'नाम बड़ा, दर्शन थोड़ा। वड्डादि सुब्बाराव से बड़ा कठिन है क्या ?' और कोई चुनौती देता—'भारत के लिखने से कोई बड़ा बनता है ! भक्त चिंतामणि को लिखने को कहो।' दूसरा कहता—'अरे बाबा, तुम लाख समझाओ, सचमुच तिक्कनाजी आते तो इस गाँव में उनका सम्मान करनेवाला एक था और वह चिलकमन्ति लक्ष्मी नरसिंहम् पंतुलुजी था। आप जो चल बसे !'

जैसा भी हो, उस गाँव की सभा में तिक्कनाजी के नाम पर एक हजार रुपये वसूल हुए; किंतु हाथ लगा बहुत कम। इसी गाँव में ऐसी स्थिति नहीं है, हर किसी गाँव में ऐसा ही होता है।

अब बच रहा विश्वविद्यालय। उसके भी दर्शन कर लेते तो तिक्कनाजी की मनोकामना पूरी होती। 'फिर वापस आये क्यों'—विचारकर उस ओर ढकेल दिया। उस गाँव में कहाँ ठहरना चाहिए ? टर्नर्स चौल्ट्री में उतरना चाहिए, क्योंकि उस धर्मशाला में उतर गया तो उसका सौभाग्य टर्न होगा।

यह सब सोच-विचारकर वहीं ठहरे।

दूसरे दिन विश्वविद्यालय गये। मैंने सबसे मिलते हुए कहा कि तिक्कनाजी आये हुए हैं। सब-के-सब अपना रास्ता ले रहे हैं। कोई इस तरफ भूलकर भी नहीं देखता।

'तेलुगु शाखा के अध्यक्ष उस कमरे में रहते हैं। चलकर देखिए।' किसी के कहने पर हम गये। वहाँ पहुँचने पर पता चलता है कि आप घर चले गये। अब क्या करें ! 'और भी दूसरे पंडित होंगे'—मन में विचार आया। एक के पास हम गये। आपने कहा—'पधारिए, विराजिए !'

'आप ही तिक्कनाजी हैं।' मैंने कहा।

पंडितजी ने कहा—'ठीक है।'

यह ठीक रहना क्या है, समझ न सका।

थोड़ी देर के बाद आपने तिक्कनाजी से कहा—'आपने निश्चित होकर नहीं लिखा है। निश्चित होकर लिखना चाहिए था न !'

तिक्कनाजी की आँखें लाल हो गयीं। मैं धीरे से खिसककर बाहर आ गया। मेरे पीछे आप भी चले आये।

हम लोग पता लगाकर तेलुगु विभाग के अध्यक्ष के घर गये। आप घर पर नहीं थे ! कहाँ गये, पता नहीं। अब क्या करना चाहिए ? कुछ भी हो, आपके लौटकर आने तक बैठना चाहिए।

रात के नौ बजने तक आप आ गये। कहने लगे—'कौन वहाँ पर बैठे हैं ?'

मैंते उठकर कहा—'आर्य ! आप तिक्कनाजी हैं। स्वर्ग से यहाँ आये हैं। आप अपने महाभारत में छिपे अनेक रहस्यों को लोगों के सामने रखना चाहते हैं। भूलोक के लोगों को समझाना चाहते हैं। आपके दर्शन करने के लिए इनको साथ ले आया।'

आपने पूछा—'तुम कौन हो ?'

मेरे होशोहवास उड़ गये।

'मैं अमुक स्कूल में मास्टर हूँ।' मैंने कहा।

तुरंत आपने कहा—'स्वर्ग से तिक्कनाजी आये तो भूलोक में तुम्हारे घर के सिवा और कोई घर उन्हें नहीं मिला जो तुम्हारे यहाँ आ गये ?'

मैं क्या करूँ ! मेरा तन-बदन जल गया। मैंने कहा—'आपके सामने खड़े हैं। आप तिक्कनाजी से पूछ लीजिए न।'

आप यह सुनकर किंचित् सोच में पड़ गये। 'यह इतने धैर्य से कह रहा है। यह तिक्कना सचमुच हो सकते हैं।' मन में कुछ सोचकर अत्यधिक मर्यादा के साथ आप तिक्कनाजी को घर के भीतर ले गये। मैं आँगन में ही बैठा रहा।

रात के बारह बज गये। न तो तिक्कनाजी ही वापस लौटे और न ही किसी ने झाँककर देखा। काफी देर बाद एक आदमी दिखायी दिया। वह शायद किसी काम से बाहर आया था। मैंने उससे पूछा—'तिक्कनाजी क्या कर रहे हैं ?'

उसने कहा—'आप तो सो रहे हैं।'

हम कहाँ आकर फँस गये। सीधे चलकर शेर की माँद में पहुँच गये। अब टर्नर धर्मशाला में भी खाना नहीं मिलेगा। क्या करूँ ? ठंड भी लग रही है। वहाँ से निकलकर धर्मशाला पहुँच गया और भूखा ही सो गया। सुबह बहुत देर के बाद उठा। आँख खुली तो देखता क्या हूँ कि तिक्कनाजी बाजू में बैठे हैं।

मैंने पूछा—'भले आदमी, रात में आपने क्या किया ?'

'बाबू, अब चलो। रेल पकड़ो।'

मेरे पूछने पर कि यह क्या है ! आपने कहा—'चलो तो सही, रास्ते में सब कुछ बता दूँगा।'

मैंने पूछा—'मैं कुछ समझ नहीं पा रहा हूँ। शीघ्र कहिए।'

आपने कहा—'तेरे समझने की कोई जरूरत नहीं है। जल्दी निकल पड़ो।'

अब क्या करते ! रेल पकड़कर चल पड़े। वह मेल गाड़ी थी। उस पर थर्ड क्लास। तिक्कनाजी तो हवा के आदमी हैं। उन्हें तो कुछ भी तकलीफ नहीं होगी; किंतु मेरा तो शरीर चूर-चूर हो गया। रात के दस बजे कहीं घर पहुँचे।

विष्णुशर्मा अपने चाँदनी पलंग पर अग्निहोत्री दुशाला ओढ़कर, पैर पसाकर खर्राटे लेते सो रहे हैं। तिक्कना की स्थिति 'सिग बाकटि तो

गैहान्तरमुनन्' (सिंह भूख से गुफा में है) जैसी है। आते ही तिक्कना भी सो गया।

मैं कैसे सोता! इस अभियान में आय कितनी हुई, खर्च कितना हुआ— यह सब हिसाब-किताब करना है। बैठकर आँकड़े गिनने लगा। विश्वविद्यालय से कोई आय नहीं हुई। सोचता रहा। फिर सोनेवाले तिक्कना की जेब टटोलकर देखा। उनकी जेब में दो हज़ार रुपये हैं।

बाप रे बाप! इसका राज यह है! 'चलो-चलो, जल्दी चलो' इसीलिए जबरदस्ती कर रहा था। मेरे अनजाने में पैसा कमाया। मुझे मालूम होने पर मैं छीन लेता, यह समझकर मुझे कुछ नहीं बताया।

जेब से पैसा निकाल रहा था कि आप जग गये। 'चोर! चोर!' चिल्लाने लगे।

मैंने पूछा—'कौन चोर है?'

आपने हँसकर कहा—'ऐसी बात नहीं है। बाद में मैं तुम्हें बताना चाहता था। आप मुझे अंदर ले गये थे न, वहाँ क्या गुजरा मैं बताये देता हूँ। उस गाँव के लोगों ने आपको बताने को मना कर किया था। इसीलिए नहीं बताया। आप अंदर ले गये, बिठा दिया। वहाँ आप आँगन में बैठे रहे। इसीलिए पिछवाड़े के दरवाज़े से खबर भेजी और खबर आयी। विश्वविद्यालय के सब पंडितों को आपने बुलाया था। उन सबने मिलकर आपस में सोच-विचार किया। फिर यह पैसा लाकर मेरे हाथों में रख दिया गया। कहा—चुपचाप चले जाइए। रात में भी मुझे सोने नहीं दिया गया। फिर मैं क्या करता!'

मैंने पूछा—'बाबा! आप मनुमसिद्धि के मंत्री ठहरे! भारत के पंद्रह पर्वों की रचना की। पता नहीं, उन लोगों ने ऐसा क्यों किया आपके साथ!'

आपने कहा—'उन लोगों ने ऐसा क्यों किया, यह मुझे मालूम है। और मुझे यह भी मालूम है कि चुपचाप पैसा क्यों दिया गया।'

'इस प्रकार आपका व्यवहार उल्टा-सीधा क्यों हुआ। इसकी क्या कथा है?' पूछने पर तिक्कना ने कहा—'अरे बेटे! मैं सचमुच तिक्कना हूँ। यह समाचार फैल गया तो, उनकी रोटी छिन जाती। इसीलिए जल्द से

जल्द मुझे वहाँ से रवाना करने को सोचा। मैं भी वापस चला आया। इस पर यदि वे लोग अपने आपको चालाक समझ रहे हों तो यह गलत है। मुझे मालूम है कि वे पागल हैं। मैं तिक्कना हूँ, इसका निरूपण क्या है? मैं अमुक हूँ, यह पहचाननेवाला कोई है। मेरे हस्ताक्षर कर कहीं निरूपण करनेवाला है। सबसे बढ़कर मेरी उम्र क्या है, मैंने कौन-सी बड़ी परीक्षा पास की है। इस राज्य में मुझे माननेवाला कोई है। यह सब बातें मुझे मालूम हैं। फिर भी वे लोग दो हजार रुपये देने के लिए तैयार हुए। मैंने सोचा, तुम्हें नुकसान क्यों करूँ? तुम्हारे घर में इतने दिनों से भोजन करता रहा हूँ। तुमने अपनी चालाकी से कुछ तो कमा लिया है; किंतु वह मेरा दिया हुआ तो नहीं है न! बस यही मेरा दिया हो जायेगा। किंतु मैं अवश्य तुम्हें पढ़ाऊँगा और तुम्हें सुनना होगा। मेरी व्याख्या से तुम्हें महाभारत को छापना होगा।'

मैंने कहा—'स्वामीजी, आप सपने में दिखायी पड़े और मुझे यह सब व्याख्यान सुना दिये, कौन विश्वास करेगा? इस पर लोग कहेंगे कि मैंने कल्पना कर लिख दिया है। महाशयजी, आपने लिखा था कि सपने में हरिहरनाथ ने दर्शन देकर भारत की रचना करने को कहा था; किंतु कोई इसे नहीं मान रहा है और मैं तिक्कना जो नहीं हूँ आप हरिहरनाथ भी नहीं हैं, कोई हमारी बात पर विश्वास करेगा? इसलिए महाप्रभु! अब आपके लिए स्वर्ग को प्रस्थान करना ही ठीक है।'

आपके हाथ-पाँव पीले पड़ गये। कहने लगे—'अरे बेटा! विश्वास करनेवाले ही करेंगे। नहीं करेंगे तो मरेंगे। कुछ भी हो, मैं जो कुछ कहता हूँ, जान लेना ठीक नहीं है क्या?'

मैंने सोचा—ठीक है आप तो कहने के लिए तैयार है, किंतु इस महाभारत के बारे में किसको रुचि है? मैं डॉक्टरेट की कोशिश में लगा हुआ हूँ। शबर जाति (वनवासी) की भाषाओं के संबंध में शोध करना चाहता हूँ। उनके संबंध में आपसे जानकारी प्राप्त करना ठीक होगा। फिर भी आपकी अपेक्षा नन्नया हों तो समुचित था। आपसे शबर भाषाओं के बारे में कुछ कहने की प्रार्थना की।

आपने कहा—'तेरा रोना में जानता हूँ। शिव कवियों के संबंध में मैं

जानता हूँ, क्योंकि हमारा जमाना कार्कतियों का था। उनके बारे में जान लो।'

मैं ठीक मानकर कागज-कलम लेकर बैठ गया। आपने क्या सुनाया, मालूम है ? बसवपुराण की पीठिका में प्रभाकर शास्त्रीजी ने जो लिखा है, वह सब नोट्स मुझे लिखा दिया।

यह क्या है, पूछने पर आपने दूसरा रहस्य बताया। कहा—'अरे पागल ! यही सब कुछ समझा क्या ? द्विपद भारत की पीठिका भी मिला दिया, जानते हो ?'

मैंने नमस्कार कर कहा—'बाबा ! इसके लिए कोई डॉक्टरेट प्रदान नहीं करता। कोई दूसरा बताइए।'

आपने थोड़ी देर विचारकर कहा—'बेटा, तेलुगू प्रांत में स्थित शिवलिंगों के इतिहास पर शोध करो, या अंग्रेजों के आने से पहले बलंदर परासी आदि लोग अपने देश में जब थे और उनके कारण क्या परिवर्तन हुए, इस पर कुछ लिखो।'

मैंने दूसरे विषय को बताने की प्रार्थना की। क्योंकि हमें ऐसी चीज लिखनी चाहिए, जिसे काटने का दम किसी में न हो। कहेंगे कि इस संबंध में मेकंजी के रिकॉर्ड में मिलता है।

तब विष्णुशर्मा ने जागकर पूछा—'बेटा, 'बस है' के लिए अंग्रेजी में क्या कहते हैं ?'

मैंने Enough (एनफ) कहा।

आपने कहा—'बस, सो जायेंगे।'

तिक्कना ने पूछा—'Enaf—स्पेलिंग यही है न ?'

मैंने यह नहीं, Enough कहा।

तब विष्णुशर्मा ने अघ-अघ कर खाँसना शुरू किया। मुझे समझना चाहिए, क्या है। और मैं समझ गया। वह एनफ नहीं, 'अनघ' है। उस स्वर्ग से आये हुए लोगों की भाषा ऐसी है। उस खाँसी से मैं जाग उठा।

दसवाँ अध्याय

तिक्कनाजी और मैं वापस घर आ गये। मैंने सोचा कि आप मुझे पढ़ने को कहेंगे। मैं इस उधेड़बुन में था कि मैं इस पीड़ा को कैसे सहूँ! फिर भी मैं पढ़ लेता तो मेरा भला जरूर होता। आपके पास पढ़ लेने पर, 'तिक्कना के भारत' के बारे में अगर कोई ऐसा-वैसा कहते हुए अपने-आपको बड़े ज्ञाता होने की डींग मारता, तब मैं 'तिक्कना ने मुझसे ऐसा कहा' आदि-आदि कहकर उसके मुख पर ताला लगवा सकता था। फिर भी आप पहले की तरह पढ़ाने को उत्सुक नहीं हैं। आप स्तब्ध बैठे हैं। कुछ मंद नजर आ रहे हैं बेचारे! आपको यह गाँव वह गाँव घुमाता रहा, यह सोचकर कि कुछ तो बदल जायेगा। इस बीच में विष्णुशर्माजी दोनों जून आराम से थाली साफ कर सो जाते हैं। आपकी बात बहुत दूर तक पहुँच गयी। मेरी श्रीमती ने जब आपसे सालन में बघार देने को कहा तो आप उलट पड़े। कहा था—'मैं तो बावर्ची ब्राह्मण नहीं हूँ। जाओ! मुझे क्या पड़ा है? यह सब करने को? खिलाना है तो खिलाओ, नहीं तो कोई बात नहीं। होटल में जाकर भोजन कर लूंगा।' मेरी श्रीमती डर गयी—'कहीं पीकर तो नहीं आये हैं!'

मैंने कहा—'अरे नहीं पागल! चार-पाँच शास्त्रों के अध्येता हैं, कैसे पियेंगे?'

उसने फिर कहा—'आप क्या जानते हैं! आजकल यह पीयेगा और वह नहीं पीयेगा, कुछ कह सकते हैं? पंडित भी अपने-आपको बचाये रखा है क्या? मेरे मायके में एक पंडित संस्कृत आदि खूब पढ़ा हुआ है, वह पीता है। मेरे पिताजी ने जब पूछा कि यह कैसा न्याय है! आप पीते क्यों हैं? तब उन्होंने क्या उत्तर दिया, जानते हैं? आपने उत्तर दिया—लाजवाब

है। यही नहीं, पीने से लाभ ही लाभ है। बड़े-बड़े अफसरों से दोस्ती होती है। ये और वह मिलकर पीते रहते हैं। अपना काम हो तो सरलता से करवा सकते हैं।'

ठीक है। मेरे घर आते ही तिक्कनाजी ने आराम से बिस्तर डाल दिया। विष्णुशर्मा ने कहा—'वत्स ! तुम तिक्कना को साथ लेकर कमाने के चक्कर में फिरते रहते हो। मुझे आये लगभग चार-पाँच महीने तो हो ही गये होंगे। अब यहाँ रहना मुझे अच्छा नहीं लगता। मैं स्वर्ग वापस जाना चाहता हूँ। शेष पढ़ाई भी समाप्त कर दो।'

मैंने कहा—'बहुत होशियार हो ! रत्ती-भर तो पूरा हुआ नहीं। वास्तव में तुमने क्या सीखा ? अक्षर ही तो सीखे हो। सब मिलाकर बीस शब्द भी तुम्हें नहीं आते। अपने आप कैसे पढ़ लोगे ?'

आपने हँसकर कहा—'इसके संबंध में मैं बाद में बताऊँगा। अब मैं जो पूछूँगा, उन सवालों का जवाब दो। बेटा, किसी भी भाषा में पहले संज्ञा शब्द आता है। उसको विभक्ति प्रत्यय जोड़ते हैं। यहीं तक मुझे पढ़ाया था न ! मतलब यह है कि भाषा का चौथा अंश पढ़ा दिया। अब तीन अंश बाकी हैं। उन तीनों में दो अंश तो बिलकुल सरल हैं। अब शेष क्रियाएँ हैं न, उनको भी संज्ञाओं के समान प्रत्यय जोड़कर बनाते जाते हैं। जो पढ़ाया है बस उसमें काम हो जायेगा। अनेक धातु, अनेक संज्ञाएँ शब्दकोश में देख लेने पर मालूम हो जायेगा।'

मैंने हँसकर कहा—'महाशय ! शब्दकोश का मतलब आपने क्या समझा है ?'

आपने कहा—'उसमें कौन-सी बड़ी बात है ! अमरकोश है समझो, उसमें देववर्ग पूरा एक जगह होता है। भूवर्ग, वानरवर्ग आदि-आदि जान सकते हैं।'

मैंने कहा—'सज्जन ! आप पर बड़ी दया होती है। आपको सिखाये इस थोड़ी-सी अंग्रेजी से आपको पता लग गया होगा कि उनके साथ हमारा कोई संबंध नहीं बैठता। उनके शब्दकोश इस प्रकार विभाजित नहीं होते। अकारादि क्रम से होते हैं। तात्पर्य यह है, A से शुरू होनेवाले शब्द सब एक साथ रहते हैं। B पर आनेवाले शब्द एक जगह होते हैं। अर्थात् man, monkey दोनों एक जगह होते हैं। यह मनुष्यवर्ग में और वह पशुवर्ग में, यह नहीं होता। वहाँ सब बराबर है।'

आपने पूछा—'यह अजीब बात है! मनुष्य और वानर एक जगह!'

मैंने कहा—'आश्चर्य किस चीज़ का! मनुष्य वानर से ही पैदा हुआ है। यह प्रकृति-शास्त्रज्ञ डार्विन का कहना है।'

तब विष्णुशर्मा ने पूछा—'बंदर से मनुष्य का पैदा होना कैसी बात है!'

मैं क्या करूँ! फिर समझाया—'परिणाम सिद्धांत नामक एक चीज है। जलचरों से थलचर और उनसे जानवर क्रमशः बंदर और उनसे मनुष्य पैदा होते आये।'

विष्णुशर्मा ने पूछा—'हाँ। परसों Woman शब्द समझाते हुए कहा था कि मनुष्य से स्त्री पैदा हुई। उनका भगवान कोई छः दिन सृष्टि करता रहा, सातवें दिन आराम किया। इसका और उसका कोई संबंध है क्या?'

मैंने कहा—'आप ऐसे सवाल नहीं कर सकते। रविवार छुट्टी दिलाने के लिए ईश्वर ने ऐसी सृष्टि की। वास्तव में पढ़ाई विज्ञान आदि के लिए डार्विन जैसे लोगों ने इसकी कल्पना की। यह अलग और वह अलग है। कोई संबंध नहीं है। और एक बात बाबा! हम इतने लोग अंग्रेजी पढ़ रहे हैं, हम लोगों में से किसी ने आज तक ऐसा सवाल नहीं उठाया। बंदरों से मनुष्य पैदा हुआ, चुपचाप स्वीकार किया। फिर तो भगवान ने सृष्टि नहीं की है न! रविवार को छुट्टी लेना अन्याय है न! हमें डर है कि इतवार की छुट्टी से 'छुट्टी' हो जायेगी। इसलिए हम ऐसा सवाल नहीं करते।'

विष्णुशर्मा ने कहा—'आप लोग अपना मरना मरो। मुझे अव्यय तो सिखा दो।'

मैंने पढ़ाया। मेरी समझ में जितने अव्यय हैं, सब सिखा दिया। बीच-बीच में फिर उच्चारण-दोष ढूंढ़ने लगे। मैंने अपने नियम की याद दिलवायी।

सर्वनाम पढ़ाने को कहा तो मैंने बताया—सर्वनाम को Pronoun कहते हैं। सर्वनाम को Pronoun क्यों कहते हैं? मैं क्या जानूं! आप लोगों ने जो सिखाया, वही मैंने पढ़ा दिया। संज्ञा (नाम) के बदले में आता है।

इसलिए सर्वनाम कहा।

आपने पूछा—'यह नाम के बदले में आना कैसी बात है ?'

मैंने कहा—'बदले में ही तो आता है। राम ने रावण को मारा। उसने कुंभकर्ण को भी मारा था। यहाँ पर उस राम के बदले में प्रयुक्त हुआ है न !'

आपने पूछा—'तुम राजमहेन्द्री गये हो। तुम विश्वविद्यालय गये हो।' —यहाँ यह 'तुम' किसके बदले में आया है ?'

मैं क्या जवाब दूँ ! आप मुझसे बात कर रहे हैं। 'तुम बोल रहे हो। यह मेरे बदले में आया है' कहूँ या 'मेरे नाम के बदले में आया है' कहूँ ? वहाँ तो मेरा नाम भी नहीं है। पुस्तक में किसी कथा में कहते समय एक-दूसरे से वार्तालाप करते हुए लिखेंगे तो वहाँ उसके नाम के बदले में 'तुम' का इस्तेमाल करते हैं। वह भी कोई असमंजस-सा लगता है। रावण से राम 'तुम दुष्ट हो' कहता है, तो यहाँ पर 'तुम' रावण के बदले में प्रयुक्त हुआ है, कैसे कह सकते हैं !

इस प्रकार विचार करता रहा तो विष्णुशर्मा ने कहा—'बेटा ! 'Pronoun' संज्ञा के बदले में आता है। 'तुम', 'मैं' ऐसे शब्द न होना चाहिए। तुम जैसे कहते हो, राम ने रावण से 'वह दुष्ट है' कहा—ठीक रहेगा। तब 'तुम', 'मैं' जैसे शब्दों की आवश्यकता नहीं रहेगी।'

सब पूरा कहने के बाद फिर आपने शुरू किया—'बेटा ! सर्वनाम का मतलब क्या है, जानते हो ? वह सबका नाम है। हर एक 'मैं' कह सकता है। हम जिस किसी से बात करते रहते हैं वह प्रत्येक व्यक्ति 'तुम' होगा। जिसके बारे में बात करते रहते हैं, वह प्रत्येक व्यक्ति 'वह' कहलायेगा। इसे कहते हैं सर्वनाम। इस भाषा में भाव की शुद्धता नहीं है, इसके संबंध में मैंने पहले ही कहा था न कि यह कोई जंगली भाषा जैसी है। किसी कारण-वश वह जाति इस सृष्टि में ऊपर आ गयी। अन्य भाषाओं को देखकर साहित्य, व्याकरण आदि सीख गयी। जिस भाषा में आत्मा की शुद्धता नहीं है, उसमें जन्म की शुद्धता भी न होगी।'

मैंने कहा—'कुछ भी कहिए। आपका क्या बिगड़ जायेगा ! महाप्रभु, ऐसा-वैसा कहकर आप तो स्वर्ग में जाकर बैठ जाओगे। इन बातों को अगर

किसी से मैंने कहा, तो बस, समझो, मेरे गले में फाँसी लग जायेगी ।'

तुरंत आपने कहा—'बस, एक बार फाँसी लगा लो । तब कोई पीड़ा न होगी । कोई सतायेगा नहीं ।'

क्रिया के संबंध में समझाने को कहा । मैंने समझाया—'I go—मैं जाता हूँ । यह अनिश्चित वर्तमान काल है । He goes कहना चाहिए । They go कहना चाहिए । प्रथम पुरुष में एकवचन की क्रिया के साथ s जुड़ता है । बहुवचन में वह नहीं होगा ।'

आपने कहा—'जो भी हो, संज्ञाओं और क्रियाओं के वीच में दुश्मनी जैसी है । संज्ञाओं के बहुवचन में s जुड़ता है । क्रिया के एकवचन में s जुड़ता है ।'

'I goes गलत है क्या ?' आपने पूछा ।

मैंने कहा—'खामोश रहिए । वह गाली जैसी है । फिर भी इतना दोष नहीं मानना चाहिए । क्योंकि उनके अपने देश में जनसाधारण कभी-कभी ऐसा ही इस्तेमाल करते हैं । बहुवचन की क्रिया को s जोड़ते हैं ।'

आपने कहा—'बस ! बस ! रास्ते पर ऐसे आ जाओ, इसका मतलब है । इस दोष के आधे की जिम्मेदारी उनकी भाषा को सुधारने वालों की है । आप लोग बेचारे कुछ तो सहज ही बात करते हैं । शायद यह अनिश्चित वर्तमान है । निश्चित वर्तमान कौन-सा है ?' पूछा ।

मैंने कहा—'अंग्रेजी में Be (बी) है । इसमें अनेक परिवर्तन होते हैं । मैं के साथ am (एम) आता है । शेष एकवचन के साथ is (इज) आता है । बहुवचनों के साथ are (आर) आता है । यथा—I am going, We are going, He is going, They are going—'

आपने कहा—'हाँ, हाँ । इसे पहले समझाया था ।'

'भूल गये हो । ठीक है । उसे रहने दो । He is going का अर्थ है—वह जा रहा है ।'

' 'वह जा रहा है ? 'यदि कोई ऐसा प्रश्न करे, तो क्या कहोगे ?' तब मैंने 'he' को 'is' के आगे करने को कहा । Is he going कहना चाहिए ।

आपने पूछा—'क्या, क्या ? फिर बताओ !'

बाप रे बाप ! कुछ गड़बड़ हो गया है । फिर समझाया ।

तब विष्णुशर्मा ने पूछा — 'बेटा ! प्रश्न वाक्य के अंत में पैदा होता है या पहले ? इसके अलावा हिंदी में 'वह जा रहा है' को प्रश्न-वाक्य बनाना हो तो वह कितना सहज होता है ! सरल होता है ! उस वाक्य में केवल 'क्या' जोड़ देने से सरल रीति से वह प्रश्न-वाक्य बन जाता है। लेकिन अंग्रेजी में एक को आगे तो दूसरे शब्द को पीछे करने पर जब वह प्रश्न-वाक्य बनता है तो बच्चों के लिए वह कठिन होगा।'

मैंने कहा — 'बाबा ! थोड़ा कठिन क्या कहते हैं, बहुत कठिन होता है। On the table जैसे संदर्भ में Prepositions को पीछे डालना पड़ता है।'

इस प्रश्न में 'सहायक क्रिया को पीछे करना चाहिए' आदि बच्चों को सिखाने तक नाकों में दम हो जाता है। जान निकल आती है। चार-पाँच साल मेहनत करने पर मुश्किल से अभ्यास में आता है और स्पेलिंग की समस्या तो रहती ही है। जान के पीछे पड़े रहने से मरते दम तक पढ़ाई छूटती नहीं। उस भाषा पर मक्खी भी अगर बैठ जाये तो जूते मार रहे हैं। इतने जूते पड़ने पर भी इनकी बुद्धि सुधरती नहीं। मैं क्या करूँ ! मुझसे पूछते हो तो मैं साफ-साफ कहे देता हूँ कि यह झंझट सबके साथ है। किसी को भी ध्यान नहीं है। इसमें कई जगन्मोहन-सम्मोहन जैसे मनमोहन हैं।

आपको मोहन कहते हैं। मतलब, आप दूसरों को मोहित नहीं करते हैं। आप ही इस भाषा के मोह में पड़ जाते हैं। उनके नामों के अंत में नकार क्यों जुड़ गया पता नहीं। आप लाख कहें, इसकी स्थिति ऐसी ही है। आपने स्वीकार किया।

आपने भूतकाल पढ़ाने को कहा। मैंने भूतकाल समझाया। कुछ बलहीन क्रियाएँ हैं और बलशाली क्रियाएँ हैं। ed जोड़ने पर Past tense होता है। ask का अर्थ 'पूछना' है। उसमें ed जोड़ने पर 'पूछा' होगा।

'बोला' का Speaked होता है न ?' विष्णुशर्मा ने पूछा।

'ऐसा नहीं होगा। Spoke कहना चाहिए।' इसी प्रकार Wrote आदि शब्द सिखाये।

आपने कहा—'यह सब कुछ पेचीदा है।'

'इसको अलग-अलग समझते हुए सीखना पड़ता है। भिन्न रूप तो नहीं

है। एक ही रूप है। फिर भी अलग-अलग रूप बनते हैं। Go का Past tense के साथ कोई संबंध नहीं है। वह Went हो जाता है। Do का did बोलते हैं।' मैंने सरलतापूर्वक समझाया।

'प्रकृति और प्रत्यय के भेद जानकर भाषा सीख ले सकते हैं। किंतु यहाँ न प्रकृति है और न प्रत्यय। इस प्रकार सब शब्दों को विभाजन कर कहीं लिखा गया हो तो ऐसी पुस्तक दीजिए।' विष्णुशर्मा ने कहा।

मैंने स्पष्ट सुनाया—'इस प्रकार लिखा हुआ कहीं नहीं मिलता। किसी भी व्याकरण में अनेक शब्द लिखे हुए नहीं मिलते। इसके अलावा आजकल हमारी अंग्रेजी पढ़ाई में व्याकरण को हटा दिया गया है। भाषा को भाषा की तरह ही सीखना चाहिए। व्याकरण के द्वारा पढ़ना बिलकुल मना कर दिया गया है। ऐसे सीखने पर भाषा को सीखना असाध्य समझा गया है। इस प्रकार सीखने पर बच्चों को कठिनाई होती है। इसलिए वाक्य का वाक्य सीखना चाहिए।'

आपने कहा—'वह क्या है, आप जानते हैं?'

मैंने कहा—'नहीं।'

तब आपने शुरू किया—'सुनो बेटा, इससे पहले कुछ समझाया था कि अपनी भाषा का व्याकरण सीखने के पश्चात् अन्य भाषाओं में कहाँ-कहाँ अंतर दिखायी पड़ता है। सीखते समय अमुक शब्द संज्ञा है, अमुक का स्वरूप यह है, यह धातु है, इनमें परिवर्तन इस प्रकार आते हैं, इस प्रकार विवेचन करते हुए विवेक के साथ किसी भी भाषा को सहज ही सीख सकते हैं। इस भाषा को बचपन से ही सिखाते हैं क्योंकि विवेक का उदयन होना चाहिए। उसकी आदत पड़ जाती है। उसके संबंध में हम विचार नहीं करते, अंग्रेजी को भी आदत से सीख लेते हैं। व्यवहार से जान लेते हैं। इसके बारे में कभी सोचते नहीं। 'घास क्यों खाता है रे' पूछने पर किसी ने कहा था—'दस साल से खा रहा हूँ।' उसे घास खाने की आदत हो गयी। 'दस साल से उसके घास खाने की बात' में आज वह अपना बड़प्पन समझता है। गौरव महसूस करता है। हम अपनी भाषा को अच्छी तरह सीखने के बाद उनकी भाषा सीखना चाहें, तब समझेंगे। यह कोई फालतू भाषा है। इसलिए किसी को ज्ञान के उदित होने से पहले ही उसे डुबो देते हैं। भाषा व्याकरण

से आश्रित हो रहती है। सव भाषाएँ, सब वाक्य, सब शब्द व्याकरण के आश्रय में होते हैं। इस ज्ञान के उदित होने पर अन्य भाषा सीखना सरल हो जाता है। ऐसा ज्ञान उदित न होना चाहिए, इसीलिए आप लोगों को बचपन से अंग्रेजी सिखाते हैं, अपनी भाषा नहीं।'

मैंने पूछा—'यह कैसी बात है! सब भाषाओं के लिए व्याकरण को मूल कहते हैं। हमारे देश में आजकल बड़े-बड़े कवि हैं। महान रचयिता हैं। आप व्याकरण को सर्वनाश करना चाहते हैं। आपके विचार में हम जैसे बात कर रहे हैं, वैसे ही लिखना चाहिए ?'

अब आपने कहा—'उनके कहने में कोई दोष नहीं है। जिस प्रकार बात करते हैं, वैसे ही लिखेंगे। तब व्याकरण कैसे नहीं होता है! व्याकरण के बिना कोई कभी नहीं बात करता।'

'भाषा नहीं है और वाक्य भी नहीं। तब अपने लोग ऐसा क्यों करते हैं?' मैंने पूछा।

विष्णुशर्मा ने कहा—'तभी तो मैं कह रहा हूँ, वे बेचारे व्याकरण को अलग समझ रहे हैं। व्याकरण के बिना कोई एक शब्द बोल सकता है?'

मैंने उदाहरण के तौर पर 'रोती सूरत कहीं का' कहा।

आपने कहा—'रोती, रोया, रुदन का अपभ्रंश है रे! रोना धातु है। उसको मध्यम पुरुष भूतकालिक क्रिया जोड़कर 'रोया' बनाते हैं। 'रो लिए' बनाते हैं। किसी भी प्रकार से अपभ्रंश रूप को प्रयोग कर सकते हैं; किंतु व्याकरण छांड़ नहीं सकते।'

तब मैंने भी समझा—सच है जी, हम लोग व्याकृत शब्द के स्वरूपों को ही व्याकरण समझते हैं।

'मैं, तुम, वह खाना, खाये, तू गया, बंगले पर बैठा—ये सब व्याकरणों से भरे पूरे हैं। 'व्याकरण के बिना भाषा होती है'—इस प्रकार का भ्रम पैदा करने के लिए ऐसा किया है; अर्थात् सोचने-विचारने की जरूरत नहीं। बच्चों को चिंतनरहित होकर जीना सिखाओ। हम नहीं सोचेंगे, तो वह कहीं नहीं सोचेगा। उसकी बुद्धि को मार डालो तो उससे कोई समस्या पैदा नहीं होगी। हम जैसा बोलेंगे, वैसा वह मानेगा। कठपुतली बनकर नाचेगा। कोल्हू के बैल की तरह चलेगा। डूडू बसवन्ना की तरह सिर हिलाता

रहेगा। (डूडू बसवन्ना बैल का नाच होता है जिसमें बैल खिलाने वाले की आज्ञा के अनुसार नाचता है। सिर हिलाता है और भावनाएँ प्रकट करता है।) दूध पियेगा, बिनौले खाओगे?—सबके लिए सिर हिलाता रहता है। इस भाषा के संबंध में ऐसे सूक्ष्मातिसूक्ष्म रहस्य बच्चों को विदित होने नहीं देते। वह बड़ा होकर अन्य भाषा सीखेगा तो यह सब रहस्य जान लेगा। बचपन में ही सिखा दिये तो इस पचड़े में नहीं आयेगा। इसे वह महान भाषा समझेगा।'

तब मैंने कहा—'सज्जन ! आप तो ठहरे हवा के आदमी। आपका यथार्थ रूप नहीं है। सपने में दिखायी देते हैं। प्राचीनकाल में कभी आपने सत्य ही पंचतंत्र की रचना की थी; किंतु आज के तंत्र पाँच नहीं, पाँच सौ हो गये हैं। दुनिया यों ही बढ़ती जा रही है। आपके जमाने की पढ़ाई और आज की पढ़ाई का कोई संबंध नहीं है। पंचभूत हैं। भूत को element कहते हैं। पचास साल पहले वे elements बयानबे या चौरानबे थे। अब कितने हुए, जानते हैं? कई सौ बन गये। इस प्रकार संसार दिन-ब-दिन बढ़ता जा रहा है।'

आपने कहा—'बाबू ! तुम्हारे elements बढ़ सकते हैं, किंतु हमारे पंचभूत नहीं। यदि उनका बढ़ना प्रारंभ हुआ होता तो तुम न रहते और मैं न रहता और आप लोगों की अंग्रेजी पढ़ाई भी न होती।'

मैंने कहा—'यह कैसी बात है ! हमारे शरीर तो पाँच भौतिक हैं। इसलिए यह भूत यदि बढ़ते जायेंगे तो शायद हम न रह जायेंगे; किंतु आपके तेज, शरीर हैं, बायु-शरीर हैं। आप लोग कहाँ जायेंगे?'

आपने कहा—'तेज और वायु दोनों भूत ही तो हैं। वाह रे तेरी बला ! तुमने एम० ए० पास कैसे की? तेरा ज्ञान शिशु से भी कम है। नादान कहीं का ! आप लोग सोचते भी नहीं। यह कभी विचार नहीं करते, कौन-सा सवाल उठाना चाहिए और कौन-सा नहीं। फिर भी आपका क्या दोष ! आपकी पढ़ाई ही ऐसी है। आप लोगों को सोचने ही नहीं देती। चिंतन की दिशा में पढ़ाते ही नहीं। विचारने की शक्ति आपके मस्तिष्क में उगती ही नहीं। अगर चिंतन की शक्ति भी पैदा हो जाय तो सोचने-समझने के रास्ते और उनका स्वरूप आप जानते नहीं। इस संबंध में आपको पढ़ाया

भी नहीं गया है। आपका क्या दोष है !'

मैं क्या करूँ ! चुप रहने के सिवा मेरे लिए और कोई चारा ही नहीं था।

आपने कहा—'ठीक है। इसे छोड़ दो।'

वर्तमान काल में प्रश्न करना हो तो Be के रूप को जोड़ना चाहिए। यही तो समझाया था न ! इस भूतकाल को क्या करोगे ? वहाँ am going है। इसलिए am पहले लिखने को कहा। can see है, इसलिए can को पहले रखवाया। यहाँ went में क्या है। पहले रखने के लिए पूछा। मैं क्या करूँ ! समझाने लगा—'आर्य ! भूतकाल कहते ही सर्वदा Do धातु है समझना चाहिए। went का मतलब did go है। Do का did, Past tense है। इसलिए went का मतलब He did go है।'

आपने कहा—'बहुत अच्छा। फिर यह went क्यों, spoke क्यों, wrote क्यों ?'

मैंने कहा—'इस प्रकार मुझसे सवाल करते रहे तो क्या जवाब दूं ! वह भाषा ही ऐसी है। आपने सिखाने को कहा और मैं सिखा रहा हूँ। मैं इतना ही जानता हूँ।'

आपने कहा—'तब कोई बात नहीं। Went का मतलब did go है न ! तुमने ऐसा क्यों सिखाया, मैं समझ गया। 'वह गया क्या ?'—यही न !'

पूछने पर मैंने इस 'did go' को पहले डालने को कहा।

'Did I go ?' आपने प्रश्न किया।

'प्रश्न कर आप नहीं मरे, मैं मर गया।'

'उसका अंग्रेजी वाक्य क्या है ?'

मैंने बताया—'You didn't die, I died'.

तब सोकर उठे तिक्कना और विष्णुशर्मा दोनों मिलकर हँसने लगे। मुझे बहुत बुरा लगा।

'क्यों हँस रहे है ? आपने दो वाक्य पूछे, मैंने बता दिया। आप दोनों ठहाका मारकर क्यों हँस रहे हैं ? आपको atiquitte मालूम नहीं।'

तिक्कना असाध्य हैं। पूछा—'बेटा ! इस शब्द में K है या Q ?'

मुझसे उल्टा-सीधा पूछकर मेरे दिमाग के दिवाले निकाले दे रहे हैं। मैंने हठ किया कि बताइए, आप लोग हँसे क्यों ?

तिक्कना ने बताया—'आपने जिन दो वाक्यों को अंग्रेजी में बताया, याद है ? तुम नहीं मरे, मैं मरा। इन शब्दों का अंग्रेजी अर्थ क्या निकलता है ? विष्णुशर्मा नहीं मरा और तुम मरे, यही है न ! इसलिए मुझे हँसी आ गयी। इतनी-सी चतुराई की बात तेरी समझ में नहीं आयी ! क्यों नहीं आयी, जानते हो ? बचपन से तुम अंग्रेजी सीखते आये हो। इसलिए बच्चों का खेलना, आक्षेप करना, व्यंग्य करना आदि तुम जानते नहीं। ऐसे करने वाले बच्चों की बुद्धि में प्रखरता आती है। तेलुगु देश के बच्चे इस प्रकार बहुत चतुर होते थे। आजकल यह सब छोड़ दिया गया है, ऐसा रास्ते-भर देखता रहा हूँ। एक बच्चे के मुख पर भी चतुराई दिखायी नहीं दी। प्राचीन काल के बच्चे बुद्धि की परीक्षा करनेवाले गणित पूछ लेते थे, पहेलियाँ पूछ लेते थे, परस्पर व्यंग्य आक्षेप करते रहते थे। इनके द्वारा उनकी बुद्धि तेज होती थी। आजकल वे on the table, did he go, I am going, ox का बहुवचन oxen आदि व्यर्थ की बातें, जो बड़े होने के बाद सरल ही जान सकते हैं और इनके न जानने पर भी कोई नुकसान नहीं हो सकता है, ऐसी बातें सीखने के लिए कष्ट उठा रहे हैं। इसी से यह सब हो रहा है। ठीक है, अब इसे छोड़ो।'

भविष्यत्काल के पाठ पढ़ाने को कहा। मैंने शुरू किया।

'आर्य, दो सहायक क्रियाएँ होती हैं। एक Will (विल); दूसरी Shall (शैल) है। इन दोनों को सीखना चाहिए। सीखने पर I shall go, I will go बनेंगे। ये दोनों भविष्यत्काल संबंधी क्रियाएँ हैं।'

आपने पूछा—'ये दोनों क्यों ?'

मैं क्या बताऊँ ! मेरा श्राद्ध ! 'दोनों ही सीखो' कहने पर आपने समझा कि मुझे गुस्सा आ गया। कहने लगे—'ऐसी बात नहीं है जी ! दोनों में कुछ अंतर है न, वह अंतर बताओ।'

मैं समझाने लगा—'क्यों नहीं महाप्रभु ! किंतु मैं नहीं जानता। इन दो शब्दों का इस्तेमाल करना सरल नहीं है। इससे पहले the समझाया था न ! उसका प्रयोग करना जितना कठिन है, इसका प्रयोग करना भी उतना ही कठिन है। I will go कहने पर 'मैं जरूर जाऊँगा'—ऐसा अर्थ निकलता है। शायद ! उसको जरूर जाना है, तब He shall go कहना

चाहिए। सामान्य रूप से I shall go, He will go कहते हैं। मेरे विचार में यही अंतर है।'

आपने पूछा—'बस ! इतनी-सी बात के लिए दो शब्द क्यों और किसे कब प्रयोग करना आदि जाने बिना रहना क्यों ? 'अवश्य' एक शब्द जोड़ने से काम चल जाता है न ! हम कहते नहीं और। अपना काम निकल नहीं रहा है। इसके लिए Shall इस्तेमाल करना है या Will इस्तेमाल करना है —सोचते बैठे रहने से क्या? कुछ दिनों तक इस प्रकार सोचकर बातें करना पड़ता है क्या ? आदत पड़ने के बाद उसकी अंग्रेजी क्या है और करेक्ट बात कर रहा है, ऐसा दूसरों का खुश होना क्या है ? इतनी सारी मुसीबतें उठाना क्यों और अपने बच्चों को तंग करना क्यों? यह चीज तुझे भी मालूम नहीं है। तुझे संदेह है। ऐसी छोटी बातों में भी संदेह हो, ऐसी भाषा को सारी जाति की जाति पढ़ते हुए बरबाद होना क्यों ? यह सब दोष के दोष रखते हुए दोषों में ही बात करते हुए हम ही पंडित हैं, कहते हुए हम दीगरे-नेस्त समझकर अभिमान भी करते हैं। स्पेलिंग की झंझट है, उच्चारण की उलझनें हैं। The का ठीक प्रयोग नहीं कर सकते।Will, Shall को ठीक जानते ही नहीं और कितनी समस्याएँ हैं, कौन जाने ! अरे बाबा ! ऐसी भाषा सीखकर, उसमें पूरब-पश्चिम न जानते हुए कोई एकाध पुस्तक पढ़कर अपने आपको पंडित समझ लेते हैं। इसकी चिंता मैं क्यों करूँ ? इसका प्रश्न-वाक्य करना हो तो 'Shll I go ?' कहना चाहिए न ?

मैंने 'हाँ' कहा।

आपने पूछा—'बस, पूरा हो गया और कोई क्रियाएँ हैं क्या ?'

मैंने कहा—'अरे बाबा ! अभी क्या हाथ लगा ! Shall के साथ Should है, Will के साथ Would है, ये be के धातु रूप हैं और has एक verb है। उसका बहुवचन haves। उसका भूतकाल had; Shall have been, Should have been, must have been और इनके साथ would have been done—ऐसे अनेक हैं। इन सबका प्रयोग मैं नहीं जानता। मेरी बात छोड़ो। अंग्रेजी भाषा पर अभिमान रखनेवाले सौ में से निन्यानवे लोग नहीं जानते। यही इसका रहस्य है।'

आपने पूछा—'फिर क्यों रे, यह सब झंझट लगा लिये।'

मैंने कहा—'मुझसे क्या पूछते हैं !' और बताया—'इसी से पूरा नहीं हुआ। Past Participle भी हैं।'

आपने पूछा—'ये क्या होते हैं?'

मैं सकपका गया—सामान्य रूप से इसमें Passive voice का इस्तेमाल करते हैं।'

आपने पूछा—'यह Passive voice क्या होता है?'

'राम ने रावण को मारा, इसे Active voice कहते हैं। रावण राम के द्वारा मारा गया, इसे Passive voice कहते हैं।'

आपने कहा—'ओहो ! ऐसी बात है। इसे तेलुगु में क्या कहते हैं?'

'तेलुगु में क्या कहते हैं, मैं नहीं जानता। हिंदी में Active voice को कर्मार्थक और Passive voice को प्रेरणार्थक कहते हैं।'

कर्मार्थक आदि के बारे में मैं सोच रहा था कि बीच में आपने पूछा—'एक Past Partiple बताओ।'

मैंने Do, did, done, write, wrote, written कहा। It is written (यह लिखा गया है)।

झट आपने कहा—'तब यह आदिकतांत हुआ। बस-बस, बहुत हो चुका है। 'कतांत' भी है। मन धातु है समझो। मत् सोचा गया। मात्—गया। इन सबको हम संज्ञावाचक मानते हैं। कृत्—कृत् हुआ। गत्—गत् हुआ। ऐसा ही लिखा गया।'

'लिखा गया कैसे कह सकते हैं—यह नहीं कहना चाहिए। That which is written नहीं तो what is written कहना चाहिए।' मैंने बताया।

आपने पूछा—'यह सब मेहनत क्यों? बहुत अच्छे आदमी हो। इस भाषा को बहुत शक्तिशाली और समर्थ कहते हो, फिर देखो इसमें कितनी कठिनाइयाँ हैं ! यह सीखने में सरल नहीं है। गत् तो गत हुआ। That which is past क्यों? That क्यों? Which क्यों? और इनमें हर एक के साथ is आना चाहिए। बेटा ! मैं समझ न सका। कल पढ़ लेंगे।'

'कल' के लिए क्या कहते हैं, तो मैंने बताया—Tomorrow। फिर 'बीते कल' को क्या कहते हैं, तो मैंने Yesterday कहा। 'परसों' के लिए पूछा तो मैंने Day before yesterday बताया। 'आगमी परसों' के लिए

पूछा तो मैंने बताया—Day after tomorrow।

आप अपने दोनों होंठों पर तर्जनी को आड़े रखकर थोड़ी देर मेरी तरफ देखते रहे, फिर कहा—'कल, परसों, नरसों आदि अपने शब्द कितने सरल हैं! इस अंग्रेजी में देखो, कितने कठिन लगते हैं! अपने शब्द दो-दो अक्षरों में हल्के हैं। उन शब्दों के स्पेलिंग से मरे जा रहे हैं। बीते परसों और आगामी परसों तक के लिए शब्द नहीं हैं। इसमें रहस्य क्या है, जानते हो? बताऊँ? उनके लिए परसों, तरसों आदि का ज्ञान और पहचान नहीं है। बिलकुल आज की जाति लगती है। बच नहीं सकते न, इसलिए कल को स्वीकार किया। कैसे स्वीक़ार किया, तमाशा देखो! आनेवाले कल को आठ अक्षरों में और बीते कल को नौ अक्षरों में मान लिया। 'यह भाषा सरल है या कोई बड़ी भाषा है' माननेवालों ने कभी भूल-कर भी सामान्य ज्ञान से विचार नहीं किया। मुझे तो गुस्सा आ रहा है।'

'महाशयजी! यह अंतर्राष्ट्रीय भाषा है। मेरे जैसे नरम दिलवाले को सपने में आकर, रोग डालकर कहने मात्र से उस भाषा का बाल बाँका न होगा। उस भाषा का बड़प्पन यहाँ-वहाँ नहीं, राजनैतिक मामलों में, सामाजिक समस्याओं में, शास्त्रीय विषयों में है।' मैंने कहा।

आपने कहा—'यह शास्त्र की बात मैं नहीं जानता। अन्य विषयों में कोई इसे संस्कृत और आंध्र भाषाओं से बढ़कर मानता है तो समझ लेना चाहिए कि वह संस्कृत और तेलुगु नहीं जानता।'

'ठीक है, ऐसे ही लोग समझ रहे हैं।' मैंने कहा।

आपने हँसते हुए कहा—'तुम कभी इधर बोलते हो तो कभी उधर।'

मैंने स्वीकार किया—'सच है, आपके कहने पर मैं भी इस बात को समझ रहा हूँ। मैं ऐसा क्यों बोलता हूँ, बता सकेंगे?'

तिक्कना उठकर बैठ गये और पूछा—'बताऊँ?'

मेरे कहने पर आपने शुरू किया।

'अरे बेटा! तेरा भाई और तेरा साला अर्थात् तेरी पत्नी का भाई, उन दोनों के बीच में किसी विषय पर तकरार है। न्याय तेरे भाई की ओर है। तू यदि अपने भाई की तरफ बात करेगा तो पत्नी को गुस्सा आयेगा। इसलिए बहुत देर तक साले की तरफ बात करोगे और बीच से अनजाने में

ही भाई की तरफ बात करने लग जाओगे। यह तेरे रक्त का स्वाभाविक गुण है। साले की तरफ बात करना उस रक्त के सार को बहिष्कृत करने का गुण है।'

मैं क्या करूँ! चुपचाप बैठ गया। फिर मैंने पूछा—'सज्जन! यह ठीक है; किंतु हमारे अंग्रेजी के बड़े-बड़े पंडित कहते हैं कि सारे शास्त्रों का विकास अंग्रेजी में जितना हुआ उतना संस्कृत में नहीं हुआ।'

उस पर विष्णुशर्मा ने कहा—'कुछ भी हो, मैंने पंचतंत्र लिखा न, वह नीतिशास्त्र है। उसका अंग्रेजी शब्द क्या है?' उन्होंने पूछा।

मैंने विचार किया। एक बात स्मरण में आयी तो मैंने कहा—'किसी अमेरिकन ने पंचतंत्र का अनुवाद अंग्रेजी में किया है। उसका नाम याद नहीं है। उसने पुस्तक की प्रस्तावना में लिखा है कि संस्कृत भाषा में नीति शब्द है। इसका ठीक समानार्थी शब्द अंग्रेजी भाषा में कहीं नहीं है। इसके लिए हमें सिर झुकाकर स्वीकार करना ही चाहिए कि संस्कृत महान् भाषा है, आदि-आदि लिखा है।'

तब विष्णुशर्मा ने कहा—'उसने स्वीकार कर लिया कि वह नीतिहीन (अनैतिक) भाषा है?'

तब मैंने समझाने की कोशिश की—'उनका मतलब नीति शब्द रहित भाषा से है।'

तब विष्णुशर्मा ने हँसते हुए कहा—'बहुत बोलते हो और क्या कहोगे! वह भाषा साले की स्थिति में है। परिहास कर लेते हैं।'

तब तिक्कना ने कहा—'कहना नहीं चाहिए, विष्णुशर्माजी! फिर भी कहे देता हूँ कि यदि साला कलक्टर है और उसका बहनोई उससे परिहास करता है, तो वह यह नहीं समझेगा कि वह साला है, इसलिए परिहास किया गया है, बल्कि वह यह समझेगा कि वह कलेक्टर है, इसलिए उसके साथ परिहास कर रहा है।'

तब विष्णुशर्मा ने कहा—'वाह रे वाह! बहुत खूब! इसलिए आपने पंद्रह वर्ष लिख दिये हो!'

तिक्कना ने कहा—'इसलिए मैंने इसी पद्य 'नावुडु नव्वुटाल कठिन' (तब परिहास के लिए कहा) से शुरू किया।'

मैंने पूछा—'असल में आप कहना क्या चाहते हैं ?'

विष्णुशर्मा ने कहा—'इसमें कहना क्या है ! इतना-उतना कहते हुए सौंदा थोड़े कर रहे हैं । तुमने कभी दस रुपये कहा था । मैंने आधी दर पूछा क्या ? हम दोनों में कोई सौदा नहीं चल रहा है ।'

मैंने आँखें गड़ा दीं । इन लोगों से बात करना पेचीदार है ।

तब तिक्कना ने समझाया—'तेरे मुख पर सफेदी क्यों ? तुम कितनी भी सफेदी दिखाओ, पर अंग्रेज नहीं बन सकते । उनकी भाषा चाहे कितनी भी सीखो, तुम काले के काले ही बने रहोगे। गोरे कभी नहीं बन सकते। उस भाषा का अध्ययन कर तुम गोरे बनना चाहते हो न, तो जानते हो, अफ्रीका के लोगों का हाल क्या हुआ ? उन्होंने तो उनका धर्म भी स्वीकार कर लिया, तब भी कोई पूछनेवाला नहीं । तुम्हें असल में कभी कहना नहीं चाहिए । विष्णुशर्मा के कहने का तात्पर्य यह है कि उससे कोई लाभ नहीं । इस देश में हर चीज पर चर्चा खूब होती है, किंतु सार कुछ नहीं निकलता । तुम देखो, 'भगवान है या नहीं'—एक संपादक अपनी पत्रिका में यह शीर्षक रख देता है । 'तेलुगु में कवि हैं या नहीं'—दूसरा संपादक यह शीर्षक रख देता है, तो तीसरा रखता है कि तेलुगु में उपन्यासकार हैं या नहीं, 'गुरजाह अप्पाराव कवि हैं या नहीं'—यह एक और शीर्षक हो गया । 'कृष्ण को मूँछें उगी हैं या नहीं'—यह एक और । इस प्रकार पत्रिकाओं में शीर्षक रखते हैं और जिसको जो सूझता है, वह लिख डालता है ।'

इस प्रकार तिक्कना के कहने पर मैंने कहा—'स्वामी, आप कविब्रह्म हो सकते हैं, किंतु यहाँ गलत रास्ते पर हैं । जिसको जो सूझता है, वह लिखता है, यह बिलकुल गलत है । क्योंकि उनको सूझता ही नहीं । बस, इसे अपने ध्यान में रखिए । यदि उसके मन और बुद्धि में कुछ सूझ भी गया तो उनको लिखने के लिए कुछ और ही होता है । उसके पीछे सामाजिक, राजनीतिक नाटक होते हैं । मजे की बात तो यही है ।'

विष्णुशर्मा ने कहा—'सच बोल गये हो । मेरी आयु भी लेकर जीते रहो ।'

तिक्कना ने कहा—'बेचारे को क्यों रुलाते हैं ! आपकी आयु और क्या बची है ! पहले ही मर चुके हो ।'

तब विष्णुशर्मा ने कहा—'यह आशीष नहीं हो सकती क्या ? अर्थात् उसकी आयु जितनी है, वहाँ तक जीने के लिए कहा। यह रहस्य है। तुम रेल में सफर करो। क्लब में बैठो। दस लोग जब मिलते हैं, सुनो। पत्रिकाओं में जिस प्रकार चर्चा होती है, वहाँ भी चर्चा करो और सुनो। किसी चीज के लिए कोई निर्णय नहीं होता। यह निर्णय हुआ और यह निश्चित है, ऐसा कोई तत्त्व ही नहीं। सब कुछ गड़बड़, शोरगुल, कि अनिश्चित स्थिति हैं। यही अंग्रेजी भाषा की स्थिति भी है। उसके सवाल का जवाब तुम नहीं दे सकते, लेकिन प्राचीनकाल में उसकी बात मानी जाती थी। आजकल किसी से किसी का मतभेद हो गया तो कहेगा, मैं आपसे मतभेद रखता हूँ। I beg to differ। अब बताइए, किसी तत्त्व का निर्णय कैसा होगा ? इस मनोवृत्ति का अंग्रेजी पढ़ाई में जो स्थान है, इस परम रहस्य के साथ इसका निकट संबंध है। देश-भर के लोग अंग्रेजी पढ़ रहे हैं। इसलिए सबके मन-दिमाग ऐसे ही बन गये हैं। सब इसी प्रकार विचार करते हैं, बोलते हैं। इसीलिए अंग्रेजी पढ़ते हैं। इस रहस्य को समझ गये हो न ! अपनी भाषा में हर चीज की परिभाषा, निर्णय, कल्पना, जीवन, भाषा आदि सब कुछ निश्चित है। वहाँ सब कुछ हवा की बातें हैं। जैसा चाहोगे, वैसे बोल सकते हो।'

मैं यह सब सुनकर चक्कर खाने लगा। सोचा, ठीक कहते हैं। अमेरिका में फिलासफर्स (Philosophers) पैदा हुए। शांतायन हुए। नये लोग आये। नयी चीज लाये। उसका नाम सुना है, Behaviourism रखा है। संक्रांति पुरुष अब उस पर चल रहे हैं। जैसा चाहे वैसे चल सकता है। उसी को बड़प्पन समझकर मनुष्य को ऐसा ही चलना चाहिए, यह नियम क्यों ! अर्थात् प्रगति नहीं है। सदा सीधा चलना ठीक नहीं है क्या ? सुंदर ढंग से केकड़े की तरह पार्श्व की ओर चलने में मजा है !'

मैंने विष्णुशर्मा से पूछा—'आजकल आप बातों में फँस गये हैं। विचार करने पर लगता है, अंग्रेजी पढ़े जैसे नहीं हो।'

आपने स्वीकार करते हुए कहा—'बेटा ! बस है। अब तक जितना सीखा, वही सब कुछ हुआ। तुम अपने साथ बीस साल बैठने के लिए कहते हो। यह कैसे हो सकता है ? फिर मैं इस भूलोक में रहूँ तब न। एम० ए०

पास होने की बात है। यह सब होने के बाद भी मैं कहीं नौकरी करने जाऊँ तो वह Date of birth पूछेगा। मैंने कब जन्म लिया, पूछेगा।'

मैंने समझाया—'इसकी फिकर आप क्यों करते हैं ! जैसा मैंने कहा था, प्राइवेट पढ़ाकर आपको आठवीं में शरीक करा दूंगा।'

आपने कहा—'इसलिए मैं चले जाना चाहता हूँ।'

मन-ही-मन लाख-लाख शुक्र अदा किया। कहा—'आपकी जो इच्छा हो।'

आपकी इच्छा का मतलब क्या है, जानते हैं ? कृपा कर चले जाइए। किंतु तिक्कना को जाने का मन नहीं है। आपसे भारत का रहस्य जानकर उन सबको अपने नाम से छपवाना चाहा।

तिक्कना ने मेरे मन की बात जान ली। जानकर आपने कहा—'महाशय ! मेरे द्वारा जानकर अपना निजी काम कैसे बना सकते हो ?'

तब मैंने पूछा—'बाबूजी ! ऐसी रचना करने पर कोई दोष नहीं है। आजकल किसी अन्य के द्वारा विरचित पुस्तकों की चोरी कर अपने नाम से प्रकाशित नहीं कर रहे हैं क्या ? हमारे एक कवि हैं। किसी ने पद्य लिखा तो आप कहेंगे, मैं इसे प्रकाशित कराऊँगा। उससे लेकर अपने नाम से छपवाता है। उससे खराब यह तो नहीं है।'

विष्णुशर्मा ने पूछा—'वह मूल कवि चुप रहता है क्या ?'

मैंने जवाब दिया—'चुप रहनेवाले लोगों को देखकर ही ऐसे काम करते हैं। देखो, वहाँ जाकर एक आने की बीड़ियाँ खरीद लाओ। कोई रोते हुए खरीद कर लाता है और कोई, क्या मेरा काम बीड़ियाँ खरीद लाना ही है क्या ? कोई साधु पुरुष है तो सुनकर भी अनसुना रहेगा। बीड़ियाँ माँगनेवाला किसे आज्ञा देगा जिसको क्रॉफिंग नहीं है और जिसकी गर्दन पर कालर नहीं है। आदमी को देखकर आसन देते हैं।'

तिक्कना ने पूछा—'बेटा ! सच कहते हो। मैं यहाँ क्यों आया, तुम यही पूछ रहे हो न ! मेरे कथित विशेषताओं को अपनी निजी बनाकर लिखने से तुम्हारा बड़प्पन क्या बचेगा ? तुम अपने-आप चिंतन कर लिखो। तब कोई हानि नहीं होगी। किंतु बेटा, मैंने अपनी भावनाओं का उपसंहार कर लिया, क्योंकि तुमने मुझे विश्वविद्यालयों में ले जाकर बड़ा उपकार किया।

उस शाखा के अध्यक्ष को मैंने देखा और अन्य पंडितों को भी जाना-परखा। मैं एक बात समझ गया। उनको मेरे काव्यों में छिपी विशेषताओं की आवश्यकता नहीं। काव्यशैली, काव्यशिल्प, संप्रदाय, आदि विचारने की बिल्कुल जरूरत नहीं। आप लोग जो समझेंगे, वही राइट होता है। जन्म से मिली खोटी बुद्धि श्मशान में कहीं जाकर राख होगी। इसीलिए हम चले जाना चाहते हैं।'

मैंने दोनों को रेल पर बिठा दिया। मन में सोचता हूँ—इन दोनों ने रेल क्यों पकड़ी ? स्वर्ग जाने के लिए क्या रेल काम आती है ? पता नहीं, ये मद्रास से होकर स्टालिन ग्राड जाते हैं या न्यूयार्क ! वहाँ किसी से प्रार्थना कर रॉकेट में बैठ गये तो चाँद तक पहुँच जायेंगे। वहाँ से आगे जो भी तकलीफ हो, उठाते जायेंगे। रेलगाड़ी आगे बढ़ चली तो मैंने सोचा—वे चले गये।

यह सोचते ही मैं झट जग गया। मैं कहाँ हूँ ! आँगन में बरांडे में। रात-भर उन पत्थरों पर पड़ा शायद सोता रहा हूँ। हमारे कॉलेज के चपरासी ने एक कागज लाकर हाथ में रख दिया। मैं Head of the Dept. बनाया गया हूँ। क्या कारण है और क्या हो सकता है ! इतना बड़ा सपना देखा यह भी कोई कम शोध-कार्य नहीं है। इससे घटिया शोध करनेवालों को भी डॉक्टरेट प्रदान कर रहे हैं। तब इतना बड़ा सपना देखा, मुझे Head of the Dept. बनना नहीं चाहिए क्या ? नहीं ! नहीं ! हँसते हुए कहा, किसी पर आक्षेप नहीं कर रह हूँ। मुझे तरक्की मिली है। सपने में ही क्यों न हो, माचवरम् के हनुमानजी को सौ नारियल चढ़ाये थे, इसलिए पदोन्नति हुई।

□□

कवि-सम्राट विश्वनाथ सत्यनारायण

एक परिचय

आधुनिक आंध्र साहित्य में ज्ञानपीठ पुरस्कार, कलाप्रपूर्ण, कवि-सम्राट, पद्मभूषण आदि से विभूषित श्री विश्वनाथ सत्यनारायण अग्रेसर हैं। सभी साहित्य प्रक्रियाओं का आपने समर्थ रूप से निर्वाह किया। आपने महाकाव्य ही नहीं प्रबंध काव्य, खंड काव्य, गेय काव्य, नाटक, उपन्यास तथा कहानी की रचना की। आप समीक्षा में भी विश्वनाथ सिद्ध हुए। आपने आंध्र, आंग्ल, संस्कृत साहित्यों का अध्ययन किया। आपके भाषणों में विषयवस्तु की रम्यता के साथ संभाषण-चातुर्य का विलास होता है। आप महान वक्ता, मधुर गायक, महा मेधावी तथा अद्भुत प्रतिभाशाली हुए। संपादन-कार्य में भी आप सुविख्यात हुए।

कृष्णा ज़िले के नंदमूर गाँव में पंडित तथा वैदिक ब्राह्मण परिवार में 6 अक्टूबर, 1895 में आपका जन्म हुआ। आपके पिता शोभनाद्रि, माता पार्वतम्मा दानशीली, विनयशीली, परोपकारी, शिवभक्त हुए। आपका कृषक परिवार था।

विश्वनाथ सत्यनारायण की प्राथमिक शिक्षा नंदमूर की ग्रामीण पाठशाला तथा इंदुपल्ली में, आंग्ल शिक्षा बंदर में हुई। आपको सरस्वती पुत्र श्री केल्लपिल्ल वेंकटशास्त्री जी के शिष्य होने का सौभाग्य प्राप्त हुआ। आपने प्रस्थान कवि भाष्य, ब्रह्मसूत्र, उपनिषद्, शंकर भाष्य, तर्क, व्याकरण, मीमांसा आदि शास्त्रों का अध्ययन किया। नोबुल कलाशाला मछलीपट्टणम् में आपकी आंग्ल शिक्षा हुई। गांधीजी की आजादी की पुकार पाकर पढ़ाई छोड़कर आप संग्राम में कूद पड़े। स्वतंत्रता के आंदोलन में तथा असहयोग आंदोलनों में भाग लिया।

विश्वनाथ ने बी० ए० पास कर नोबुल कॉलेज के हाईस्कूल में अध्यापन स्वीकार किया। मद्रास विश्वविद्यालय से एम० ए० पास किया। अनंतर काल में गुंटूर के आंध्रा क्रिश्चियन कॉलेज में और मछलीपट्टणम् के आंध्र जातीय महाविद्यालय में प्राध्यापन किया। उसके बाद विजयवाड़ा कॉलेज में तेलुगु विभाग के अध्यक्ष हुए। कुछ समय के लिए करीमनगर के सरकारी महाविद्यालय में प्राचार्य भी हुए।

11वें वर्ष में काव्य-रचना आरंभ करनेवाले जन्मसिद्ध कवि हैं। आपकी तुलना हिंदी साहित्य में जयशंकर प्रसाद तथा बंगला में रवींद्र के साथ की जाती है।

स्वतंत्रता के आंदोलन से प्रभावित होकर आपने 'आंध्र प्रशस्ति' तथा 'आंध्रपौरुष' नामक देशभक्ति से पूर्ण रचनाएँ कीं। 'कुमाराभ्युदयम्', 'झाँसी कीं रानी' नामक काव्यों में आपने आजादी की लड़ाई का समर्थन किया और भारत के वीरों का गुणगान किया।

'किन्नेरसानि पाटलु' (किन्नेरसानि गीत) आपका गेयकाव्य है। 'शृंगार वीथि', 'शशिदूतमु', 'गिरिकुमारुनि प्रेम गीतालु' (गिरिकुमार के प्रेमगीत), 'वरलक्ष्मी त्रिशति' आदि आपके प्रणयकाव्य हैं। 'ऋतुसंहारम्' में आपने प्रकृति का वर्णन प्रस्तुत किया। 'विश्वेश्वर शतक', 'विश्वनाथ मध्याक्कर' नामक दो काव्य आपकी भक्तिरस पूरित रचनाएँ हैं। 'वल्ली कल्याणमु' (वल्ली मंगल), 'प्रद्युम्नाभ्युदयमु', 'महास्वाति', 'पामु पाद' (सर्प गीत), 'गोपालोदाहारण', 'कन्निय काटुक कल्लु' (कन्या की कजरारी आँखें) आदि आपकी प्रमुख कतिपय पद्य रचनाएँ हैं। आपकी पद्य रचना की पद्धति में विलक्षणता यह है कि एक ही बार सौ पद्यों की रचना मन में कर बाद में लिखित रूप देते हैं।

'रामायण कल्पवृक्ष' विश्वनाथ कवि रचित महाकाव्य है। इसमें आपकी अनेक अपूर्व कल्पनाएँ मिल जाती हैं जिनके कारण अन्य रामायणों से इसकी विशिष्टता लक्षित है। 30 वर्षों में विरचित इस काव्य में कवि की पूर्ण काव्य-प्रतिभा तथा कला-कौशल प्रदर्शित हुआ है। 'रामायण कल्पवृक्ष' सचमुच कल्पवृक्ष ही है। इसमें वाल्मीकि रामायण का कथा-वैचित्र्य, अध्यात्म रामायण की आध्यात्मिकता, तुलसी रामायण की भक्ति-भावना

तथा कंब रामायण की समरसता आदि सभी भारतीय काव्यों का रचना-कौशल सम्मिलित रूप में प्राप्त होता है ।

आधुनिक उपन्यासकारों में विश्वनाथ का विशिष्ट स्थान है । आपने लगभग 60 उपन्यासों की रचना की । आपका प्रथम उपन्यास 'एकवीरा' है जिसमें आंध्र संस्कृति प्रतिबिंबित होती है । इसका अनुवाद हिंदी और अंग्रेजी भाषाओं में हुआ । 1933 में आपने 29 दिनों में 'वेयिपडगलु' (सहस्त्रफण) नामक बृहत् उपन्यास की रचना की जिसमें आंध्र प्रांत की सामाजिक, आर्थिक, राजनैतिक, धार्मिक परिस्थिति का दो शताब्दी पर्यंत का ब्यौरा मिल जाता है। इस उपन्यास को भारतीय संस्कृति तथा विज्ञान की संहिता (एनसाइक्लोपीडिया) मानते हैं। इसका अनुवाद हिंदी में सहस्त्रफण नाम से मान्यवर श्री पी० वी० नरसिंहा राव जी ने किया था ।

'दमयंती स्वयंवर', 'चेलियलि कट्टा', 'वीरवल्लट्टु', 'तेरचिराजु', 'स्वर्गानिकि निच्चेनलु' (स्वर्ग के सोपान), 'मा बाबु', 'जेबुदोंगलु' (जेब के चोर), 'धर्मचक्र', 'कुणालशाप', 'हाहाहूहू', 'कडिमिचेट्टु' (कदंबवृक्ष), 'मिहीरकुलुडु', 'गंगूली प्रेमकथा', 'स्नेह फलमु' इत्यादि विश्वनाथ के प्रमुख उपन्यास हैं ।

श्री विश्वनाथ कथा-रचना के सकुशल शिल्पी हैं। 'मा कलीदुर्गम् लो कुक्का' (माकली दुर्गा में कुत्ता), 'मुग्गुरु भिक्षकुल' (तीन भिक्षुक), 'परीक्षा' आदि आपकी कहानियाँ प्रसिद्ध हैं। कहानियों द्वारा मनुज में निहित स्वार्थ संकुचिता पर आपने व्यंग्य किया है ।

'अवतार परिवर्तनमु', 'धन्य केलासमु', 'काव्यहरिश्चंद्र', 'वेद हरिश्चंद्र', 'अन्ता नाटकमे' (सब नाटक ही हैं), 'नर्तनशाला', 'वेणराजु', 'त्रिशूलम्' आदि आपके तेलुगु नाटक हैं । 'गुप्तपाशुपतम्', 'अमृत शर्मिष्टम्' नामक संस्कृत नाटकों की रचना आपने की है। आपने कतिपय रेडियो-रूपकों द्वारा आधुनिक समस्याओं को प्रतीकात्मक रूप में प्रस्तुत किया था ।

श्री विश्वनाथ सत्यनारायण आलोचक के रूप में भी विख्यात हुए । विविध सभाओं में विभिन्न वेदिकाओं द्वारा अपने विचार स्पष्ट रूप से प्रस्तुत किया था। 'नन्नय प्रसन्न कथा कलितार्थ युक्ति', 'शाकुंतलम् यौक्क अभिज्ञानता' (शाकुंतलम् की अभिज्ञानता) 'अल्लसानि वानि अल्लिक

जिगिबिगि', 'आंध्र धातु स्वरूप मणिदीपम्', 'तेलुगु सामेतलु' (तेलुगु की कहावतें), 'काव्य परिमल' आदि आपकी समीक्षात्मक रचनाएँ हैं। आप स्पष्टवादी तथा कटुभाषी प्रमाणित हुए। भारतीय संस्कृति के आप उद्‌गाता हैं। प्राचीन भारतीय संस्कृति पर आपके अडिग विश्वास और पाश्चात्य संस्कृति का निरासन सभाओं में आप कटुभाषण द्वारा प्रकट करते थे। पारिवारिक वातावरण में आप सुहृद और मृदुभाषी, गंभीर स्वभाव वाले हास्यप्रेमी माने जाते हैं।

'विष्णुशर्मा इंग्लीषु चदुवु' (विष्णुशर्मा की अंग्रेजी पढ़ाई) उपन्यास में आपने भारतीय संस्कृति का गुणगान किया है। अंग्रेजी भाषा के वर्तनी-दोष, उच्चारण-दोष, वाक्य-निर्माण में दोष, प्रयुक्ति-दोष दर्शाते हुए व्यंग्य शैली में अंग्रेजी को भाषा वैज्ञानिक ढंग से अवैज्ञानिक सिद्ध किया है।

विश्वनाथ सत्यनारायण का व्यक्तित्व स्तुतियों से परे हो आलोचनाओं के सामने न झुकते हुए परिस्थितियों का सामना कर भारतीय आत्मा का आविष्कार करने वाले साहित्यकार के रूप में विकसित हुआ। आप कवि मनीषी, ऋषि समान, विज्ञान सर्वस्व के रूप में आधुनिक समय में विलसित हुए। प्रजा के हृदय में आपने अपना एक स्थान बना लिया। तेलुगु साहित्यकारों में आप बहुरीतियों में सम्मानित हुए, जो किसी के नसीब में न हुआ हो, इस कथन में कोई अतिशयोक्ति नहीं है। 'वेयिपडगलु' (सहस्रफण) उपन्यास के लिए आपको आंध्र विश्वविद्यालय ने पुरस्कृत किया। इसी संदर्भ में बंदर में संपन्न साहित्य सभा में आप कवि-सम्राट विरुद से विभूषित हुए। आंध्र तथा श्री वेंकटेश्वर विश्वविद्यालयों ने आपको 'कलाप्रपूर्ण', 'डॉक्टर' विरुद प्रदान कर सम्मानित किया। आंध्रप्रदेश साहित्य अकादमी का पुरस्कार, केंद्र साहित्य अकादमी का पुरस्कार आपको प्राप्त हुए।

1943 में गुडिवाडा शहर में साहित्य-प्रेमियों ने आपको गजारोहण कर शहर में जुलूस निकालकर सम्मानित किया।

1954 में गुडिवाडा तथा करीमनगर शहरों में आपका शष्ठिपूर्ति-उत्सव मनाया गया। आप आंध्रप्रदेश के आस्थान कवि (राजकवि) के रूप में सम्मानित हुए। विधान परिषद् में आप नामित सदस्य के रूप में तथा

साहित्य अकादमी के उपाध्यक्ष के रूप में आपने सेवा की। भारत सरकार ने आपको पद्मविभूषण विरुद देकर सम्मान दिया। रामायण कल्पवृक्ष के लिए आप 1870 में भारतीय ज्ञानपीठ द्वारा पुरस्कृत हुए।

पुस्तक विक्रेताओं तथा सम्मानों द्वारा प्राप्त समस्त धन को आपने गुप्तदान में खर्च किया। निरंतर काव्य-रचना में व्यस्त जीवत बिताते हुए 27 काव्य, लगभग 60 उपन्यास, 15 नाटक और निबंध, कहानियाँ तथा समीक्षात्मक निबंधों की रचना कर सात दशकों तक आपने आंध्र साहित्य-जगत को प्रशस्त किया। महाकवि, अद्भुत उपन्यासकार, महान रचनाकार के रूप में विश्वविख्यात होनेवाले विश्वनाथ सत्यनारायण 18 अक्टूबर, 1976 को विश्वनाथ में विलीन हुए। रचनाशक्ति, काव्य-सौंदर्य, कल्पना-कौशल, शिल्प-चातुरी, रसानुभूति के प्रसंग में आप आंध्र साहित्य-जगत् में तारामंडल में चंद्र समान तथा सूर्यमंडल में सूर्य समान प्रकाशमान हुए। तेलुगु साहित्य-जगत् में अनंतकाल तक आप चिरस्मरणीय महामनीषी रहेंगे।

□